TECHNI

« *Spiritualités vivantes* »

SÉRIE RELIGIONS COMPARÉES

MARC DE SMEDT

Né en 1946, grand voyageur, écrivain et éditeur, a récemment publié :

Essais

Éloge du Silence, éd. Albin Michel.
L'esprit des Jeux (collectif), éd. Albin Michel.
Textes sacrés d'Orient (une anthologie), éd. Belfond.

Récits

Sur les pas du Bouddha, éd. Albin Michel.

Fiction

L'initiation de Tahuile, éd. Albin Michel.

MARC DE SMEDT

Techniques
de méditation

Illustrations de Barbara Crepon

Albin Michel

Albin Michel
▪ *Spiritualités* ▪

Collections dirigées
par Jean Mouttapa et Marc de Smedt

Première édition :

© Éditions RETZ, Paris, 1979

Deuxième édition revue et corrigée :

© Éditions Albin Michel, S.A., 1983
22, rue Huyghens, 75014 Paris

ISBN 2-226-01743-7
ISSN 0755-1835

à Jacques Brosse

*Tournant mon attention vers l'intérieur,
j'écoute de l'autre côté du tympan. Alors j'entends le cœur qui bat, le sang qui souffle, le
souffle qui monte et descend. Je m'enfonce plus
avant, je suis le sang qui rampe le long de
l'artère, qui s'effuse dans des paludes rou-
geoyantes, puis se rassemble dans la veine
draineuse plus avant encore et j'entre dans une
de ces cellules qu'il inonde en sa crue, amibe
qui ignore ce qui se passe autour d'elle, qui ne
sait à quel ensemble elle appartient et qui pour
cela me survivra, libre de tout préjugé, s'insé-
rant ailleurs, dans un autre tout. Alors, m'iden-
tifiant avec cette cellule anonyme, je deviens
immortel.*

Parfois je me demande quel secret incroyable nous
cachons. Quel destin fou recèlent nos gènes. Un
destin qui serait au-delà de l'histoire de la terre et
des âges, un destin face auquel la marche même des
galaxies ne signifie qu'un mouvement, parmi d'autres.

Le voyage intérieur

Ce livre était précédemment paru sous le titre :
Cinquante Techniques de Méditation.

Pour cette édition de poche, revue et complétée, j'ai préféré revenir à mon idée première et titrer cette synthèse sans la chiffrer.

Cet ouvrage cherche à faire partager un profond intérêt pour des pratiques millénaires, qui parlent encore à l'être humain d'aujourd'hui et lui indiquent des chemins qui l'amèneront à se dépasser, à élargir sa vision et à comprendre la réalité de son monde. Ce travail part aussi d'une volonté de démystification : trop de sectes et de gurus proposent à leurs adeptes un paradis perdu, un nirvâna éternel, le bonheur idéal, une vaine échappée dans le rêve astral et la musique des sphères. Or il n'est jamais question de cela dans le fonds même du message des religions et dans ce qu'en disent grands sages, mystiques et vrais maîtres : ils préconisent tous une aventure intérieure qui n'est en aucun cas coupée de la vie mais au contraire y plonge ses racines. En soi-même se trouve la vérité, en soi se trouve la réponse à toutes les questions, en soi se découvriront le « qui suis-je ? », le « pourquoi suis-je ici ? » et le « que faire ? ». L'une des dernières paroles du Bouddha, et son dernier conseil fut : « Soyez à vous-même votre propre flambeau. » Et pour le Christ, le Royaume n'était ni futur ni dans le ciel, mais « au-dedans de vous ». Méditer signifie s'ouvrir à soi, à la réalité, à autrui, au monde, au cosmos.

Tous les épiphénomènes que nous voyons surgir actuellement et se développer (drogues, sectes, néo-romantisme et néo-mysticisme...) cachent un besoin profond. Un manque existentiel. D'où la quête, par tous les moyens, d'un enseignement qui dépasse le

cadre mesquin du quotidien et permette de le transcender, quête de fraternité dans une communauté qui
cherche sa voie, besoin de pratiques corporelles qui
vous centrent et rassemblent. Jusqu'alors on a toujours
été déçu par ces Eglises étatiques qui, telle l'Eglise
catholique, ont enfermé le besoin de vivre l'absolu
dans des structures rigides et sclérosées, dans des
dogmes figés qui ne veulent plus rien dire, dans un
catéchisme abrutissant : l'opium du peuple cher à
Marx. Phénomène qui peut d'ailleurs se reproduire
aujourd'hui à l'intérieur de certaines sectes.

Attention à l'erreur. Le voyage intérieur, l'attirance
pour le sacré ne sont pas un retour au ventre maternel,
remplacé par le carcan sécurisant d'un groupe. Il s'agit
ici, bien au contraire, de s'éveiller, de renaître à la vie,
de développer les potentialités propres à chacun,
compte tenu des différences de chacun ; évoluer et non
s'endormir dans un rêve projeté sur la réalité. Et la
notion d'intérieur ne peut en aucun cas s'abstraire de
l'extérieur : car les deux se fondent l'un en l'autre,
indissociables.

Nous sommes tous différents, chacun a ses propres
problèmes qu'il lui appartient de résoudre. Aucun
système ne le fera à notre place. C'est notre vision du
monde qui crée le monde. Change la vision, change le
monde, et notre action sur lui. Nous débouchons par là
sur ce vieux problème de la liberté. Elle est à conquérir
par chacun et ce n'est pas une conception égoïste que
de dire cela car un être équilibré, en pleine possession
de ses moyens, un être lucide qui ne voit pas la réalité
par le prisme déformant de ses fantasmes et angoisses,
a une influence bénéfique sur ceux qui l'entourent.

Les techniques de méditation peuvent, si elles sont
bien employées, rassembler notre être, stimuler notre
énergie, concentrer nos facultés habituellement disper-
sées, et permettent d'aller plus loin encore, d'élargir la
conscience à l'infini. Depuis des millénaires elles ont
été créées pour cela, et pour ceux, finalement rares, qui
le comprennent.

Je tiens à souligner qu'il n'y a pas là volonté de
surhumanité : avant de vouloir devenir un mutant il
faut d'abord retrouver sa condition normale, origi-

nelle. Les techniques du vide pratiquées par le Ch'an, le Zen et, finalement, par tous les vrais mystiques, amènent un apaisement de ce que j'appellerais les boursouflures de notre ego, ce petit moi superficiel, vaniteux, égocentrique, assoiffé de puissance, qui cause tant de maux. L'éducation, la société projettent de nous une image conforme à un modèle qui change avec les époques et les lieux. Or, l'important est de retrouver notre vrai moi, notre racine, de croître en partant de ce fondement intime inscrit dans nos gènes.

Et Dieu, dans tout cela ?

Dieu, Allah, Bouddha, Brahma..., des mots différents pour parler d'une même chose. Rien à voir avec le père barbu, tout-puissant, trônant dans un ciel fade entouré d'angelots roses. Je ne sais pas ce que c'est que Dieu. L'être suprême, l'origine de la vie, le vie elle-même, et la mort, l'alpha et l'oméga ? Les bouddhistes disent : chaque être a la nature du Bouddha. En effet, chaque être vit. Tout l'univers est mouvement. Qu'est-ce qui meut la danse des atomes et des particules ? Plus la science avance, plus ses limites éclatent à l'infini. De quoi sommes-nous faits ? Qui habite ce vêtement de chair ? Quelle énergie ? Pourquoi la naissance, pourquoi la mort ? Autant de questions sans réponse. Dieu c'est l'inconnu. C'est l'au-delà qui est en nous. Cette force qui devrait nous amener à nous dépasser sans cesse : qui s'arrête, se trompe, dit un koan zen. Je me sens aussi agnostique que Malraux, qui avait le sens du sacré et de l'humain tout en ne voulant pas s'enfermer dans des catégories, et disait que le prochain siècle sera métaphysique, ou ne sera pas.

Or le futur se crée à chaque instant du présent.

Durant tous mes voyages en Orient j'ai été frappé de voir avec quelle insistance les maîtres spirituels disaient qu'il faut à présent divulguer l'enseignement caché, réservé jusqu'alors aux adeptes, aux disciples ; faire connaître son existence, comme si les temps pressaient, comme si bien des cultures mourantes, en exil parfois, voulaient transmettre à l'humanité en péril l'essence même de leur message, afin que ceux qui puissent entendre entendent. Et agissent.

S'éveillent.

Et ce voyage à travers quelques pratiques ne peut que s'ouvrir par une réflexion préalable sur un concept diffus : celui de *réalité*. Car en ce que l'on appelle méditation, il s'agit bien de cela, seulement cela.

Illusion de la réalité
et réalité de l'illusion

Une chose n'est pas ce que vous dites qu'elle est... Elle est bien plus. C'est un ensemble au sens le plus large. Une chaise n'est pas une chaise. C'est une structure d'une complexité inconcevable, atomiquement, électroniquement..., etc. Par la suite, la penser comme une simple chaise constitue ce que Korzybski appelle une identification. C'est la totalité de ces identifications qui produit le névrosé, le non-sain et l'insensé.

A. E. Van Vogt

Chacun de nous est né dans une certaine cellule de la civilisation et vit son existence à l'intérieur des limites de sa culture. Au fur et à mesure que le temps passe, il peut élargir ces limites par l'expérience, la rencontre, la rupture d'avec les habitudes. Bachelard, ce sage, disait qu' « une âme habituée est une âme morte » et que « tout ce qui est grand se fait contre » : ces affirmations sont vérifiées par l'expérience et par l'histoire même de l'humanité. Le cloisonnement de la routine, s'il amène une sécurisation illusoire, entraîne aussi petitesse d'esprit, mesquinerie : il étrique l'être. Par contre, l'effort du dépassement, la volonté de liberté et d'ouverture intérieure, le besoin instinctif de se dégager du carcan des habitudes stérilisantes permettent d'aller au-delà de l'angoisse qui bloque et notre disponibilité et l'étendue de notre action en ce monde.

Mais Aldous Huxley, se demandant comment l'homme peut continuer à jouir des bénéfices de la civilisation à l'intérieur de laquelle il se trouve enchaîné, sans se laisser, en même temps, abrutir et intoxiquer par ses poisons, rappelle la difficulté majeure : « Entre chaque conscience humaine et le reste du monde se dresse une invisible barrière, un réseau de structures traditionnelles de " notions-sensations ", d'idées déjà usées qui ont tourné en axiomes, d'anciens slogans que l'on révèle comme des révélations divines. Ce que nous voyons à travers les mailles du filet ce n'est jamais, bien sûr, la " chose elle-même ", inconnaissable. Ce n'est même pas, dans la plupart des cas, la chose telle qu'elle s'impose à nos sens, telle qu'elle provoque de la part de notre organisme une réaction spontanée. Ce que nous assimilons et ce à quoi nous réagissons est une curieuse mixture d'expérience immédiate et de symboles conditionnés par la civilisation, d'impressions sensorielles et d'idées préconçues en tout ce qui concerne la nature des choses... »

Quelle conscience avons-nous de l'univers immédiat dans lequel nous vivons ? Et cet univers ne déteint-il pas sur nous, ne nous conditionne-t-il pas ? Si, bien sûr, et à tel point que, sans nous en rendre compte, nous voilà non pas prisonniers, car il suffit d'une *impulsion volontaire* pour s'en détacher, mais peu à peu robotisés par la machine ambiante. Le système culturel suscite un message permanent, véritable massage vibratoire qui façonne l'être ; le fait que ce dernier soit pour ou contre n'influence que peu cette action en profondeur, ce vrai travail de sape. Très abstrait tout cela ?

Non. Expérience.

Un matin, trouver le calme. Bonne nuit de sommeil avant, réveil en douceur, bain, séance de relaxation, respiration et concentration. Pas de problèmes dans la tête, se sentir rassemblé, serein. Puis, passer la journée comme d'habitude : travail, téléphone, journaux, transports, rendez-vous, gens, discours et contre-discours... Le soir, arrêter tout, s'isoler. Méditer. Faire le point. Le récipient-corps, vide le matin, se trouve à présent rempli, essentiellement de futilités. Durant cette journée l'action efficace, essentielle, tient à fort peu de chose. Le reste est théâtre, agitation effrénée, grand-guignol et parade. Rien ne s'est passé exactement comme nous l'attendions, le temps s'est dilué dans les méandres du langage et de la prétendue communication. Et de jour en jour...

Mon passé forme mon présent

Ainsi, si mon présent se répète indéfiniment suivant les mêmes schémas culturels, si ce qui fait ma différence se lamine au contact de la mécanique du système et de ses micro-systèmes, si le temps avance mais que l'énergie intérieure tourne en rond, que se passe-t-il ? Le passé n'alimente plus de façon constructive mon être, le mouvement devient agitation, la pensée se mue en une série de lieux communs, on-dit et faux problèmes ; l'émotivité s'accroît, l'attention se fige sur des détails puis s'effiloche, la simple réalité se trouve perçue comme une montagne, une infinie succession de montagnes, le système nerveux se tend, le système physiologique se dérègle, et tout à l'avenant...

La vie devient un immense problème, perçue entre des œillères de protection. L'être malade projette un monde de plus en plus malade. Ses sens saturés ne voient, ne sentent, n'entendent que d'après des critères qu'il croit choisir mais qui lui sont en fait imposés de l'extérieur. L'abrutissement tient souvent de lieu de repos. Qui se retrouve ? Un automate à demi humain, trépidant et télécommandé ? Et la consommation de pilules, tranquillisants, excitants, ces camisoles chimiques, progresse d'année en année de façon inquiétante. Et la violence accroît son empire sur les consciences, et la peur glauque de l'incertain s'étend insidieusement dans les esprits. Une simple panne généralisée d'électricité suffit à montrer la fragilité de notre civilisation, qui est mortelle comme toute autre. Il ne s'agit pas ici d'en faire le procès : toute époque doit être intéressante à vivre, et nous avons la chance d'arriver à un tournant de l'histoire ; mais il faut rester lucide, conscient des limites du système. Tout le monde rêve au bonheur. Pourtant « aucune société n'est en mesure de nous le donner, car nous ne savons pas nous-mêmes en quoi il consiste. Et si d'aventure nous pouvons l'atteindre, c'est par nous-mêmes », nous rappelle Thierry Maulnier.

Le fondateur de la sémantique générale, Korzybski, énonçait, lui, il y a déjà quelque trente ans, que « nos

démarches nerveuses sont copiées sur celles de l'animal. Chez l'homme, des réactions nerveuses de ce
genre aboutissent aux stades pathologiques et sans
postérité de l'infantilisme en général, public ou privé...
Et plus une nation ou une race est techniquement
développée, plus son système tend à devenir cruel, sans
merci, prédateur et commercialisé... Tout ceci parce
que nous continuons à penser comme des animaux et
n'avons pas appris à penser substantiellement comme
des êtres humains ».

Tous les esprits éclairés abondent en ce sens. Et
avant de vouloir devenir un surhomme, il faudrait
apprendre à devenir homme : 80 % de notre cerveau ne
fonctionne pas, *silent zone* disait Einstein.

Alors ?

Selon les mots de Blake et d'Huxley, nous devons
« épurer les portes de la perceptions ». Dans l'exploration du vaste et mystérieux univers des potentialités
humaines, les grands artistes, les visionnaires, certains
mystiques se sont comportés en pionniers... Là où ils
sont allés, d'autres peuvent suivre. Nous disposons
tous, en puissance, de facultés illimitées... Les modes
de conscience différents de la conscience éveillée normale (ces états de réalité non ordinaire dont parle don
Juan, le sorcier yaqui initiateur de Castaneda) sont à la
portée de quiconque sait appliquer les stimuli requis.
Nous n'avons qu'à percer une brèche dans le mur de
notre vision habituelle et regarder autour de nous avec
ce que le philosophe Plotin appelait « une autre
manière de voir, qui est à la portée de tous les hommes,
mais dont bien peu se servent ».

Dissiper la brume mentale, traverser le brouillard
qui occulte l'infinie richesse de la réalité, aiguiser nos
cinq sens pour en développer tant d'autres... On parle
beaucoup de liberté, mais qui est libre, libre de quoi ?

D'être ou de paraître ?

Réponse du sorcier yaqui don Juan :

Non. Pour *voir* il faut apprendre à regarder le monde
d'une autre façon... Laisse chacun de tes actes devenir
ta dernière bataille sur terre. Ce n'est qu'à de telles
conditions que tes actes auront leur plein pouvoir.
Sinon, aussi longtemps que tu vivras, ils demeureront

les actes d'un timide... La peur nous empêche d'examiner et d'exploiter ce qui nous échoit en tant qu'hommes. »

Pour la conscience dite normale, les choses sont vues d'après leurs étiquettes verbales. Un arbre c'est un arbre : bel exemple d'homogénéisation. Or, biologiquement, ce qui tend à l'homogène va vers l'état de mort ; ce qui tend vers l'hétérogène, vers la différenciation, va vers la vie. Il n'y a pas un arbre semblable à un autre dans toute la création. Venant d'une même famille ou espèce, ils diffèrent encore. Ils sont vivants. Notre façon de les considérer, de les définir, elle, tue l'esprit. Pue la mort.

Je m'approche d'un arbre, d'une fleur, d'une feuille. Une création originale se déploie devant mes yeux. Et si, à cet instant, je rive mes yeux à un microscope ou à un appareil à rayons X, autre chose se passe encore. L'arbre a disparu, demeure un flux de vie, un mouvement...

Mais pas besoin de microscope pour voir. Infinies circonvolutions et aspérités de l'écorce, matière du bois, fleuves de la sève... Insectes, chrysalides, racines, terres, eaux...

Arbre, où es-tu ?

Les yeux des abeilles et des mouches peuvent recevoir plus de deux cents impressions différentes par seconde, soit dix fois plus que des yeux humains. Comment voient-ils l'arbre ou la fleur ?

La relativité ne se limite pas à la formule $E = mc^2$: l'énergie, ou fréquence des vibrations, égale la masse multipliée par la vitesse de la lumière au carré. Définition du cosmos ? Microcosme et macrocosme ? L'arbre est relatif, aussi. Comme tout le reste. Absolument tout le reste, y compris nous-mêmes. « Une rose est une rose uniquement parce que l'homme la définit comme telle ; sans l'homme, ce ne serait qu'un schème de tourbillons d'énergie » (E. H. Shattuh).

Le cerveau ? Inconnu...

Méditons sur notre tour de contrôle, le cerveau, ce transformateur à haut voltage, transistor le plus complexe de l'univers connu, auprès duquel les computers les plus sophistiqués ne sont que peu de chose. Enfin, ne seraient que peu de chose si l'on savait seulement s'en servir, de ce cerveau, ce qui est encore loin d'être le cas. Des milliards de neurones à utiliser... Un chef-d'œuvre de la création.

Première constatation : *le cerveau peut se modifier par l'usage*. On peut amoindrir ses réactions ou les intensifier sans limites actuellement discernables. Nous avons acquis un patrimoine génétique éducatif et culturel qui peut être transcendé par l'expérience continue, si elle est bien menée. Le physicien Reynold Johnson dit que, lorsque des phénomènes paranormaux tels que « la télépathie, la double vue, la prémonition seront définis, il ne sera pas exagéré de dire que les limites de l'univers de l'homme seront étendues sans limite connue, et que l'homme lui-même deviendra une étoile de première magnitude ».

Toutes les recherches sur les phénomènes « psi » sont en train de prouver cela, aux Etats-Unis, en U.R.S.S., Bulgarie, Angleterre. Et en France, où les scientifiques sortent enfin de leur silence ; témoin le colloque qui réunit à Paris les professeurs Hans Bender, Rémy Chauvin, Olivier Costa de Beauregard, le Dr Hubert Larcher, Stephane Lupasco, face à un auditoire passionné. La réunion, animée par Jacques Mousseau, avait pour thème : « Existe-t-il une approche scientifique de la parapsychologie ? » Oui, bien sûr...

Ainsi le Pr Olivier Costa de Beauregard, physicien, expliqua pourquoi et comment il est venu à s'intéresser à la parapsychologie : « Vous serez surpris qu'un physicien déclare prendre en considération la parapsychologie non pas en fonction de cas spontanés, mais en conclusion d'une réflexion sur les symétries internes des disciplines dont il s'occupe : relativité et mécanique quantique.

» Comme M. Jourdain, la physique moderne est en train de s'aviser qu'elle est concernée par l'esprit.

» La physique du xxe siècle (relativité, quanta et, ajouterai-je, cybernétique) a ceci de nouveau qu'elle traite de la matière en relation avec le psychisme. C'est en cherchant à comprendre cette relation de manière cohérente qu'à ma surprise j'ai vu la parapsychologie se glisser de force dans mon tableau.

» C'est d'abord la rationalité de la précognition qui s'est imposée à moi. La relativité, on le sait, est une géométrie spatio-temporelle à quatre dimensions. Dès lors, le problème de la relation entre matière et psychisme ne peut plus se poser " dans l'espace x, y, z, à un instant donné t ", mais en connexion avec l'instant-point quelconque x, y, z, t de l'espace-temps déployé en acte. En d'autres termes, la distinction passé-futur, ne pouvant plus être une propriété objective de l'univers, devient une modalité subjective de la perception consciente... »

Depuis ce congrès, bien d'autres rencontres et expériences furent organisées avec profit. L'idée d'un univers à multidimensions devient peu à peu réalité. Et on sait bien que cette dernière dépasse toujours la fiction...

Il se passe quelque chose là, on ne sait pas encore très bien quoi, mais la quête d'un métapsychisme progresse à pas de géant. Aux Etats-Unis, la mode des ondes alpha a fait les gros titres de la presse. De mode, ce phénomène est passé à l'état de découverte fondamentale exploitée par toutes les universités et de nombreux lycées. L'ère de l'apprentissage du bio-feedback (ou autorégulation de processus biologiques par le cerveau) entre dans sa phase active. De quoi s'agit-il ? On sait que l'électro-encéphalogramme fait apparaître quatre types d'ondes : alpha, bêta, delta et thêta. Marilyn Ferguson, dans son ouvrage, *la Révolution du cerveau*, rapporte :

« Le rythme *alpha* se situe entre huit et douze ou treize cycles/seconde, et il est normalement associé à un état d'esprit éveillé mais détendu. La plupart des gens produisent des alpha en fermant les yeux, mais l'Egramme type de l'état de veille, avec les yeux ouverts, fait apparaître l'alpha mélangé à d'autres rythmes. L'alpha stabilisé est inhabituel chez un sujet aux yeux ouverts ; il peut apparaître au moment où l'on va s'endormir. Typiquement, l'alpha est toujours arrêté par un stimulus soudain...

» Le tracé *bêta*, rapide et serré, va de quatorze à

trente cycles/seconde. Il apparaît dans la réflexion et dans l'agitation mentale.

» Les ondes *delta* — un demi-cycle à trois cycles et demi par seconde — sont associées à la maladie, à l'approche de la mort et à la dégénérescence ; larges et lentes, elles apparaissent dans le sommeil et peuvent aussi indiquer un état pathologique, une tumeur au cerveau notamment, quand elles prennent une place importante chez un sujet éveillé.

» Les ondes *thêta* — quatre à sept cycles par seconde — semblent être impliquées par les états émotifs, la figuration créative et la spéculation profonde. Elles sont rares dans les tracés d'un sujet éveillé. »

Or des ondes alpha stabilisées et des ondes thêta se retrouvent dans les états de relaxation et de méditation ; elles amènent à un état de bien-être et de calme remarqué par tous les sujets. Après de très nombreuses expérimentations en laboratoires, une nouvelle ère d'application de la science (qui ne fait alors que retrouver des principes orientaux millénaires) débute : l'apprentissage des ondes cérébrales pour autoréguler ses rythmes internes. Aux Etats-Unis, après les universités, des écoles et des prisons en nombre croissant se mettent à appliquer ces techniques pour le profit de tous ; l'agitation mentale doit en effet s'apaiser, la relaxation est nécessaire, le sujet doit à la fois se détendre et se « laisser partir » pour que le cerveau émette des ondes alpha à l'état de veille. « Il ne s'agit que de donner un peu de repos à votre moi personnel et convulsif, pour découvrir la présence d'un Soi plus grand... » (W. James). Et les maîtres Zen préconisent toujours de « lâcher prise » pour s'éveiller, sans but ni désir, à une réalité nouvelle, plus riche, plus vaste.

La découverte des nouvelles possibilités du cerveau et d'états de conscience différents commence. Le fantastique voyage continue : la découverte de l'homme par l'homme.

Mais, plus que jamais, *ce voyage n'est possible que par* « *l'utilisation humaine des êtres humains* ». Actuellement, si un désir en ce sens se fait jour, il reste fort limité et se poursuit la dégradation de l'homme par l'homme, le formidable gaspillage de potentialités vivantes. Il suffit de parler à des enfants, de toutes classes, pour s'apercevoir que leurs dons de création, d'imagination, leurs facultés d'appréhender le monde, leur idéal d'un univers plus vrai, plus juste, sont des qualités innées. Qualités à peu près détruites par le moule contraignant de l'école (qui voit des élèves à noter par rapport à un schéma et non des *enfants*), et souvent, par celui de la famille. Puis, les règles hiérarchiques et frustrantes de la société achèveront de faire d'un être libre, en puissance d'éveil, un demi-esclave. Esclave des structures et rythmes sociaux, prisonnier d'habitudes, de façons de penser et de voir, dépendant des illusions qu'on lui a forgées. Non, la vie n'est pas ce qu'on en montre, ni ce qu'on veut qu'elle soit. Elle ne peut s'enfermer indéfiniment dans une structure arbitraire et se charge bien de le rappeler en débordant les carcans rigides par le déclenchement de situations « de crise ». Car il n'y a de crise que par rapport à des données préétablies, promues en lois.

Dans son livre *Cybernétique et Société*, Norbert Wiener rappelle qu'on « dégrade l'homme en l'enchaînant à une rame pour l'utiliser comme source d'énergie ; mais on le dégrade autant en lui attribuant à l'usine une tâche qui ne consiste qu'en des répétitions et qui exige à peine le millionième de sa capacité intellectuelle. Il est plus simple évidemment d'organiser une usine ou une galère qui utilise les individualités humaines selon une fraction infime de leur valeur, que d'édifier un monde dans lequel ces valeurs puissent atteindre à leur total épanouissement... J'affirme que ce chemin facile vers le pouvoir représente non seulement le refus de tout ce que je considère comme ayant une valeur morale dans la race humaine, mais aussi qu'il exclut nos chances actuellement minimes de survivre en tant qu'hommes... ».

Mais si l'univers tout entier obéit à la seconde loi de la thermodynamique et court vers un chaos croissant, si « la vie est une île çà et là dans un monde mourant », si la dégénérescence guette tout système ordonné, cependant « il existe des îlots d'entropie décroissante dans un monde où l'entropie en général ne cesse de croître. C'est l'existence de ces îlots qui permet à

certains d'entre nous d'affirmer la réalité du progrès »
(Wiener). Aujourd'hui, on commence à s'apercevoir
que plus de progrès ne signifie pas indice de production et de consommation plus élevé. La société issue de
l'âge industriel est au contraire parvenue à un point de
non-retour. Pourtant, bien des années passeront avant
qu'on puisse modifier, adapter et donner d'autres buts
à la Machine. Une catastrophe mondiale sera peut-être
nécessaire à la vraie prise de conscience. Ne l'espérons
pas !

Apprendre à exister

Alors, comment agir ?

L'un des moyens est de savoir inverser le processus
de pensée et d'action qui nous pousse et nous désagrège vers l'extérieur. Se retourner vers l'intérieur.
S'écouter. Ecouter son corps et son cerveau, s'apercevoir qu'ils sont bien plus importants que les idées
toutes faites greffées sur eux.

Relâcher la tension, se laisser vivre, profondément.
La plupart du temps, l'être privilégie un mode de
fonctionnement : le cerveau frontal est ainsi surem-
ployé et cette inflation crée des névroses, des problèmes. L'hypothalamus par contre, ce cerveau « repti-
lien » et primitif où l'instinct et l'intuition ont leur
siège, est, lui, sous-employé. Il se dessèche dans la vie
moderne. Changeons donc de vitesse, reposons ce
cerveau qui pense et projette le monde au lieu de le
vivre. Le phénomène des ondes alpha peut nous y aider
car il apporte cette détente, ce vide salutaire qui
permet de retrouver une vision objective du monde.
Vous regardez un film à la télé, vous êtes dans l'action
et participez à la réalité mouvante des images-lignes.
Le film s'arrête, vous coupez le contact, l'image s'efface. Reste le récepteur, froid, objectif. Faire la même
chose avec son cerveau, savoir débrancher certains
circuits, puis se connecter plus ou moins consciemment avec d'autres, différents, est un véritable *art, à la
portée de chacun.*

Car chacun voit le monde différemment, suivant ses
structures morphologiques, suivant son inné et son

acquis, mais tout le champ de l'expérience n'en est pas moins accessible à chacun, suivant son originalité propre.

Apprendre à contrôler son propre bio-feed-back, réguler ses énergies et perceptions, voilà une chose utile à enseigner en vue de la nouvelle civilisation, radicalement différente, qui s'annonce. Robert Jungk, dans la conclusion de son ouvrage *Pari sur l'homme*[1], termine aussi sur ce besoin essentiel : « L'entraînement avec les ondes alpha non seulement apporte la détente et un approfondissement spirituel mais serait capable, à en juger par les résultats actuels, de renforcer les capacités intellectuelles... Le " chemin vers l'intérieur ", qui était dans le passé si souvent un chemin sans retour, ne conduit plus nécessairement ceux qui l'empruntent loin de la société. La méditation peut ramener les hommes, devenus plus forts, dans le monde et parmi leurs prochains. » Et de citer Novalis : « Nous rêvons de voyages à travers l'univers. Mais l'univers n'est-il pas en nous ? Nous ne connaissons pas la profondeur de notre esprit. Le chemin mystérieux va vers l'intérieur... » Phrase qui fait écho au « Il faut devenir voyant » de Rimbaud.

Métaprogrammer le biocomputer humain...

Penser avec son corps...

Pas nécessaire de disposer d'appareils électroniques complexes pour se mettre à œuvrer sur soi : sans avoir besoin de déchiffrer leur mythologie (sinon par intérêt pour les symboles employés), la plupart des techniques de méditation retrouvées en Orient peuvent servir à celui qui, aujourd'hui, cherche à rétablir une harmonie énergétique, en lui et autour de lui. Travail sur le corps, chants, méthodes de relaxation et de méditation, concentration sur mandalas et sur rien, et, surtout, contrôle de la respiration, tous ces exercices, bien employés (un instructeur ou maître est donc souvent nécessaire au début), peuvent aider à nous retrouver, à calmer l'angoisse, dégager l'esprit, accroître l'attention, produire de nombreuses ondes alpha (inutile de disposer d'un encéphalogramme pour prouver leur

1. Robert Laffont éd.

existence, vous sentirez seuls la différence d'état en
vous-mêmes, c'est très simple, si simple...).

Ouvrir l'être à de nouvelles dimensions d'être.

Mais « il y a de nombreuses demeures dans la
maison de mon Père », disait le Christ, à chacun de
choisir la technique de méditation, de concentration,
qui lui convient, à chacun d'essayer, changer, trouver...
Surtout le faire sans rien attendre de précis. Ne rien
vouloir. Le corps sait ce dont il a besoin, les résultats se
constatent au fur et à mesure de la pratique. Inutile de
nourrir de folles idées mystiques, inutiles les illumina-
tions hystériques et imaginaires, c'est *ici et maintenant*
que tout se passe.

Tout. La vie... N'est-ce pas assez ?

Le souffle.

Expir. Inspir. Expir.

Pulsation.

Car cet *ici et maintenant* n'est pas un moment figé
mais *instant en mouvement :* dans cette réalité instan-
tanée, là se retrouve saisi tout le mouvement de
l'univers avec lequel on s'harmonise enfin... Mais les
moments où l'être vit pleinement l'instant, en contact
avec le réel vécu, sans que l'écran soit brouillé, sont
rares.

Fissurer les murailles qui séparent les mondes,
retrouver la trame de la tapisserie au-delà des personnages dans leurs rôles, faire que le moi purifié agisse
comme condensateur de lumière tournée vers l'extérieur, ouvrir grandes les portes de la perception, les
vannes de l'intuition prémonitoire et clairvoyante,
croire à l'imaginaire débloqué, aimer la rencontre
qui... « semble appartenir à un ordre de choses qui fait
se mouvoir les étoiles et se féconder les pensées [1] », la
rencontre-communication avec chaque élément, renforcer son énergie vitale et créatrice, aimer la vie...
« Est-il vrai que l'au-delà, tout l'au-delà soit dans cette
vie ? », demandait André Breton, ce découvreur. Oui.

Pour atteindre cet état rare où le monde se fond en
nous, réconcilié, cinq règles peut-être : la *créativité*, la

1. Hofmannstahl : *Écrits en prose.*

disponibilité, l'*attente-éveil* (ce sixième sens), la *force du métal intérieur* (recevoir mais sans se laisser submerger) et, surtout, l'*instant*, chaque instant vécu en pleine conscience, intensément, furieusement. Car, « l'esprit nous entretient obstinément d'un continent futur » ; or, tout se trouve dans l'instant, ici et maintenant, toujours. Si l'on veut « voir », peu à peu tout s'éveille, les signes parlent et s'entremêlent, les rythmes de la vie bruissent en un seul fleuve d'énergies tourbillonnantes. Où existe et se meut « mon » énergie. Et celle des autres.

« Tout porte à croire qu'il existe un certain point de l'esprit d'où la vie et la mort, le réel et l'imaginaire, le passé et le futur, le communicable et l'incommunicable, cessent d'être perçus contradictoirement. C'est en vain qu'on chercherait à l'activité surréaliste un autre mobile que l'espoir de détermination de ce point[1]. »

Ce point se trouve dans... l'instant.

Et cette réalité, toutes les religions, du moins à leurs débuts, cherchèrent à la matérialiser.

---

1. *Second Manifeste de surréalisme.*

EFFETS PHYSIOLOGIQUES
DE LA MÉDITATION

D'après le docteur et psychothérapeute Lawrence Le Shan :

« La méditation semble produire essentiellement un état physiologique de profonde relaxation, joint à un état d'éveil psychique. Le coefficient métabolique a tendance à baisser, ainsi que les rythmes cardiaque et respiratoire. Le modèle de la réponse physiologique à la méditation diffère du sommeil ou de l'hypnose. L'état physiologique procuré par la méditation apparaît comme l'opposé de celui provoqué par la colère ou la peur. Techniquement, il semble que la méditation suscite un état hypermétabolique, qui est tout à fait l'opposé de l'état de " défense alarmée ", décrit par W. B. Cannon lorsqu'il analyse l'état physiologique correspondant à la réaction " fuir ou combattre ".

» L'abaissement du coefficient métabolique, la diminution de la consommation d'oxygène et de la production de gaz carbonique jouent un rôle central dans la réponse physiologique à la méditation.

» Le pourcentage de lactose dans le sang diminue sensiblement durant la méditation, près de quatre fois plus vite qu'il ne le fait chez des sujets qui se reposent calmement, allongés, dans la tranquillité et la sécurité. La présence de lactose dans le sang est en relation avec l'anxiété et la tension, aussi est-il vraisemblable que la faible quantité trouvée chez des sujets en méditation est due à leur état physiologique de relaxation.

» La résistance de la peau à un faible courant

électrique est connue depuis longtemps comme étant liée de très près, chez tous les individus, à la présence de tension et d'anxiété. Plus il y a de tension et d'anxiété et plus faible est la résistance de la peau. Pendant la méditation, la résistance de la peau augmente, parfois de 400 %. Le rythme cardiaque a tendance à ralentir. Quelques modifications sont aussi observées dans le relevé électro-encéphalographique. Le plus souvent, on rapporte une augmentation du nombre d'ondes alpha lentes (huit à neuf par seconde).

» Dans l'hypnose, le coefficient métabolique ne change pas. Durant le sommeil, la consommation d'oxygène ne décroît appréciablement qu'après plusieurs heures, et la diminution est plutôt due à un ralentissement de la respiration qu'à une modification du coefficient métabolique global...

» Pourquoi notre corps répond-il de cette façon durant la méditation ? Notre ignorance est encore immense, même si la recherche entreprise va combler certaines lacunes. Mais un facteur semble lié à l'aspect fondamental de la méditation : c'est la concentration sur une seule chose à la fois. Les signaux auxquels doit répondre notre corps sont plus simples et plus cohérents pendant la méditation qu'en presque toute autre circonstance...

» Cela a un effet positif sur notre corps, qui manifeste une forte tendance à normaliser ses réactions ; à se comporter physiologiquement de façon plus détendue et plus saine. La tension est réduite, les indicateurs d'anxiété s'estompent, le coefficient métabolique physiologique décroît et la conscience connaît un état d'éveil[1]. »

1. *Méditer pour agir*, éd. Seghers.

Méditations quotidiennes
ou l'art de jouir de l'instant présent

Les quelques exercices qui suivent, simples, accessibles à tous, fondent l'idée même de méditation qui avant tout est :
— une posture juste
— une respiration profonde
— l'attention à l'instant et au corps
— la purification du mental
— l'être au monde.
Mais on peut aussi méditer dans la plupart des gestes qui occupent le quotidien : il s'agit alors d'une attitude de l'esprit, d'une concentration sur chaque acte.

Pour le *Larousse*, méditer consiste à faire un examen intérieur, une réflexion. Toutefois, réfléchir est une chose, méditer une autre : disons qu'on pourrait parler de présence attentive. Et dans cette présence même, un univers infini se dévoile peu à peu : le nôtre.

Connais-toi toi-même et...

La relaxation en silence

S'allonger sur un tapis ou une natte dans une pièce bien aérée. Prendre conscience de son corps, du sol.

Faire plusieurs expirations lentes et profondes, poussées dans l'abdomen.

Puis, dans l'immobilité, se concentrer sur ses doigts de pied. Les sentir être. Percevoir leurs tensions. Les détendre.

Respirer régulièrement, par le nez toujours.

Agir de même, en remontant le long du corps, sur toutes les parties importantes : pieds, mollets, genoux, cuisses, bas-ventre, fesses, dos, ventre, cage thoracique, épaules, cou, tête, front, joues, yeux, nuque, bras, mains, doigts.

Expirer plusieurs fois lentement.

Laisser son corps flotter.

N'être que sensation et non pensée.

Se relever. Faire quelques mouvements d'élongation. Puis, avec les deux mains, se masser la partie charnue située entre le cou et l'épaule : la malaxer.

Tordre la tête de droite à gauche, et vice versa ; puis la pencher le plus possible en avant, en arrière.

Se passer les mains et le visage à l'eau froide, se laver les dents.

Se sourire dans le miroir.

Sourire.

La relaxation en musique

S'allonger de telle façon qu'une source musicale se situe face aux pieds : cassette ou chaîne, peu importe, mais le haut-parleur doit être au niveau de la plante des pieds et du corps, sur le sol.

Choisir une musique qui ne soit ni passionnelle ni heurtée, dramatique ou grandiose. La mélodie doit en être simple, évoluer en spirale, comme dans les ragas indiens, le chant grégorien ou les compositions de Terry Riley qui sont idéales pour ce genre d'exercice.

Le niveau sonore dépend de la perception de chacun, mais il doit faire sentir la musique envahir le corps des pieds à la tête. Pour cela, le volume n'a pas besoin d'être trop fort comme on pourrait le croire, car l'acuité auditive et la sensation de la vibration sonore sur le corps se développent avec la concentration de l'attention sur la musique.

Allongé, expirer lentement, profondément.

Puis, gardant une respiration calme, ample, percevoir le son dans la plante des pieds et le faire remonter doucement dans tout le corps en marquant des temps d'arrêt aux parties que l'on sent fatiguées, ou tendues, et prendre le temps de les détendre. S'arrêter aussi sur le sexe, le ventre, les poumons, respirer la musique par chaque partie du visage : bouche, nez, yeux, joues, front, oreilles.

Se laisser complètement être musique, abolir l'espace-temps.

Si le mental commence à faire son cinéma intérieur, le forcer à rester concentré sur le son, sur le corps : il est possible de répéter plusieurs fois le mouvement, mais toujours des pieds à la tête.

Se relever quand on le désire et qu'on se sent relaxé ; effectuer les mêmes gestes que pour la fin de la relaxation en silence.

Ces deux exercices sont très efficaces et régénèrent l'être. Durée minimale : un quart d'heure, à pratiquer quand on en ressent le besoin. Idéal en fin de journée.

Ce sont là les premiers pas de la méditation : savoir se détendre, se vider intérieurement des soucis et occupations.

Simplement, être dans son corps.

La droite posture

Un dos droit, une colonne vertébrale souple sont des conditions essentielles pour une vie saine et une conscience claire. Les vertèbres forment un axe à partir duquel tout le corps tient en place, et l'importance de cette zone au niveau neuro-végétatif est primordiale. L'on ne se rend malheureusement compte des mauvaises habitudes prises par le dos que lorsqu'il est trop tard, lorsque l'âge l'a voûté et tordu de façon souvent irrémédiable.

La méditation active doit faire travailler le dos, le redresser, le cambrer. Certaines méditations, que j'appellerai passives, ne se soucient pas de la posture du dos, ce qui est une grave erreur : ainsi la prière de Jésus pratiquée par certains moines orthodoxes, courbés sur eux-mêmes, les yeux dans le nombril ; cette attitude schizophrénique amène-t-elle vraiment l'éveil ? ou bien repli sur soi, fuite des réalités, retour au cocon matriciel ?

La posture droite de l'être humain a été gagnée sur l'animalité et l'on voit bien cette évolution en comparant attitudes et squelettes de nos lointains ancêtres. Et la dignité du maintien que l'on retrouve dans les

statues du Bouddha donne une image idéale de l'équilibre harmonieux, serein et attentif auquel nous pouvons, nous devons, prétendre.

Si pour la relaxation il vaut mieux allonger le corps,
la méditation, elle, se fera toujours le dos droit, assis
ou accroupi. Les meilleures des postures restent sans
conteste celles du lotus, demi-lotus et leurs variantes,
décrites dans le chapitre sur le yoga. Tous les médecins
qui se sont intéressés à leurs effets ont dit les bienfaits
qu'on pouvait en attendre sur le plan circulatoire,
nerveux et psychique. Ceux qui ne peuvent arriver à les
prendre, et mon expérience prouve qu'ils sont rares ou
ne font pas vraiment l'effort, peuvent évidemment
s'asseoir sur une chaise, le dos bien cambré, mains sur
les cuisses, pieds parallèles. Tous les autres auront
toujours intérêt à se servir d'un coussin dur, à leur
hauteur, pour avoir une meilleure assise.

Qui dit dos et colonne, dit nuque. On peut avoir le
dos droit et la nuque qui part en avant. Il est essentiel
que les vertèbres cervicales suivent l'effort de la
colonne et forment une ligne avec elle.

L'attention doit se porter sur quatre points principaux :

— la cambrure des reins, de la taille,
— la droiture du dos proprement dit,
— le maintien de la nuque, et donc de la tête,
— les épaules détendues (elles ont toujours tendance à partir vers le haut).

Cette assise juste trouvée, il faut y veiller sans cesse.

La respiration rythmée

Aucun thérapeute ne peut contredire le fait que la
majorité de nos contemporains ne savent pas respirer :
combien de respirations superficielles limitées en haut
des poumons, de cages thoraciques et diaphragmes
bloqués passent par les cabinets médicaux ; le pourcentage, s'il était fait, serait hallucinant. Troubles
moteurs divers, état nerveux déplorable, angoisses et
phobies pourraient pourtant être combattus par l'art
de respirer harmonieusement, qui remplacerait avan-

tageusement les pilules qui soulagent dans l'instant mais ne s'attaquent pas à la racine du mal.

Le respir, c'est la vie. Son arrêt, la mort.

Et, en plus de la posture juste, digne, droite, une respiration équilibrée, ample, profonde, est la seconde clé, le second grand enseignement de la vraie méditation.

Donc, assis, il faut se concentrer sur l'air qui entre dans les poumons : inspirer de plus en plus, mais sans forcer, prendre son temps, on ne fait pas de la gymnastique. Expirer de même, en essayant de prolonger le mouvement dans l'abdomen : en effet, l'air sort par le nez, mais une poussée se fait dans les poumons vers le bas : l'accroître de façon à lentement débloquer le diaphragme.

Mettre les deux mains posées l'une sur l'autre, paume sur la peau, au niveau du plexus solaire, situé dans le creux à la base du sternum, au-dessus de l'estomac. Suivre avec elles le mouvement de l'inspir et de l'expir. Si ce point, centre radiant des tensions, est douloureux, le masser par pressions répétées de la paume, sur l'expir. Relâcher la pression lors de l'inspir.

Un truc : avant de poser ainsi les mains, les frapper fortement l'une contre l'autre, quatre à cinq fois, puis se frotter vigoureusement les paumes ; cela stimulera le magnétisme et donne une chaleur salutaire. On peut évidemment employer le même procédé de travail sur le plexus solaire lors de la relaxation.

Après cinq minutes, poser à nouveau les mains sur les cuisses, et suivre le mouvement naturel de la respiration tel qu'il se fait et tel qu'on a envie de le faire durant cinq autres minutes.

Reprendre l'expiration abdominale. A l'inspir, relâcher le ventre, le frotter d'un mouvement circulaire de la main si on le sent tendu ou ballonné. Une dizaine de fois minimum.

Puis, les deux mains posées sur le ventre, les pouces prenant appui à la hauteur des reins, sous les côtes, inspirer en pressant le ventre vers l'intérieur, expirer en le relâchant. Une dizaine de fois minimum.

Retrouver sa respiration normale, en veillant toutefois à son amplitude.

A la fin de l'exercice, joindre les deux mains à hauteur du visage et saluer en courbant dos et tête.

Se concentrer chaque jour ainsi sur la respiration et la posture crée santé du corps et de l'esprit. C'est déjà de la méditation.

La salutation

Pourquoi ce geste de saluer, qui doit intervenir à la fin de toute méditation ? Et aussi avant ?

Les mains jointes, sommet des doigts à hauteur des yeux, est un geste universel de prière et de respect.

C'est aussi un geste de concentration très efficace.

Mais pourquoi saluer ainsi ? Il ne s'agit pas d'implorer quoi que ce soit, mais de remercier, soi-même, l'univers, pour ce moment de calme et d'intériorisation que l'on vient de vivre.

Les pratiquants d'arts martiaux se saluent avant et après le combat, on salue autrui quand on le rencontre. Ici, on se rencontre soi-même.

Ce geste, qui clôt et prouve le respect qu'on a envers ce que l'on fait, il est possible de l'appliquer aussi en d'autres circonstances ; par exemple :

— debout face au soleil levant et couchant, on salue l'astre du jour dispensateur de vie ;

— face à un spectacle naturel qui vient d'émouvoir par sa beauté, on salue l'énergie de la nature en œuvre ;

— avant de cueillir une fleur, une plante, on la salue mentalement au moins : elle vit elle aussi, et ressent. On la remercie pour son don d'elle...

Saluer ce pour quoi on éprouve du respect, n'est-ce pas un beau geste ?

La magie du son

On ne parle bien que de sa propre expérience.

Ma méditation commença ainsi : un besoin de se rassembler, un besoin de freiner la dispersion mentale qui assaille en fin de journée ou pendant, puis aussi la nécessité de lutter contre une angoisse sourde, qui prenait parfois le ventre. Pour quoi ? pour rien. Alors, relaxation, posture droite, respiration.

Et aussi une technique apprise dans une vieille revue de yoga où un savant, Leser Lasario, narrait sa guérison par ce procédé ; une technique très simple et remarquablement efficace, qui joue sur la magie du son et sa force vibratoire.

Il s'agit de moduler à haute voix les cinq voyelles dans l'ordre suivant : I. A. E. O. U. I., et ce, trois fois chacune, jusqu'à la fin de l'expiration. Enfantin, mais combien bienfaisant. Ce n'est qu'après les travaux du Dr Tomatis que je compris l'incroyable puissance du verbe, du son sur le psychosomatique. Pratiquée quotidiennement, cette technique apporte calme intérieur, bonne humeur et soutient la santé. Je m'en servis quotidiennement pendant près d'un an avant de passer à des méditations plus approfondies. En dehors de la concentration, deux résultats certains : disparition des angoisses nerveuses et mieux-être général.

Il faut commencer par le son I, qui est joyeux ; le moduler avec un sourire aux lèvres jusqu'à la fin de l'expiration. Trois fois. Il envahit le crâne.

Puis le son A, serein et grave. Trois fois. Il agit sur la gorge, le haut des poumons, le cerveau.

— E, trois fois toujours, jusqu'à la fin de l'expiration, éveille les sens et tonifie les glandes thyroïdiennes.

— O, beau son profond, fait vibrer la cage thoracique et le diaphragme, et se propage dans l'abdomen jusqu'aux glandes génitales, effectuant un salutaire massage interne. Trois fois. On peut aussi moduler en plus le son OU, dynamique, tonique.

— U fait vibrer les cordes vocales et la nuque.

Reprendre le son I, sourire aux lèvres, pour terminer par une note gaie. Ne pas oublier qu'il faut toujours expirer et moduler le plus lentement et le plus profondément possible.

On peut terminer cette série par l'extraordinaire son sacré de l'hindouisme, le mantra OM. (Voir le chapitre sur le yoga.)

Conscience des sens

Assise juste, respiration ample contrôlée, il faut prendre conscience de son corps entier. Ne pas rêver, être là, simplement là : les yeux regardent, posés à un mètre devant soi environ, les oreilles entendent les bruits divers de l'environnement, le nez sent passer, entrer, sortir l'air, la langue est posée contre le palais supérieur et les dents, la bouche fermée. Mais la conscience de la respiration reste la plus importante. S'y plonger.

Dans la vie quotidienne, une forme de méditation aisée est la prise de conscience des sons, de ce que l'on voit, de ce que l'on sent, de ce que l'on goûte. Combien de gens marchent dans la rue, perdus dans leur imaginaire, leurs problèmes, leur mental. Couper cela et savoir être conscient de tout ce qui se passe autour de soi, jeu de la vie qui, suivant le mot de Shakespeare, est un théâtre où tous les humains sont des acteurs.

Ne pas juger, ne pas critiquer, simplement être témoin. Quelle fresque ! Et que de choses parlent alors : un regard, une scène, un mouvement, une attitude, une silhouette, un visage, un détail, une forme, une texture, les mimiques des autres, on pourrait presque lire leurs états d'âme, et les architectures des maisons, le chat sur la fenêtre et tout ce qui fait le système de société dans lequel nous vivons.

C'est parfois drôle, parfois triste, parfois simplement là, mais toujours riche d'enseignements. Tout est signe.

Contemplation :
parfois savoir se perdre dans une seule chose

Ma grand-mère, à la fin de sa vie, s'extasiait sur une feuille, une forme de branche, un pétale, un légume. Me montrant un beau caillou strié, elle me disait : « Quel artiste est capable de faire cela ? » Son regard épousait toutes les configurations des choses qu'elle tenait entre les mains, leurs couleurs, leur matière. Et cela me surprenait : avait-elle attendu soixante-dix-huit ans pour regarder tout ce qui l'entoure ? Et ne sommes-nous pas tous ainsi ? Prenant, se servant de, en des gestes automatiques, dénués de la conscience de l'acte et de la chose ? L'aïeule avait vécu une vie riche en événements, en joies, en peines ; les deux guerres bouleversèrent sa vie, tuèrent la majorité de sa famille, détruisirent sa fortune, son manoir et son existence dorée. Polonaise, elle se contraint à l'exil, vint finir sa vie auprès de sa fille, ma mère. Depuis que nous étions tout petits, elle s'occupait de mon frère et de moi ; elle aimait faire la cuisine, écrire, lire, coudre, tricoter, parler. Mais à soixante-dix-huit ans, son seul plaisir était de regarder les innombrables détails qui composent le visage de Mère nature. Je lui posai la question : « Vous n'aviez jamais remarqué cela ? Non — Un beau paysage, un beau spectacle, un beau bouquet, une belle fleur, oui — Les détails, non. » Morte, je garde en mémoire cette scène d'elle, ce moment qui me toucha plus que nul autre en sa compagnie. Cet enseignement.

Regarde une feuille.

Regarde un caillou.

Regarde les circonvolutions de la matière. De la vie.

L'univers des formes. La poussée de la sève qui devient cet arbre tordu, cette plante pareille à nulle autre, ce brin d'herbe. Cet insecte...

La goutte qui tombe dans la flaque. Son bruit.

Bourgeon, feuille verte, feuille morte, poussière, terreau. Vie et mort. Continuation.

Cycles.

Finalement, l'œuvre d'art n'est là que pour réveiller en nous ce regard-là, ce sentir-là.

L'entrée dans la nourriture

On mange. On discute. C'est bon ? C'est bon. Ou, c'est pas très bon. Ou ça va. Et on rediscute.

Si les pensées que l'on a en mangeant pouvaient être pesées, cela ferait lourd sur l'estomac. Car seul ou à plusieurs, on ne fait pas que manger ; la tête continue à émettre ses émissions non-stop, sur tout et rien, sur ce qui nous concerne, de la futilité au problème immédiat, en passant par les fantasmes les plus divers.

Alors, on avale tout ça ? Avec le reste, vin et pain en sus ?

Pourtant la nourriture est une chose sacrée. Aujourd'hui on n'y attache plus grande importance, le goût se perd, mais la quantité et les couleurs y sont. Et on l'obtient quand même sans trop de mal. Il n'y a plus en Occident que quelques vieux qui meurent de faim, et encore, c'est qu'ils sont discrets.

Oui, on sait ce qu'il y a dans son assiette. Un steak, des patates, ou tout autre plat, exotique ou de nos régions. On goûte. On apprécie suivant ses critères, on mange un peu, histoire de sentir la faim se calmer. On avale plutôt qu'on ne mâche. Et puis, c'est reparti : pour le reste du repas, la valse des pensées et des paroles. La nourriture, elle, n'est plus qu'une musique de fond, largement arrosée de cette délicieuse drogue douce : le vin. Ou de ses cousins. Après on se sent bien. Un petit poids là sur l'estomac, mais un café bien serré fera passer cela. On va digérer trois heures durant...

Alors, petit exercice de méditation puisque nous en parlons : un jour, se concentrer vraiment sur ce que l'on mange, bouchée après bouchée. Savourer tous les goûts qui passent dans la bouche, ils sont innombrables. Mâcher jusqu'au bout, jusqu'à la bouillie. Entrer dans la saveur et la matière de l'aliment, comme lui entre en vous. N'avoir que ces goûts en tête, rejeter toute pensée parasite. Manger, simplement. Pas facile ! Le bon vieux mental dérape sans cesse, crée des associations d'idées, on mange mais on n'est pas là. Retour à l'assiette. Tiens, elle est vide ou presque. Etre tout à son acte, l'une des choses les plus difficiles au monde.

On parle beaucoup de l'art de la grande cuisine, mais jamais de l'art de manger. Si j'étais chef cuisinier, je serais malade de voir comment les gens traitent cette alchimie subtile, qui nous donne plaisir, nouvelle vigueur, et, espérons-le, tous les éléments minéraux, protéinés, vitaminés et autres, nécessaires à la bonne marche de l'organisme.

L'art de manger, c'est savoir mâcher, et ne faire que cela. Si nécessaire, reposer les couverts et discuter.

Puis à nouveau mâcher, savourer. Manger, quoi ! Eh bien, avec si peu de chose à faire, mais d'une complication extrême étant donné les mauvaises habitudes acquises, on peut obtenir d'intéressants résultats : d'abord en mangeant mieux, manger moins. Ensuite, découvrir dans son palais une palette infinie de goûts. Enfin, profiter vraiment de chaque repas, digérer mieux, se sentir mieux.

Il suffit pour cela d'entrer dans la nourriture.

Le jeûne

Toutes les traditions préconisent le jeûne comme forme d'épuration et de méditation. Près de nous, le « maigre » du vendredi, courant il y a peu encore chez les chrétiens, et le sabbat juif du samedi nous parlent d'un jour par semaine où l'être doit prendre une certaine attitude d'abstention face aux aliments : respect de la nourriture, et surtout santé du corps et de l'esprit obligés de rompre avec leurs habitudes quotidiennes.

Le jeûne prolongé était jadis fréquemment pratiqué par les adeptes de la voie spirituelle et l'on se souvient des quarante jours que le Christ passa dans le désert. Il ne s'agit pas de conseiller ici de tels exploits mais d'indiquer une technique intéressante. Le jeûne le plus long que j'aie fait a duré quarante-huit heures : ce fut une expérience inoubliable, qui m'apprit beaucoup sur moi-même et mes réactions. En effet, le jeûne crée un « état de réalité non ordinaire » suivant le mot de Castaneda, qui suscite une sorte de nouvelle vision de soi-même et véritablement dessille les yeux sur la réalité alentour. Car le fait de se forcer à ne pas succomber à la tentation de manger et l'abstention elle-même amènent un état de vigilance, d'attention exacerbée.

Quelques règles pour un petit jeûne d'un jour :

— se coucher le soir après avoir mangé très légèrement : bouillon ou soupe, salade, fruit yang, tel la pomme ;

— ne rien manger depuis le réveil du lendemain jusqu'à la même heure le surlendemain ;

— boire beaucoup d'eau, chaude ou froide. Si l'on se sent faible, prendre des tisanes de thym et sauge, non sucrées ;

— lire des textes de réflexion intérieure : textes sacrés, mémoires des sages, philosophie... ;

— faire au moins une grande marche, dans la nature si possible ;

— éviter tout effort violent, le bruit, l'agitation ;

— rompre le jeûne avec du thé ou de la tisane, un yaourt, un fruit, une petite tartine. Pas plus. Manger mieux plus tard, mais en évitant sauces, crèmes, alcool et tout repas copieux.

Suivre le même programme pour deux jours de jeûne.

On a vécu ainsi une vraie méditation qui épure le corps de ses toxines et lave l'esprit de ses miasmes : une cure de repos !

Le bain lustral

L'eau. C'est un élément purificateur étonnant : il lave le corps, il lave l'esprit, et il n'y a rien d'étonnant que les chrétiens l'aient choisi pour le baptême, comme la plupart des religions le privilégient dans leurs rites de purification.

Que l'on se lave le bout du nez, prenne un bain ou une douche, il faut essayer de le faire dans cet esprit-là et non comme un geste automatique agréable.

Après s'être lavé mains et visage, prendre de l'eau froide dans le creux des paumes et s'en asperger la face. Ne fermer les yeux que lorsque les mains arrivent sur le visage. Répéter ce geste cinq fois. C'est un rite, un acte de concentration qui fait du bien.

Au Japon, dans les *Ofuro*, bains traditionnels, on se lave entièrement sur le carrelage à l'aide de bassines et robinets disposés exprès, puis seulement on se plonge, propre, dans le bassin collectif : on apprécie certainement davantage le bain ainsi, en jouissant de son pouvoir revitalisant et de la magie de l'eau sur le corps. En faire autant sans installations appropriées n'aboutirait qu'à des inondations, mais il est possible de prendre conscience que le bain est un contact avec un

élément, avec l'eau qui compose plus de 70 % de notre corps et sans laquelle aucune vie n'existerait sous les formes que nous lui connaissons.

Le bain est aussi l'endroit idéal pour décontracter son corps et effectuer des exercices de respiration de façon plus souple, libre. Il faut aussi s'y masser les pieds, orteil après orteil, longuement, en terminant par un pincement au bout de chaque ongle. De même pour les doigts des mains, qu'il faut pétrir entre deux doigts de l'autre main, un par un, de la racine à l'extrémité. La plupart des méridiens d'acupuncture se terminent aux extrémités, voici donc un massage excellent pour la santé. Prendre son temps. Masser aussi la nuque jusqu'aux épaules, puis parcourir en les malaxant bras et avant-bras.

Lors de la douche, laisser l'eau largement couler sur le corps et masser avec son jet parties sexuelles, reins, colonne, estomac, plexus solaire. On est bien sûr loin de ces merveilleuses photos où l'on voit des saddhus indiens faire ablutions et prières dans les cours d'eau, mais il faut savoir s'adapter et profiter de ce que l'on a.

Aimer l'eau.

La vibration couleur

Aimez-vous vivre dans un monde gris ? Non, certainement pas. Personne, en fait. Cela est flagrant en ville, quand tous les visages se ferment en ces jours de mauvais temps où les couleurs se diluent en une tristesse morose. Car les couleurs se révèlent essentielles à notre équilibre : suivant celles, gaies ou sombres, de l'environnement, notre humeur se modifie comme par une osmose subtile. Chaque ton envoie sa vibration et porte sa propre force d'impact, sa charge d'influence. Chaque couleur possède un magnétisme particulier qui éveille inconsciemment certaines réactions nerveuses et psychiques. Il existe vraiment une magie des couleurs, dont il faut savoir jouer pour se sentir bien, rendre heureux, séduire ou simplement conforter et dont il faut se méfier aussi car, suivant notre personnalité, les couleurs peuvent être bénéfiques ou néfastes, agréables ou désagréables. Elles ont leur importance dans chacun des détails de notre vie quotidienne : vêtements, bijoux, meubles, tissus et toutes choses vibrent de couleurs diverses qui toutes déclenchent quelque chose en nous.

Une méditation sur cet univers fascinant peut servir l'art de vivre et faire retrouver une intuition éternelle car, à travers toute l'histoire de l'humanité, les infinies nuances de couleurs furent toujours utilisées pour le plaisir des sens mais aussi pour attirer l'attention, pour déclencher un certain état d'esprit, une certaine attitude mentale et corporelle. Pourquoi de tout temps la pourpre revêtit-elle la puissance, le blanc pureté et innocence, et le noir deuil et gravité ? Parce qu'il existe tout un symbolisme des couleurs. Bien sûr, nous ne pourrons ici que nous limiter à quelques indications précises. En effet, si l'on dit que dans l'arc-en-ciel, sept teintes prédominent, on peut pourtant y dénombrer plus de sept cents nuances différentes ! Il y a en effet

autant de couleurs que de radiations visibles, autant de couleurs que d'agrégats moléculaires qui tiennent la réalité visible et sur lesquels se réfléchit la lumière ! Nous ne parlerons évidemment que des archétypes fondamentaux : blanc, noir, rouge, orange, jaune, bleu, brun, violet, vert. Et n'oublions pas ces vers inspirés de Baudelaire :

« Comme de longs échos qui de loin se confondent...
Les parfums, les couleurs et les sons se répondent. »

1. **Blanc,** comme la lumière originelle existant avant que le dieu de la genèse ne crée le ciel et la terre. Couleur de l'unité, de la pureté, elle fut toujours employée comme telle dans les rites d'initiation des religions du monde entier. Elle contient toutes les autres couleurs en elle et les accueille. Elle se prête aux mélanges, c'est une base indispensable. Le peintre bâtit son tableau sur une toile blanche, nous pouvons faire de même pour notre décor ou notre habillement. « Elle est unité car elle seule réfléchit tous les rayons lumineux d'où émanent les couleurs primitives et l'infinie variété des nuances colorant la nature... Lumière vivante dont les vibrations sont telles qu'elles dépassent toutes celles dont vous avez pu être irradié

jusqu'à présent » (Le Jeune). Le blanc est comme un miroir qui réfléchit l'univers, sa vibration nous renvoie à nous-mêmes. Nous redonne-t-il une image de notre innocence perdue, nous purifie-t-il des miasmes de la vie ? Toujours est-il que le blanc reflète un idéal de clarté et de transparence.

2. **Noir.** Voir l'antithèse du blanc, l'autre couleur de la dualité naturelle. Blanc et noir, bien et mal, jour et nuit, yin et yang, vie et mort. On a évidemment attribué à cette couleur toute la noirceur dont peut être capable l'humanité, séparée d'après les termes de la magie en forces noires et blanches, maléfiques et bénéfiques. C'est un symbole évident de cet antagonisme profond qui est en chacune de nos natures. Dr Jekyll and Mr Hyde : ce qui est clair coexiste avec ce qui est caché. Mais les Chinois surent magnifier cette couleur en inventant leur célèbre laque qui va si bien sur certains meubles, et en la mariant au rouge sombre et à l'or vif. Porté en vêtement, le noir donne une certaine forme de dignité et affine, aiguise les traits. Comme le blanc, il suscite la concentration : l'un évoque l'ascension de la vie, de l'esprit, l'autre la décomposition-germination sur laquelle se fondent la vie et la conscience... Mais attention : le noir peut également être un signe de compensation, de révolte profonde. Aujourd'hui, c'est aussi devenu une couleur parant les phantasmes érotiques masculins : promet-elle la plongée dans la nuit abyssale du sexe et de l'être ? Ou en exprime-t-elle seulement le désir inavoué ?

Noir, blanc ? Un texte zen dit :
« Dans l'obscurité ne voyez pas que le côté obscur Dans la lumière ne voyez pas que le côté lumineux. » Les deux existent, indissociables.

3. **Rouge,** comme le sang, la passion. Il excite, stimule le mental et augmente la tension musculaire et le débit de la respiration. Chaud et irritant, il est déconseillé aux malades. On dit qu'il exalte les sentiments érotiques ou l'enthousiasme. « Excitant pour les

sanguins, le rouge est stimulant pour les lymphatiques ou les convalescents et relève l'activité psychique dans la neurasthénie dépressive » (Palaiseul). Il accroît l'activité sexuelle de l'homme. C'est la couleur de la chaleur et du mouvement. Essentiellement dynamique, il faut faire attention à sa puissance qu'il est bon de savoir doser.

L'expression « voir rouge » n'est-elle pas signe d'aveuglement, de perte de contrôle ? Mais il faut aussi savoir éveiller l'énergie vitale et le désir, la volonté de conquête, d'activité et l'envie d'expériences sensuelles. Le professeur Müscher a remarqué que le rejet du rouge accompagne souvent fatigue psychique et nerveuse, manque de vitalité, soucis, impuissance ou perte du désir sexuel. *A contrario*, un goût trop prononcé pour cette couleur témoigne d'un tempérament sanguin et excessif, faisant tomber dans la nymphomanie ou le satyrisme, états qui, on le sait, ne peuvent trouver la satisfaction et l'apaisement qu'ils cherchent en vain.

4. **Orange,** comme le fruit, cette couleur est gorgée de substance. Intime, accueillante, elle évoque la lumière, le feu, la chaleur. Goethe dit qu' « elle représente la couleur de l'ardeur extrême, ainsi que le reflet plus doux du soleil couchant. Raison pour laquelle elle se révèle agréable dans le décor ou sous forme de vêtements... ». En effet, l'orange stimule plus qu'il n'excite (bien que cela dépende de sa brillance). Symbole de l'intuition, de la joie sereine, de la force équilibrée, l'orange pousse à l'optimisme. Palaiseul rapporte que c'est un stimulant émotif qui accélère légèrement les pulsations du cœur et donne une sensation de bien-être, de gaieté. Couleur physiologiquement active, l'orange, employé à bon escient, réjouit l'âme.

5. **Jaune,** comme l'or ou la lumière du soleil. Souvent considérée comme la couleur la plus gaie, le jaune évoque une certaine forme de richesse ou d'abondance. Vif, il est actif. Pâle, il repose, relaxe. Couleur subtile aux frontières du rouge, du blanc et du vert, le jaune a

un effet éclairant, éveillant. Suivant le docteur Leprince, « c'est, de toutes les couleurs, celle qui augmente le plus la tonicité neuro-musculaire générale. Elle stimulerait les lymphatiques et exciterait les nerveux ». Elle aiguise en tout cas l'intellect et incite aux travaux de l'esprit.

Goethe, dans son *Traité des couleurs*, dit que « dans sa pureté la plus grande, il porte toujours en lui la nature du clair et possède un caractère de serein enjouement et de douce stimulation ». Tout de lumière, le jaune agrandit les espaces tout en les magnifiant. Il rayonne de gaieté légère et manifeste une personnalité au tempérament ouvert, enjoué, spirituel ; il témoigne d'une certaine liberté intérieure ; le rejet du jaune au contraire indique besoin soit d'isolement soit de changement.

6. **Brun,** comme la terre mère ou le bois. C'est une couleur confortable, à l'intérieur d'une maison ou sur soi. Elle symbolise non pas le jaillissement de vie du vert, mais sa maturation. Ses multiples tons fauves en font la couleur de l'automne. Le brun agit toujours comme un support stabilisant, il réveille la conscience des racines de l'être et les forces vives à retrouver. C'est le fondement de l'alchimie subtile qui œuvre en la création. D'après toutes les genèses, l'homme ne fut-il pas façonné d'une simple poignée de terre glaise ? Couleur réceptive et sensorielle, les diverses nuances de marron correspondent au corps, au foyer, à son intimité, à la sécurité idéale de la cellule familiale. Qui rejette cette couleur considère le bien-être physique et sensuel comme une faiblesse. Qui l'aime trop a besoin du cocon du foyer pour vraiment s'épanouir, besoin aussi de confort tant moral que physique. Le brun porte en lui toutes les promesses fécondes de la terre et du bois. *Materia prima...*

7. **Bleu,** comme le ciel, la mer, l'espace... Couleur calme, reposante et profonde puisqu'elle ne bloque pas le regard mais le laisse se perdre en elle. Employée dans les vêtements, elle envoie une vibration d'équili-

bre, d'harmonie, une certaine joie de vivre. Dans l'environnement intérieur, elle agrandit l'espace tout en le rendant lumineux. Bienfaisante pour les nerfs, les angoisses, l'excitation, elle opère une détente salutaire. Les endroits où l'on aime se relaxer devraient contenir des reflets bleus. « La lumière bleue ramène le sommeil dans certains cas d'insomnie rebelle » (Dr Leprince). En médecine, le bleu est conseillé pour calmer les névralgies, l'asthme, les rhumatismes, les crises nerveuses et l'hypertension, à cause de ses propriétés analgésiques et antispasmodiques. Le bleu, tout de profondeur et de fraîcheur, porte une promesse de liberté et d'harmonie.

Il symbolise le calme d'une mer tranquille et féminine, la douceur des manières, la tendresse, l'amour de la vie. Plus il tend vers le foncé, plus il marque la plénitude d'être. Le violet n'est-il pas la couleur de l'intuition et de la sagesse ? Si le bleu se trouve rejeté, cela témoigne d'une anxiété, d'une insatisfaction dans ses rapports avec autrui et le monde, et d'une instabilité profonde qui pourra être compensée, par exemple, par un goût prononcé pour le rouge de l'action, de l'agitation ou pour le jaune, le marron, qui réchauffent. Le bleu reste la couleur de l'accomplissement, de l'union équilibrée des tendances naturelles.

8. **Vert,** comme la nature en vie... Combinaison du jaune et du bleu, cette couleur est la plus apaisante que l'on puisse trouver. « L'œil et l'âme reposent en ce mélange comme sur un élément simple. On ne veut pas aller au-delà... » (Goethe). Le système nerveux y trouve un calme, une sérénité comme celle que nous apporte la vision émerveillée de la multiple variété des teintes de la végétation. Le vert crée le repos, apaise le tumulte mental en procurant un « vrai rafraîchissement cérébral ». Equilibrant, il aide le corps et l'esprit à respirer, à s'ouvrir. Apaisant, il crée une ambiance joyeuse. Très varié dans ses nuances, il peut être employé par touches diverses qui sont autant de messages de vie.

Qui évite le vert souffre probablement d'une grande

tension nerveuse qui l'empêche de se laisser aller aux
influx vitaux : oppression physique, angoisses, agitation mentale, stress en sont les corollaires ; attention
alors au caractère qui risque d'être acariâtre, causti-
que, artificiel. Mais qui aime trop le vert témoigne
d'un caractère entier, qui a besoin de considération et
entend mener sa vie à sa guise, envers et contre tout.

Il faut savoir équilibrer les couleurs entre elles, les
laisser parler en nous et de nous ; elles sont autant de
signes, autant de messages, autant de stimulations.
Alors, jouons et méditons sur l'immense pouvoir de
leur palette infinie : la vie se compose de leurs mélanges et interdépendances.

Etre attentif

Le dernier roman d'Aldous Huxley, *l'Ile*[1], son testament, écrit après que sa maison et sa merveilleuse
bibliothèque eurent brûlé, se passe dans une île où le
héros vit une initiation complète à la réalité ultime.
Dans les arbres, des sortes de perroquets, répètent sans
cesse : « Attention, attention. » C'est la clé même de
cette fiction : *être attentif,* chaque instant. Les quelques
moyens indiqués précédemment, comme ceux qui vont
suivre, ont pour dénominateur commun cette notion.

Ne pas s'évader de la réalité en de vaines rêveries,
elle est assez riche pour nous donner tout ce dont nous
avons besoin en cette vie. Une phrase tirée d'un texte
sacré tibétain dit : « L'esprit est le grand assassin du
réel. » L'esprit corrompu, oui, qui se complaît en
chimères, privilégie théorie et discours sur l'action et
la concentration, et ne se regarde jamais lui-même. Le
Dr Lawrence Le Shan écrit justement[2] que « le modèle
humain fondamental qui a conduit au développement
des techniques de méditation est le même qui a mené à
la psychothérapie humaniste ». Nous sommes ici plus
proches de Rousseau que de Hobbes. Les comportements négatifs (haine et agressivité envers soi et
autrui, dégradation de l'environnement ou du " tem-

1. Julliard.
2. *Op. cit.*

ple qu'est notre corps '', anxiété et dépression, etc.) ne sont pas considérés comme résultant de pulsions naturelles, intérieures. L'homme doit être fondamentalement considéré comme un animal social connecté avec la terre et le cosmos, et qui a perdu le contact avec son état naturel, sa condition véritablement normale. Il est douteux qu'un professeur sérieux de méditation se trouve en désaccord avec Carl Rogers lorsque celui-ci écrit : « L'une des notions les plus révolutionnaires qui se dégage de notre expérience clinique est la reconnaissance du fait que le noyau de la condition de l'homme — les niveaux les plus profonds de sa personnalité, les racines de sa '' nature animale '' — est fondamentalement socialisé, dynamique, rationnel et réaliste. »

Alors, chercher et trouver sa voie, tenter des expériences, découvrir ses multiples facettes, accomplir une évolution intérieure, vivre la fascinante aventure qu'est la découverte de soi-même. Mais ne pas se laisser prendre au miroir aux alouettes. De nos jours, le marché de la méditation est envahi. Jack Garris le définit fort bien : « [...] une place de marché métaphysique, exotique et confuse, où prêtres, gourous, avatars et maîtres vantent leur méditation-marchandise — et cherchent à disqualifier celle de leurs concurrents. La seule technique valable, disent les uns, consiste à fixer votre attention sur un simple objet : bougie, image, croix, mandala ou troisième œil. D'autres souriront avec condescendance devant une telle naïveté. Le secret, qu'ils détiennent du Maître, vous diront-ils confidentiellement, consiste à se concentrer sur la reproduction mentale du Maître bien-aimé. Leur désaccord touche la personne de celui-ci : s'agit-il de Jésus, de Bouddha, de Krishna, ou de Shiva en train de faire l'amour avec sa Shakti ?

» Ces avis divergents émanent des éventaires religieux comme les parfums contrastés des fumées de divers encens. Répétez à haute voix et de façon continue un son sacré, mantra ou prière. Non, pas à haute voix ! Répétez silencieusement le son sacré, mantra ou prière, jusqu'à ce que la vibration, traversant les différents niveaux de conscience, parvienne au niveau de la divinité, ou de la félicité. Méditez au bord de l'Océan. Méditez près d'une cascade. Méditez dans le silence. Comptez les grains de votre chapelet. Comptez vos respirations. Ne comptez jamais vos respirations [1]. »

Certes les chemins sont multiples, et existent des instructeurs et des maîtres qualifiés qui se dévouent à autrui en une forme d'apostolat. Alors comment choisir ?

Dans le *Kalama Sutra,* le Bouddha dit :

« Ne fondez pas votre croyance sur la force des traditions, même si elles ont été honorées par de nombreuses générations et en beaucoup de lieux ; ne croyez pas une chose parce que beaucoup de gens en parlent ; ne vous fiez pas à la force des antiques légendes. Ne croyez rien qui relève de la seule autorité de vos maîtres ou des prêtres. Après enquête, croyez ce que vous avez expérimenté, et qui vous semble raisonnable, ce qui est bon pour vous et pour les autres. »

Avant de commencer un voyage à travers les pratiques de divers systèmes spirituels, citons une jolie histoire hassidique, qui parle d'elle-même :

« Un grand rabbin visite une petite ville, en Russie. C'était un événement de toute première importance pour les juifs de la ville, aussi chacun pensa-t-il longuement et intensément aux questions qu'il allait poser au sage homme. Lorsque celui-ci arriva finalement, tout le monde s'était réuni dans la plus vaste salle disponible, et chacun préparait sa question. Le rabbin entra dans la salle et y sentit une grande tension. Il ne dit rien pendant un moment, puis commença à murmurer doucement un hymne hassidique. Bientôt toute la salle murmurait avec lui. Il se mit alors à chanter, et bientôt tous chantaient avec lui. Puis il se mit à danser, et bientôt toute l'assemblée fut prise dans la danse. Au bout d'un certain temps, tout le monde ne faisait rien d'autre que danser, profondément et pleinement concentré dans la danse. Ainsi, chacun devint complètement lui-même, et guérit des déchirures intérieures qui l'empêchaient d'accéder à la

---

1. *A Beginner's Guide to Meditation,* Los Angeles Mystic Circle.

compréhension. Lorsque l'on eut dansé un bon moment, le rabbin ralentit graduellement le mouvement jusqu'à l'arrêter, regarda l'assemblée, et dit : " Je crois que j'ai répondu à toutes vos questions. " »

La méditation est une réintégration de l'être en lui-même.

La tradition juive

L'arbre des Sephiroth

Proposer un exemple de méditation juive s'avère impossible car cette religion est trop liée aux lettres mêmes de ses textes sacrés et au quotidien de ses rites. Il faudrait étudier l'hébreu pour profiter de la richesse d'une lecture de la Bible, de la Torah, du Zohar et entrer dans le subtil symbolisme véhiculé par lettres et mots, dans la multiplicité des sens qui se recoupent et se complètent, comme en toute langue sacrée traditionnelle. Nous offrirons donc seulement ici une rapide réflexion sur un des concepts majeurs de la mystique ésotérique juive, donc de la cabbale (*qabbalah :* la Réception, de KBL, recevoir).

Le plus célèbre des cabbalistes, Rabbi Simeon bar Yochaï (Simeon fils de Yochaï), qui vécut au IIe siècle de notre ère, rappelait que « nous vivons sur l'écorce de la réalité et savons à peine en atteindre le cœur... car le secret est au cœur de l'apparent... et le connu n'est que l'aspect apparent de l'inconnu ». Tout le système de la cabbale tente de mettre en lumière les différents niveaux de la réalité, dont chacun est un monde en soi, toutefois interdépendant des autres. L'être humain lui-même est une entité composée d'éléments divers, dont une âme animale et une âme divine, et qui a le privilège, insigne dans la création, de jouir d'une conscience qu'il peut développer à l'infini. Mais la plupart des êtres humains se contentent de la vie mécanique du corps et de ses besoins, ils cherchent plaisir et bonheur conditionnés dans de nouvelles illusions qui les font en réalité tomber dans la souffrance. Leur religiosité, si elle existe, n'est que de surface et dépend d'une angoisse, d'un « on ne sait jamais... » ; l'idée de la mort leur fait peur et ils ne comprennent rien à la vie, ce foisonnement d'énergies tendues, vers quoi ?

Celui qui déjà se regarde lui-même essaie de comprendre le fonctionnement de sa conscience et des réactions de son être ; celui qui prend un peu de distance avec lui-même gravit la première marche de l'escalier de la connaissance. Il s'occupe de son Yesod, de son ego, non pour le renforcer inconsciemment mais pour dévoiler ses faiblesses, ses illusions, ses appétits égoïstes qui ne mènent pas à grand-chose ; il essaie de trouver les motifs inconscients de ses actes et de régler son comportement dans le sens du respect de la vie et d'autrui. Pour aider le chercheur sur la voie de la découverte de soi-même et des lois qui régissent la marche du cosmos, le judaïsme a inventé à travers l'histoire maints systèmes, dont chacun doit être indiqué, conseillé, expliqué par un maître spirituel, un Maggid, qui se penchera sur la vie même de l'étudiant, y trouvera les graines spirituelles à faire germer et les tendances perverses à modifier. Il ne s'agit de rien couper, mais de transmuter, de diriger toutes les énergies de l'être dans le sens d'un éveil à la sagesse.

L'arbre des Sephiroth, l'arbre de Vie, est un exemple des hiérarchies qui existent et s'entrecroisent dans la nature de l'homme et aussi dans le mouvement même de la création. Or si l'homme, si la femme sont issus de cette création, leur égoïsme leur fait sans cesse oublier leur source, leur racine, et tomber dans l'erreur que l'on voit partout au monde. Chassés du mythique Paradis terrestre, ils ne font rien pour le créer à nouveau et errent, aveugles, jouets de forces mauvaises, esclaves de leurs appétits, dépassés par les événements, vivant leur vie comme des fantômes, comme des ombres, comme ces êtres enchaînés du mythe de la caverne de Platon.

Pourtant, la conscience est en chacun, et chacun, quelque part, a conscience de sa mesquinerie, de sa petitesse, de ses fausses joies et aussi de ces rares moments où la beauté de l'univers se dévoile à lui, où l'infinie richesse de ce qui nous porte et de ce que nous sommes arrive, un instant, à apparaître au seuil de notre vision et à créer l'harmonie entre l'énergie créatrice sans cesse à l'œuvre et sa créature, entre l'un et le tout.

L'arbre des Sephiroth est un moyen donné à l'être pour comprendre le fonctionnement de ses hiérarchies internes tout en ne les séparant pas de l'ensemble du système. Les dix Sephiroth sont les suivants :

I. — Au sommet, *Kether*, la Couronne, est le lieu de la claire connaissance où l'infini s'ouvre et se donne à la conscience, où le divin, l'Ain Sof, « la racine de toutes les racines », communique.

II. — Puis nous trouvons *Hochma*, la sagesse, principe mâle, archétypique de ce qu'il y a de plus profond en nous, l'œil intérieur, la voie du silence, l'éclair du génie, l'image de l'intuition et de l'action juste, la révélation vécue.

III. — *Bina*, l'intelligence, principe féminin, qui se traduit par les possibilités de la pensée, la communication, la réception des informations extérieures et leur transformation. Ici l'inspiration de Hochma se mue, concrétise l'intériorisation en action.

IV. — *Hesed*, la grâce, la clémence, la générosité, gouverne le principe de créativité, le don, l'art de savoir faire et construire, d'assembler et d'harmoniser.

V. — *Gevura*, la rigueur, équilibre, la liberté active de Hesed ; c'est le principe de justice, de sévérité, de maîtrise de soi, de discipline, d'autocritique, de responsabilité. Mal gouvernés, ces deux derniers Sephiroth peuvent se muer en « laisser aller, laisser faire » et en sectarisme, fermeture de soi, fanatisme. Chaque élément de l'arbre de Vie doit fonctionner en harmonie avec l'ensemble pour que le comportement de l'homme soit exact, en symbiose avec le mouvement même de la création.

VI. — *Tipheret*, la Beauté, symbolise la nature essentielle de l'homme, son corps idéal, l'axe de sa conscience qui fait le pont entre l'esprit et la matière. C'est la réalité profonde de l'individu, sa lucidité, son pouvoir d'émerveillement et d'émerveiller ; point central de l'arbre des Sephiroth, Tipheret représente la clé du savoir et de l'être : quand l'on rencontre un ami que l'on n'a pas vu depuis dix ans, il a changé, vous avez changé, mais la relation, la chaleur des retrouvailles, le

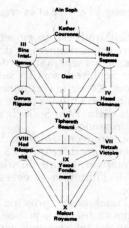

L'arbre des Sephiroths

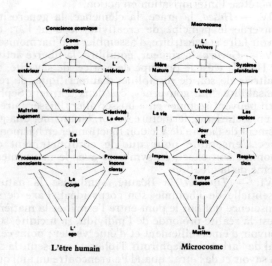

L'être humain   **Microcosme**

Trois interprétations parmi d'autres,
que l'on peut projeter sur cette structure archétypale

contact subtil qui s'opère sont du niveau de Tipheret, l'être au-delà du corps. De même pour toute relation profonde ou amoureuse.

Maints cabbalistes placent entre les trois Sephiroth supérieurs et les trois qui les suivent, au centre du losange ainsi formé, un Sephiroth invisible, *Daat*, qui serait le principe de l'éveil à l'unité indissociable des dix composantes dans et par-delà l'individualité : expérience de la non-expérience, vision de la totalité, une dans la réalité même de l'instant.

VII. — Avec *Netzah*, la victoire, le triomphe, nous passons du monde du sentiment à celui de la nature : ce Sephiroth régit l'action de nos tendances naturelles, l'instinct d'attraction et de répulsion ; le désir, la force vitale...

VIII. — Qui s'appuie sur *Hod*, la splendeur, la réceptivité, le domaine des sens et perceptions. L'équilibre entre ces deux Sephiroth crée la tempérance en soi.

IX. — *Yesod*, le Fondement, représente l'ego qui se connaît comme tel, l'être qui a conscience de lui-même. C'est aussi ce pivot de *Hod* et de *Netzah* qui permet le comportement cohérent dans la vie sociale et quotidienne : les trois termes marquent notre être-au-monde. *Yesod* symbolise donc aussi la mémoire et l'expérience sur lesquelles se bâtissent notre vie. Et le pouvoir vitalisant et créateur du sexe, sans qui la vie humaine ne peut se perpétuer : énergie puissante qui fonde, en effet.

X. — *Malcut*, le Royaume, ou l'homme dans son corps, sur ses pieds ; l'homme terrestre, fait d'eau, d'éléments minéraux ; d'air et du feu radiant de ses énergies nerveuses, cérébrales et cellulaires. C'est le domaine de la glaise devenue Adam, de la matière transmuée en vie. La totalité de l'évolution est non seulement présente dans le corps humain, mais encore à l'œuvre.

Un dicton cabbaliste dit : « En Kether se trouve Malcut, en Malcut se trouve Kether », les chiffres 1 et 10 sont inséparables, comme l'unité de la multiplicité.

Les tableaux de l'arbre des Sephiroth ici présentés

montrent comment les interactions se font entre tous
ces centres et comment ils se retrouvent dans l'espace-
temps, la société, l'être humain.

Il importe de retenir aussi qu'à l'intérieur de chaque
triade un principe joue le rôle de médiateur créatif
entre les deux êtres; de plus, aucun élément n'est
dissociable du tout à moins de créer un déséquilibre
qui se traduira pathologiquement en l'homme par
maladie, troubles psychiques et « mal-être ». Sur un
plan plus précisément métaphysique, disons que
« c'est ainsi qu'entre Sagesse et Intelligence, principe
masculin et principe féminin de la première " palme "
des Sephiroth, nous voyons s'insérer " un fils semblable à la fois au père et à la mère " (Zohar III, 290) et qui
n'est autre que la Connaissance : " Quand la Sagesse et
l'Intelligence veulent produire toute chose, c'est sous
cette forme qu'elles le font : c'est par leur fils qui prend
les traits du père et de sa mère et qui s'appelle Science.
Il est le témoin de l'une et de l'autre, il est le grand
premier-né " (Zohar, III 291). Remarquons toutefois
que, dans le cas de la première triade, celle du monde
intelligible, la Connaissance ne constitue par une
Séfirah distincte. Il en va autrement avec la seconde
triade, celle du Sentiment : Grâce et Justice appellent
une médiatrice qui va constituer un rameau distinct,
celui de l'universelle harmonie. " La justice et la Grâce
sont liées et l'une ne peut aller sans l'autre [...]. Les
deux sont mises en œuvre par la Beauté laquelle
embrasse à la fois la Grâce et la Justice [...]. Quand
toutes les couleurs, toutes les faces sont unies, c'est la
Beauté et c'est la réalisation de toutes choses " (Zohar,
III, 143). Une méditation universelle de la Beauté, voilà
de quoi surprendre, mais n'oublions pas les influences
néo-platoniciennes qui se sont exercées sur la genèse
de la pensée cabbalistique. Enfin, pour la troisième et
dernière triade, c'est dans le Fondement que Victoire
et Gloire trouvent leur propre médiateur : cela signifie
que toute la vigueur, toute la force d'expansion conte-
nue dans la Beauté ne va pas se contenter de se
répandre seulement dans la diffusion d'une gloire
immatérielle, mais qu'elle va aussi " se déverser dans

la matrice du monde " : et c'est là le terme de toute l'action séfirotique[1]. »

L'union entre tous les principes se transcende évidemment dans l'Ain Soph, la lumière insoutenable et mystérieuse qui se cache dans la « nuée obscure ». « Pour avancer quelque peu au sein de cette obscurité, écoutons ces étranges propos recueillis par rabbi Ele'azar des lèvres de son père, rabbi Siméon. Celui-ci marchait, un jour, le long de la mer, plongé dans la méditation. Tout à coup, une vision : c'est Elie, le prophète. Il parle ; il révèle le secret : " Quand le Mystérieux des Mystérieux désira se manifester, Il produisit un simple point, qui fut transmué en Pensée, et, en cette Pensée, Il exécuta d'innombrables esquisses et burina d'innombrables gravures. Puis il fit jaillir la sainte Etincelle, d'une esquisse très mystérieuse et très sacrée, et elle fut une œuvre de merveille, issue du meilleur de la pensée. Elle fut appelée MI, et constitua l'origine de l'œuvre, existant et n'existant pas, profondément ensevelie, inconnaissable [...]. Elle fut simplement désignée par " *qui ?* " (MI). Elle désira pourtant se manifester et être " appelée " [...]. Elle se revêtit donc d'un précieux vêtement de Splendeur (Zohar) et créa Eleh, qui fut son Nom. Les lettres des deux mots MI et Eleh se mêlèrent alors pour former le nom complet Elohim... » (Zohar, I, 1-2).
Autrement dit, ce que nous appelons « l'être » constitue en quelque sorte l'expression « existentielle » de ce qui échappe absolument à toutes nos catégories de pensée et d'existence, comme à tous nos efforts de raisonnement logique ou d'étiquetage déterminé. Il nous faut remonter au-delà du « nom », au-delà de la pensée, au-delà de l'existence et même de l'« être », pour tenter non pas de cerner, ni d'appréhender ni même d'apercevoir, mais seulement de chercher comme à tâtons — et en sachant que l'objet de la recherche est introuvable — demeure le Mystère des Mystères, cet En-Sof, infini parce que ne pouvant

1. *La Cabbale et la Tradition judaïque*, par R. de Tryon Montalembert et K. Hruby, éd. Retz.

être « fini » par rien, et que nous ne sommes contraints d'appeler « néant » que par notre impuissance à nommer ce qui transcende l'être même. Car, pour En-Sof, « il ne peut être question d'aucun nom, d'aucune connaissance, d'aucune forme perceptible » (Zohar, II, 42)[1].

Cette « sainte étincelle », qui serait à la base de toute la création, ce point focal d'où tout découle et où tout se résorbe, est le lieu mystique par excellence : « Le point primordial est une lumière intérieure d'une transparence, d'une finesse et d'une pureté qui dépassent tout ce que l'on peut imaginer [...]. A partir de ce point, il y a extension sur extension, chacune formant un revêtement à la suivante... » « L'univers est l'enveloppe, le revêtement de Dieu » (Zohar, I, 19).

L'homme est ainsi fait de couches successives qu'il lui faut dépouiller pour découvrir sa vérité profonde et unique.

Pour terminer ce chapitre, voici deux histoires hassidiques[2] qui sont en elles-mêmes deux méditations :

Où en es-tu ?

Alors que, sur l'instigation des ennemis du mouvement hassidique, rabbi Shnëur Zalman de Ljosna se trouvait incarcéré à la forteresse Saint-Pierre-Saint-Paul de Pétersbourg, le chef de la milice vint un jour lui rendre visite dans sa cellule.

Profondément impressionné par la grande dignité qui émanait du rabbi, l'officier l'interrogea sur toutes sortes de questions qui s'étaient posées à lui au cours de sa lecture de la Bible. A la fin, il lui demanda :

« Comment faut-il interpréter l'affirmation de l'Écriture selon laquelle Dieu, lui qui sait toutes choses, aurait cependant demandé à Adam (Gen., III, 10) : " Où es-tu ? "

— Croyez-vous, lui répondit le rabbi, que l'Écriture possède une valeur éternelle et que ses paroles peuvent concerner chaque homme en particulier ?

1. *Op. cit.*
2. Tirées de la *Cabbale, op. cit.*

— Je le crois, répondit l'officier.

— Eh bien ! répliqua le rabbi, à chaque époque Dieu appelle tout homme pour lui dire : " Dans mon monde, où es-tu ? Tant de jours, tant d'années t'ont été mesurés et ont passé sur toi ! Où en es-tu et qu'en as-tu fait ? " Ainsi, Dieu te dit, à toi : " Tu as vécu quarante-six ans : où en es-tu ? " »

La prière

Un soir de Kippour, après la prière, le Ba'al shem était assis à table avec ses disciples. Tout à coup, il s'écrie : « Dites à Alexeï — c'était le nom de son cocher — d'atteler ! » Il prend avec lui son disciple préféré, rabbi Nahman de Kossow, monte dans la voiture et donne l'ordre de la conduire dans un village lointain.

Arrivé à destination, il se rend à l'auberge et, lorsque l'aubergiste se présente pour demander à ses hôtes inattendus ce qu'il pouvait bien leur servir, le Besht l'interroge aussitôt : « Comment as-tu fait la prière de la sainte journée de Kippour ? »

Voilà l'aubergiste saisi d'une crainte révérentielle. Il lui faut attendre un moment avant de pouvoir répondre en balbutiant : « Saint rabbi, vous savez bien qu'en ce jour redoutable je me suis grevé d'un terrible péché, malheureux homme que je suis ! Mais, croyez-moi, rabbi, je n'ai fait que céder à la tentation, et c'est sûrement Satan qui est responsable de mon malheur ! »

Alors, le Besht lui dit : « Raconte-moi comment les choses se sont passées. »

« Hier, commence l'aubergiste, j'ai pris avec moi ma femme et mes enfants et nous nous sommes mis en route, afin de célébrer la sainte journée en ville et d'y prier avec la communauté. Tout à coup, je me souvins que j'avais oublié de fermer la cave. Craignant que le non-juif à qui j'avais confié la garde de la maison n'en profite pour s'y régaler, je fis demi-tour, tandis que ma famille continuait le voyage.

» J'étais à peine entré dans la maison qu'un messager se présentait pour me demander quelques bouteilles dont on avait besoin, disait-il, pour une petite fête

au château. Je lui donnai donc ce qu'il voulait. Entre-
temps, d'autres clients étaient arrivés. Comme il faisait encore jour, je pensais pouvoir encore arriver en
ville avant le soir. Mais les clients se succédaient sans
interruption. Lorsque, enfin, il n'y eut plus personne
dans l'auberge, et que je voulus fermer la cave, je
m'aperçus, avec terreur, que la nuit était tombée et
qu'il ne m'était donc plus possible de partir. Que faire ?
me demandai-je. Je me retirai alors dans une petite
pièce de la maison, afin d'y épancher mon cœur devant
Dieu. Car, me disais-je, il sait tout et me pardonnera
mon péché. Cependant, je n'arrivais pas à trouver un
livre de prières. Ma femme et mes enfants les avaient
tous emportés. Alors je me mis à pleurer à chaudes
larmes devant Dieu, en lui disant : " Maître de l'univers, Tu vois combien mon cœur est lourd, puisque je
ne puis, en ce saint jour, m'unir à la communauté pour
prier avec elle. Je n'ai même pas un rituel dont je
pourrais me servir ! Et je ne connais pas non plus les
prières par cœur ! Mais je sais maintenant ce que je
vais faire, la seule chose qui soit en mon pouvoir : je
vais me mettre à répéter l'alphabet, de tout mon cœur,
comme l'enfant, qui ne sait pas encore lire. Et toi, ô
Dieu ! Tu Te chargeras bien d'assembler les lettres
pour composer avec elles les mots de mes prières. " Je
vous demande, saint rabbi, que pouvais-je faire
d'autre ? »

Alors, le Ba'al shem posa sa main sur l'épaule de
l'aubergiste, tout contrit, et lui dit :

« Depuis bien longtemps une prière aussi sainte et
aussi fervente n'était pas montée vers le ciel ! Sois-en
sûr : Dieu s'est réjoui de ta prière ! »

A MEDITER

Ne dis pas : je me consacrerai à l'étude de la Loi quand je jouirai du bien-être et de l'aisance. L'étude de la Loi ne demande ni richesse ni vaisselle d'argent et d'or. Un cœur brisé y suffit, et il trouve sa guérison dans la Loi.

Rabbi Siméon

Il y a deux mondes : un monde caché et un monde révélé. Mais ces deux mondes ne forment en réalité qu'un seul monde.

Rabbi Ele'azar

Il n'y a pas une seule herbe sur la terre qui ne cache des propriétés et des puissances énormes par lesquelles se manifestent la grande sagesse et le pouvoir du ciel.

Rabbi Siméon

Ce qui est visible n'est que le reflet de ce qui est invisible.

Rabbi Abba

La sagesse est un Arbre de vie pour ceux qui s'en rendent maîtres.

Proverbes III, 18

Une nuit sans jour, un jour sans nuit, ne méritent pas le nom d'Un.

Le Zohar

La langue du Seigneur, c'est l'esprit de l'homme.

Proverbes, XX, 27

L'esprit tentateur n'a jamais eu autant de prise sur l'homme que quand celui-ci s'adonne à la bonne chère ou au plaisir du vin.

Rabbi Isaac

Là où tu te trouves, se trouvent tous les autres mondes.

Proverbe hassidique

La magie noire et la magie blanche ne sont pas des forces différentes : c'est l'application soit destructive soit constructive de la même force.

Jon de Hartog

Heureux l'homme qui ne suit point les conseils des méchants, qui ne se tient pas dans la voie des pécheurs, et ne prend point place dans la société des railleurs. Car l'Eternel protège la voie des justes. Mais la voie des méchants conduit à la suivre.

Psaume 1, versets 1 et 6

Tout est enfermé dans l'homme, il est le complément et l'achèvement de tout.

Zohar, III, 148

La langue du Sauveur, c'est l'esprit de l'homme.
(Proverbes XX, 2?)

Heureux l'homme qui ne suit point les conseils des
méchants, qui ne se tient pas dans la voie des
pécheurs et ne prend point place à une réunion de
railleurs... Car l'Eternel protège la voie des justes,
Mais la voie des méchants conduit à sa ruine.

Psaume I, versets 1 et 6

Tout est enfermé dans l'Ecriture, le commencement et l'achèvement de tout.
Zohar III, 1-14

Devenir
de la méditation chrétienne

Loué sois-tu, mon Seigneur, avec toutes tes créatures,
spécialement messire le frère Soleil,
qui fait le jour et par qui tu nous éclaires ;
et il est beau et rayonnant, avec grande splendeur ;
de toi, Très-Haut, il porte signification.
Loué sois-tu, mon Seigneur, pour sœur Lune et les étoiles :
dans les cieux tu les as formées, claires précieuses et
                                                  [*belles.*

Loué sois-tu, mon Seigneur, pour frère Vent
et pour l'air et le nuage et le ciel clair et tout temps,
par lesquels à tes créatures tu donnes le soutien.
Loué sois-tu, mon Seigneur, pour Sœur Eau,
qui est fort utile, et humble, et précieuse et chaste.
Loué sois-tu, mon Seigneur, pour frère Feu,
par qui tu éclaires la nuit,
et il est beau et joyeux et robuste et fort.
Loué sois-tu, mon Seigneur, pour notre maternelle sœur la
                                               [*Terre*

qui nous porte et nous mène,
et qui produit les fruits divers avec les fleurs colorées et
                                               [*l'herbe.*

Saint François d'Assise

Depuis quelques années, je suis frappé de constater à quel point mes amis et relations chrétiennes, prêtres et laïcs, se tournent, tout en n'abandonnant pas leur foi, vers des pratiques de méditation d'horizons divers, essentiellement orientales : le zen surtout et toutes les formes de bouddhismes, le yoga... les attirent, mais aussi les techniques de psychothérapie de groupe occidentales qui cherchent à débloquer les nœuds du corps. Parallèlement, l'engagement social se développe chez beaucoup de chrétiens qui cherchent à revenir au message originel pour « aimer les autres plus que soi-même ». Les deux cas témoignent d'un besoin de retour au corps, besoin de retour à autrui. Et cela va dans le sens de la volonté de Jean-Paul II qui essayera d'humaniser l'Eglise et de rendre à l'homme sa dignité d'homme. Donc la dignité d'une conscience dans un corps.

« Ce n'est pas ce qui entre dans la bouche qui profane l'homme : mais ce qui sort de la bouche, voilà ce qui profane l'homme. » Et à Pierre qui lui demande d'expliquer cette parabole, Jésus répond : « Etes-vous encore, vous aussi, sans intelligence ?

» Ne comprenez-vous pas que tout ce qui entre dans la bouche va dans le ventre et se trouve ensuite expulsé aux latrines ?

» Mais ce qui sort de la bouche vient du cœur de l'homme, et voilà ce qui profane l'homme » (Matthieu XV, 11, 18).

Car du centre de l'être vient tout le mal, cette maladie contagieuse, et tout le malheur. Sans transformation intérieure aucun salut pour l'être humain qui restera un fauve pour ses semblables et un spoliateur de la nature. Une alchimie doit œuvrer en lui, qui lui permette de dépasser son égoïsme forcené et le fasse participer à la création évolutive et non à l'involution :
« " Personne n'allume une lampe pour la mettre dans une cachette, ni sous le boisseau, mais sur le lampadaire, pour que ceux qui entrent y voient clair.

» La lampe du corps c'est l'œil. Quand ton œil est sain, tout ton corps est lumineux ; et s'il est mauvais, ton corps aussi est ténébreux.

» Veille donc à ce que la lumière en toi ne soit pas ténèbres.

» Si donc tout ton corps est lumineux sans aucune partie ténébreuse, il sera tout lumineux comme quand la lampe illumine de son éclat. "

» Pendant qu'il parlait, un pharisien l'invite à déjeuner chez lui. Il entra donc et s'étendit :

» et le pharisien s'étonna de voir qu'il ne se lavait pas avant le déjeuner.

» Le Seigneur lui dit : " Vous autres, pharisiens, vous purifiez l'extérieur de la coupe et du plat, et à l'intérieur vous êtes pleins de rapine et de lâcheté.

» Sots ! Est-ce que celui qui a fait l'extérieur n'a pas fait aussi l'intérieur ? " » (Luc, XI, 33, 40).

Aujourd'hui existent un esprit, une foi chrétienne, une morale et aussi un appel à Dieu par la prière, le

recueillement dans un lieu saint consacré par l'espérance des milliers de fidèles venus s'y agenouiller, mais l'on ne peut dire qu'il existe de méditation chrétienne. Il y a quelques années, soucieux de comprendre la religion de mon enfance, j'ai fait une longue enquête, livresque et sur le terrain, chez ceux qui sont les garants de ce courant spirituel sur terre et aussi chez ceux qui cherchent le long de ce chemin un sens à leur vie. Il en est résulté un livre[1] et une constatation : le christianisme a perdu une nouvelle fois le message fondamental de son prophète et a pourtant bâti un monument spirituel qui parle aux hommes : mais si l'on y entre, la seule réponse que l'on pourra y trouver sera dans le silence. Car c'est en soi que gît la vérité qui ne demande qu'à être éveillée.

Le Christ lui-même n'a-t-il pas rappelé à ceux qui, un jour, voulaient le lapider en lui reprochant d'être homme et de se faire Dieu, que la Bible elle-même, leur Loi, disait des êtres humains qu'ils étaient tous des dieux ? Alors lui, fils de l'homme ?

1. *Etre Jésus*, avec Jean-Michel Varenne, éd. R. Laffont.

Mais cette divinité, ce « plus » de l'homme, se trouve bien cachée dans les ténèbres de l'ignorance de soi.

Et il faut citer ici quelques extraits d'un entretien que j'eus avec le R. P. Besnard, dominicain, directeur de la revue *la Vie spirituelle*, homme d'une tolérance et d'une ouverture qui faisaient honneur à son Eglise, un précurseur malheureusement décédé depuis. Le père Besnard pratiquait le zazen, la posture de méditation Zen, et y trouvait ce qui lui manquait dans son ordre, cet éveil du corps au silence, où s'ouvrent toutes les portes.

« Le zazen est vraiment l'enracinement dans l'immobilité. Pour moi, une chose s'articule à l'autre. J'aime beaucoup la phrase que Durkheim nous disait dans une session : " Le sens du repos c'est le mouvement, et le sens du mouvement c'est l'immobilité. "

» Enfin voilà une espèce de dialectique que je découvre à travers ces pratiques. Une activité précise comme la prière, et ambitieuse finalement, puisqu'il s'agit d'autre chose que de ruminer dans sa tête son cinéma intérieur ; il s'agit vraiment d'accrocher dans la foi, Dieu, qui est toujours difficile à accrocher, si j'ose dire, ou à recevoir. Pour vivre cet acte de prière, il est nécessaire que dans d'autres temps de sa vie on vive des préparations, des moments de " recentration " ; j'aime beaucoup cette expression. Recentration qui permet alors la prière, parce qu'il y aura quelqu'un, je serai devenu mon moi profond...

» Je crois qu'un des malheurs de la spiritualité occidentale remonte à loin, cela remonte à l'âge de ce qu'on appelle le monde moderne, c'est-à-dire le monde de la subjectivité ; là on s'est un peu perdu dans cette subjectivité qui est devenue psychologisée, introspective, abstraite, sans plus de repères. Depuis cette époque moderne, l'Eglise s'est montrée assez ignorante de l'inconscient et du corps ; or les deux sont liés parce que, quand on se remet dans son corps, on découvre pas mal de mécanismes inconscients à l'état de veille. Donc la spiritualité elle-même n'avait plus aucun repère, s'était perdue dans son essence et ne devint plus alors qu'affectivité sentimentale, raisonnements qui ne s'accrochaient plus sur rien et tournaient au bavardage. Et le zen nous permet peut-être de retrouver cette profondeur, ces ancrages.

» *Il existait un certain nombre de pratiques chez les chrétiens des débuts. Je pense aux chants chantés il y a peu de temps encore ; il est bien certain que voilà des exercices de souffle et en même temps des exercices de son qui " réveillaient ". Beaucoup de pratiques similaires ont dû être perdues ?*

» Oui, il serait assez passionnant de repenser ce qu'a représenté l'expérience monastique du Moyen Age ; il me semble en effet que les moines du Moyen Age, peut-être aussi de l'Antiquité d'ailleurs, avaient peu à peu édifié une sagesse de vie qui comportait ces éléments-là. Ainsi le fait d'habiter un univers d'harmonie architecturale devait avoir sa répercussion sur la psychologie de celui qui, jour et nuit, vivait finalement une vie d'intense concentration et d'attention tournée vers Dieu. De même on trouve, dans les ascèses monastiques traditionnelles, un rapport avec cette recherche plus profonde par le silence, et aussi par la liturgie et le chant.

» Et justement dans le haut Moyen Age, tous ces moines, aux IXe, X^e, XIe siècles, qui ont édifié le grégorien éprouvaient probablement le besoin, eux, de rééquilibrer, en partant de vibrations qui les élevaient par le haut, une vie qui était une vie très collée au sol. Il ne faut pas oublier que voilà des moines défricheurs, des moines rudes, assez frustes, des gens finalement très terriens, très terreux, les pieds dans le sol ; avec le chant ils avaient donc trouvé un équilibre. Nous qui sommes trop partis " en haut ", dans le mental, je crois qu'en effet le zen actuellement nous fait du bien parce qu'il nous remet au sol. Mais j'admets très bien qu'on puisse pratiquer le zazen et puis à d'autres moments chanter aussi le grégorien.

» ... On pourrait faire une méditation assez éblouie sur ce que l'homme devrait être et pourrait être ; extraordinaire, au fond, ce que pourrait être l'homme. Et en même temps, une méditation assez pessimiste sur sa capacité d'arriver à être tout cela. Un homme vraiment mûr, équilibré, ce serait une réussite formidable ! Mais y arrivera-t-on jamais, car il faut concilier tant de choses... ? On a alors l'impression que chacun prend un chemin ou l'autre, suivant ce qui est le plus urgent... »

Pour Gabriel Matzneff, « si l'Esprit doit continuer de souffler, ce sera d'abord dans de petites communautés, dans ce que les bourgeois nomment avec dédain des " groupuscules " : " Car là où deux ou trois se réunissent en mon nom, je suis parmi eux. "

» Nous qui croyons en Dieu de toute la profondeur de notre soif, nous savons que ce n'est pas de puissance que nous avons besoin, mais de sainteté. Nous devons devenir des hommes de lumière, car ce n'est qu'éclairés par cette lumière que nous pourrons réinventer le paradis. »

Réflexion complétée par Bruno Lagrange qui pense que « d'une part en effet la communauté primitive qui nous a transmis ses raisons de vivre, sa foi en Jésus-Christ ne cherchait pas à convaincre, à prouver, mais à témoigner autant par sa vitalité, sa joie, et ces fragments nous le disent, d'autre part l'Esprit du Christ qui l'animait lui a inspiré à ce point de respect qu'elle se garde à l'encontre des idéologies de tout prosélytisme. Il existe, Il est vivant. La communauté existe, elle vit et nous le savons. Nous restons libres.

» Il faut lire l'Evangile dans cette perspective.

» Décidément, la clef de la Bible n'est pas dans la lune, elle est dans la vie, et cette vie même ne s'épargnera aucun effort de connaissance comme aucun geste de communication. Le sort de l'homme n'est plus déjà entre les mains des gourous, comme il n'a jamais été l'apanage du seul et révéré passé. Il n'est que des situations concrètes, la Bible en témoigne, la valeur universelle de toute chose ne réside que dans sa signification actuelle. La plus grande preuve d'imagination c'est de vivre le moment présent. L'imprévu survient toujours ne serait-ce que sous la forme de l'apocalypse.

» " Voici, je me tiens à la porte et je frappe ; si quelqu'un entend ma voix et ouvre la porte, j'entrerai chez lui et je dînerai avec lui. " Ce que révèle peut-être la Bible, c'est justement ce que l'on n'attendait pas. Il n'est pas d'espérance si l'on sait ce que l'on attend. Il n'est pas de lecture vraie de la Bible si l'on sait déjà ce que l'on y trouvera. La science ne retrouve la Foi que dans cette incertitude, de qui viendra, dit la science, de *celui qui vient,* dit la Foi. »

La méditation chrétienne est d'abord partage, fraternité, amour. C'est le message même du Christ. Et la lecture de la Bible est en elle-même recueillement et prière. Parole de vérité.

« Ecoutez.

» Voilà que le semeur est sorti semer.

» Et il est arrivé que de la semence est tombée le long du chemin ; les oiseaux sont venus et l'ont dévorée.

» Il en est tombé d'autre dans les épines ; les épines ont monté et l'ont étouffée ; et elle n'a pas donné de fruit.

» D'autres sont tombées dans la bonne terre et, en montant, en croissant, elles ont donné du fruit et rapporté l'une trente, l'autre soixante, l'autre cent.

» Et il disait : Entende qui a des oreilles pour entendre !

» Quand ils furent seuls, ceux qui étaient autour de lui avec les douze le questionnèrent sur les paraboles.

» Il leur dit : A vous le mystère du règne de Dieu a été donné ; mais ceux-là qui sont dehors, tout se passe en paraboles, pour qu'ils regardent ce qu'ils regardent mais ne le voient pas, et qu'ils entendent ce qu'ils entendent mais ne le comprennent pas, de peur qu'ils ne se retournent et qu'on ne les acquitte.

» Et il leur dit : Vous ne savez pas cette parabole ? Et comment connaîtrez-vous toutes les paraboles ?

» Le semeur sème la parole.

» Il y a ceux qui sont le long du chemin où on sème la parole ; quand ils l'ont entendue, aussitôt le Satan vient et enlève la parole qui a été semée en eux.

» De même, ce qui est semé parmi les rocailles, c'est ceux qui entendent la parole et la reçoivent aussitôt avec joie,

» mais ils n'ont pas de racine en eux, ils sont

inconstants; ensuite s'il arrive une affliction ou une persécution à cause de cette parole, aussitôt ils sont scandalisés.

» Il y en a d'autres, et c'est ce qui est semé dans les épines : ceux-là ont entendu la parole,

» mais les tracas de l'âge, le leurre de la richesse et les convoitises de toutes sortes entrent et étouffent la parole et elle devient stérile.

» Et il y a ce qui a été semé sur la bonne terre, ceux qui entendent la parole et la reçoivent, et ils portent du fruit, jusqu'à trente, soixante, cent » (Saint Marc, IV, 3-20.)

Messages des temps

Voici quelques exemples de méditations telles qu'elles furent conçues par :

Saint Bernard

« Le verbe est venu en moi (je suis insensé de dire ces choses), et il est venu plusieurs fois. Bien qu'il m'ait visité souvent, je n'ai pas senti le moment précis où il est arrivé. Mais j'ai senti, je m'en souviens, qu'il était là. Parfois j'ai pu pressentir son arrivée, mais jamais je n'ai pu sentir son entrée ni sa sortie... Et cependant j'ai connu que c'était vrai ce que j'avais lu, à savoir qu'en lui nous vivons, nous nous mouvons et nous sommes. Heureux celui en qui il habite, qui vit pour lui et est mû par lui ! Mais, puisque ses voies sont impénétrables, vous me demandez comment j'ai pu connaître sa présence. Comme il est plein de vie et d'énergie, sitôt qu'il est présent, il réveille mon âme endormie ; il meut, il amollit, il blesse mon cœur, dur comme la pierre et bien malade ; il se met à arracher et à détruire, à édifier et à planter, à arroser ce qui est aride, à éclairer ce qui est obscur, à ouvrir ce qui est fermé, à réchauffer ce qui est froid, à redresser ce qui est tortueux, à aplanir ce qui est raboteux, si bien que mon âme bénit le Seigneur et que toutes mes puissances louent son saint nom. Ainsi donc, en entrant en moi, le divin Epoux ne fait pas sentir sa venue par des signes extérieurs, par le bruit de sa voix ou de ses pas ; ce n'est pas à ses mouvements, ce n'est pas par mes sens que je reconnais sa présence, c'est, comme je vous l'ai dit, *au mouvement de mon cœur :* en éprouvant l'horreur du péché et des affections charnelles je reconnais la puissance de sa grâce ; en découvrant et en détestant mes fautes cachées j'admire la profondeur de sa sagesse ; en réformant ma vie j'expérimente sa bonté et sa douceur, et le renouvellement intérieur qui en est le fruit me fait percevoir son incomparable beauté. Ainsi l'âme qui contemple le Verbe sent à la fois sa présence et son action sanctificatrice [1] »

Bossuet

« Il faut s'accoutumer à nourrir son âme d'un simple et amoureux regard en Dieu et en Jésus-Christ Notre Seigneur ; et, pour cet effet, il faut la séparer doucement du raisonnement, du discours et de la multitude d'affections, pour la tenir en simplicité, respect et attention, et s'approcher ainsi de plus en plus de Dieu, son premier principe et sa dernière fin... La méditation est fort bonne en son temps, et fort utile au commencement de la vie spirituelle ; mais il ne faut pas s'y arrêter, puisque l'âme, par sa fidélité à se mortifier et à se recueillir, reçoit pour l'ordinaire une oraison plus pure et plus intime, que l'on peut nommer de *simplicité,* qui consiste dans une simple vue, regard ou attention amoureuse en soi, vers quelque objet divin, soit Dieu en lui-même, ou quelques-uns de ses mystères, ou quelques autres vérités chrétiennes. L'âme, quittant donc le raisonnement, se sert d'une douce contemplation qui la tient paisible, attentive et susceptible des opérations et impressions divines que le Saint-Esprit lui communique : elle fait peu et reçoit beaucoup ; son travail est doux, et néanmoins plus fructueux ; et, comme elle approche de plus près de la source de toute lumière, de toute grâce et de toute vertu, on lui en élargit aussi davantage. »

1. *Livre de sa vie,* chap. XIV. *Chemin de la Perfection,* chap. XXVIII.

Saint Jean de la Croix

Avis et maximes

« 1. Le Seigneur a toujours découvert aux mortels les trésors de la sagesse et de son esprit. Mais il les découvre encore plus aujourd'hui, parce que la malice des hommes se montre davantage.

» 2. O Seigneur, mon Dieu, qui donc pourrait vous chercher avec un amour pur et simple sans vous trouver tout à son goût et à son gré ? C'est vous, en effet, qui vous montrez le premier et qui allez au-devant de ceux qui vous désirent.

» 3. Bien que le chemin soit uni et doux pour les hommes de bonne volonté, celui qui marche avancera peu et difficilement s'il n'a pas de bonnes jambes, du courage et une constance virile.

» 4. Il vaut mieux porter un lourd fardeau en compagnie d'un fort, qu'un fardeau léger en compagnie d'un faible.

»Lorsque vous êtes sous le poids des afflictions, vous êtes uni à Dieu qui est votre force et qui se trouve avec ceux qui sont dans la tribulation ; quand vous êtes sans fardeau, vous êtes avec vous-même et vous n'êtes que faiblesse, car la vertu et la force de l'âme grandissent et se fortifient dans les épreuves de la patience.

» 5. Celui qui veut demeurer seul sans l'appui d'un maître et d'un guide, est semblable à un arbre solitaire, abandonné sans maître dans la campagne ; quelques fruits qu'il produise, les passants les cueilleront avant leur maturité.

» 6. L'arbre bien cultivé et bien gardé par un maître vigilant donne des fruits à l'époque attendue.

» 7. L'âme vertueuse qui reste seule et sans maître est comme le charbon embrasé, mais isolé : elle se refroidira au lieu de s'embraser davantage.

» 8. Celui qui, étant seul, vient à tomber, reste seul par terre. Il fait bien peu de cas de son âme, puisqu'il ne se fie qu'à lui seul.

» 9. Puisque vous ne craignez pas de tomber étant seul, comment vous flattez-vous de vous relever seul ? Considérez que deux hommes unis sont plus forts qu'un seul.

» 10. Celui qui tombe sous un fardeau se relève difficilement avec ce fardeau.

» 11. Celui qui tombe étant aveugle ne saurait comme tel se relever seul ; ou s'il parvient à se relever seul, il ne suivra pas la route qui convient.

» 12. Dieu estime plus le moindre degré de pureté de votre conscience que toutes les œuvres que vous pouvez faire.

» 13. Dieu attend de vous le plus petit degré d'obéissance et de soumission, plutôt que tous les services que vous pouvez lui rendre.

» 14. Dieu estime plus en vous la pente à la séche-

resse et à la souffrance par amour pour lui que toutes
les consolations et visions spirituelles ou méditations
que vous pouvez avoir.

» 15. Mortifiez vos désirs, et vous trouverez ce que
désire votre cœur. Savez-vous si vos désirs sont selon
Dieu ?

» 16. O très doux amour de Dieu, que vous êtes mal
connu ! Celui qui trouvera vos veines, trouvera la paix.

» 17. Si vous devez être doublement affligé, parce
que vous aurez suivi votre volonté, ne la suivez pas
quand bien même vous seriez dans l'amertume.

» 18. Il y a plus d'indécence et d'impureté dans
l'âme quand elle va vers Dieu, si elle porte en elle la
moindre attache aux choses du monde, que si elle est
accablée de toutes les plus vilaines et ennuyeuses
tentations ou ténèbres qu'on puisse imaginer, et ne
veut pas cependant y consentir. Bien plus, celle-là peut
s'approcher avec confiance de Dieu pour accomplir
la volonté de sa Majesté qui dit : " Venez à moi, vous
tous qui êtes fatigués et surchargés, je vous soula-
gerai. "

» 19. L'âme qui, malgré les sécheresses et les épreuves, se soumet à ce que dicte la raison, est plus
agréable à Dieu que celle qui sans la suivre fait tout
avec consolation.

» 20. Une œuvre, si petite qu'elle soit, qui est
accomplie dans le secret et avec le désir qu'elle reste
inconnue, est plus agréable à Dieu que mille autres que
l'on accomplit avec le désir qu'elles soient connues des
hommes ; car celui qui l'accomplit pour Dieu avec un
amour très pur ne se préoccupe pas d'être non seulement vu des hommes, mais d'être vu de Dieu lui-
même ; et alors même que Dieu ne devrait jamais en
avoir connaissance, il ne laisserait pas de lui rendre les
mêmes services avec la même allégresse et la même
pureté d'amour.

» 21. L'œuvre qui est faite uniquement et complètement pour Dieu forme dans une âme pure un royaume
où le Seigneur est le maître absolu.

» 22. L'oiseau qui se repose sur la glu est condamné
à un double travail : il doit s'en détacher et se purifier.
De même l'âme qui suit sa nature désordonnée est

condamnée à une double peine : elle doit se détacher et ensuite se purifier de ses souillures.

» 23. Celui qui ne se laisse pas entraîner par ses désirs déréglés prendra aisément son vol vers les choses spirituelles, semblable à l'oiseau qui n'a pas perdu une seule plume.

» 24. La mouche qui touche le miel ne peut prendre son essor ; de même l'âme qui s'attache aux douceurs spirituelles empêche sa liberté et la contemplation.

» 25. Ne recherchez pas la présence des créatures si vous voulez que votre âme conserve les traits de la face de Dieu dans leur clarté et leur pureté ; mais faites le vide dans votre esprit et dégagez-le de tout objet créé : vous marcherez alors éclairé de la lumière de Dieu, car Dieu n'est pas semblable aux créatures.

Le nuage d'inconnaissance

Par nature, les sens sont ordonnés en sorte qu'avec eux, les hommes puissent avoir connaissance de toutes choses corporelles extérieures ; mais en aucune façon ils ne peuvent parvenir, avec eux, à la connaissance des choses spirituelles : par leurs opérations, veux-je dire. Parce que par leur cessation et impuissance, nous le pouvons, de la manière que suit : lorsque nous lisons ou entendons parler de certaines choses, et par suite comprenons que nos sens extérieurs ne peuvent nous renseigner ni apprendre aucunement quelle est la qualité de ces choses, alors nous pouvons véritablement être assurés que ces choses sont spirituelles et non corporelles.

De semblable manière en va-t-il de nos sens spirituels, lorsque nous travaillons à la connaissance de Dieu Lui-même. Car un homme aurait-il comme jamais la compréhension et connaissance de toutes choses spirituellement créées, néanmoins il ne peut jamais, par l'œuvre de cette intelligence, venir à la connaissance d'une chose spirituelle non créée, laquelle n'est autre que Dieu. Mais par l'impuissance et cessation de cette intelligence, il le peut : car la chose devant laquelle elle est impuissante n'est pas autre que Dieu seul. Et c'est pourquoi saint Denis a

dit : « La plus parfaite connaissance de Dieu est celle
où Il est connu par inconnaissance. »

Maître Eckhart [1]

« Les saints ne contemplent en Dieu qu'*une* image,
en laquelle ils connaissent toutes choses ; oui, Dieu lui-
même regarde de cette façon en lui et connaît en lui
toutes choses : il n'a pas besoin de se tourner, comme
nous, de l'une à l'autre. Supposons que nous ayons
dans cette vie chacun un miroir devant nous, dans
lequel nous vissions toutes choses en *un* instant et les
connussions en *une* image, alors ni l'action ni la
connaissance ne nous serait un obstacle. »

L'ouverture du silence

Tous ces conseils nous parlent d'un état intérieur fait
de disponibilité et de silence. Prières, oraisons, horai-
res astreignants, manque de sommeil, jeûnes, travaux
divers rythmaient la vie des monastères et permettaient une approche de l'inconnaissable. Mais aujour-
d'hui seules de vraies postures de méditation peuvent
aider celui qui désire avancer sur la voie de l'éveil tout
en restant au monde. D'où l'intérêt croissant pour les
techniques venues d'Orient. Est important aussi que
chacun découvre son « don » ; car « il y a répartition
des dons mais un même Esprit... à l'un est donné par
l'Esprit une parole de sagesse ; à un autre, une parole
de science... à tel autre, la foi... à un autre, le don des
guérisons... le discernement des esprits... toutes sortes
de langues... c'est ce même et unique Esprit qui opère
tout cela et répartit comme il veut la part de chacun »
(Paul, 1ʳᵉ Épître aux Corinthiens). Par la découverte de
sa vérité propre et de ses possibilités réelles, passent
les chemins du sacré. Un mouvement comme celui des
charismatiques retrouve l'élan qui animait les premiers chrétiens et la foi simple des premiers âges, qui
peut soulever des montagnes. René Laurentin, qui a
fait une enquête approfondie sur ce phénomène trou-

1. *Traités*, éd. Gallimard.

blant, qui amène bien des guérisons et des conversions, écrit :

« Le corps s'engage spontanément dans cette prière. Les mains s'ouvrent, elles se lèvent. Les groupes charismatiques retrouvent le geste de l'orant, celui des premiers chrétiens, fixé sur les murs des catacombes, celui que la liturgie prescrit encore au prêtre à la messe, et qui devient si disgracieux lorsqu'il n'est pas soutenu par une attitude intérieure. Les charismatiques retrouvent (comme bien d'autres d'ailleurs aujourd'hui) les diverses formes de prosternation, également pratiquées jusqu'à une date récente dans la liturgie : prostration (allongé à terre), qu'on a récemment supprimée dans la liturgie du vendredi saint ; agenouillement avec inclination profonde, où le corps se concentre pour resurgir, comme le grain semé en terre. Ces diverses formes ne sont jamais commandées de l'extérieur ni réglées comme un ballet. Elles procèdent de l'intérieur, selon les circonstances et dispositions de chacun. Elles contribuent à intégrer le corps à la prière, ce qui n'est pas sans importance pour l'homme occidental dissocié. »

Sans cesse, au cours de ce livre, nous verrons ce fait réapparaître : quelle que soit sa forme, la méditation lutte contre la dissociation de l'être, contre sa fragmentation psychique, et donc contre tous les états psychotiques, ces déséquilibres qui se trouvent, d'une manière ou l'autre, en chacun de nous.

Mais je veux dire quelques mots ici de ce que j'appellerais les méditations distordues, qui sont un danger pour l'être et dont l'Eglise chrétienne fit grand cas : toutes les macérations, autopunitions et imaginations de l'au-delà en font partie. Peut-être que les exercices spirituels prônés par Ignace de Loyola, fondateur des Jésuites, furent utiles en leur temps dans l'éducation des moines et religieux. Personnellement, après les avoir lus je ne peux y voir qu'un délire paranoïaque dangereux. Ainsi, voici à titre d'exemple deux règles concernant l'art de manger :

« (214) *Cinquième règle.* — Tandis que l'on mange, considérer le Christ Notre Seigneur comme si on le voyait manger avec ses Apôtres, sa façon de boire, de regarder, et sa façon de parler ; et tâcher de l'imiter. De sorte que la partie supérieure de l'esprit sera occupée à considérer Notre Seigneur, et la partie inférieure à soutenir le corps, parce que, ainsi, on réalise un accord et un ordre meilleur dans la façon dont on se comporte et se gouverne.

» (215) *Sixième règle.* — D'autres fois, tandis que l'on mange, on peut encore considérer d'autres choses : soit la vie des saints, soit quelque pieuse contemplation, soit quelque affaire spirituelle que l'on doit traiter, parce que, étant attentif à de tels sujets, on prendra moins de satisfaction et de plaisir à l'alimentation du corps. »

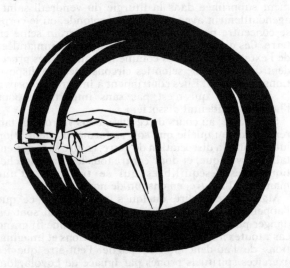

L'attention à la réalité s'échappe ici dans l'imaginaire : une telle attitude ne peut que donner des tendances schizoïdes prononcées et couper l'être de la vie en la remplaçant par un rêve. Or la religion doit plonger ses racines dans l'existence et non la fuir.

Ainsi que le rappelle Roland Barthes[1] : « On peut

1. Dans sa préface aux *Exercices spirituels*, éd. 10/18.

dire qu'Ignace se donne autant de mal pour emplir l'esprit d'images que les mystiques (chrétiens et bouddhiques) pour l'en vider ; et si l'on veut bien se référer à certaines hypothèses actuelles, qui définissent le malade psychosomatique comme un sujet impuissant à produire des fantasmes, et la cure comme un effort méthodique pour lui faire retrouver une " capacité de manipulation fantasmatique ", Ignace est bien un psychothérapeute, qui cherche à injecter à tout prix des images dans l'esprit mat, sec et vide de l'exercitant, à introduire en lui cette culture du fantasme, préférable, en dépit des risques, à ce *rien* fondamental (rien à dire, à penser, à imaginer, à sentir, à croire), qui marque le sujet de la parole, avant que le rhéteur ou le jésuite ne fassent intervenir leur technique et ne lui donnent une langue. En un mot, il faut accepter de " névroser " le retraitant. »

La méditation créatrice de névrose obsessionnelle : triste concept ! Teilhard de Chardin disait que « L'Evolution est une montée vers la Conscience[1] ». Le fantasme, lui, souille la conscience, rend boueuse l'eau qui devrait être claire.

Le message-racine du Christ fut un message d'amour, d'aide et de respect d'autrui. Cela en soi est une technique de méditation de chaque instant. « Sous les forces de l'amour, ce sont les fragments du Monde qui se recherchent pour que le monde arrive. En ceci, nulle métaphore, et beaucoup plus que de la poésie. Qu'elle soit force ou courbure, l'universelle gravité des corps, dont nous sommes tant frappés, n'est que l'envers ou l'ombre de ce qui meut réellement la Nature. Pour apercevoir l'énergie cosmique " fondamentale ", il faut, si les Choses ont un dedans, descendre dans la zone interne ou radiale des attractions spirituelles.

» L'amour sous toutes ses nuances, n'est rien autre chose, ni rien moins, que la trace plus ou moins directe marquée au cœur de l'élément par la Convergence psychique sur soi-même de l'Univers.

» Et voilà bien, si je ne me trompe, le trait de

1. *Le Phénomène humain*, éd. du Seuil.

nunciabit laudem tuam.

Deus in adiutorium meum intende.

Domine ad adiuuandum me festina

Gloria patri et filio et spiritu sancto.

Sicut erat in principio et nunc et semper et in secula seculorum amen. Alleluia.

Nobis sancti spiritus gratia sit data. De qua virgo virginum fuit obumbrata Cum per sanctum angelum lumière qui peut nous aider à voir plus clair autour de nous ?

» [...] L'Humanité ; l'Esprit de la Terre ; la Synthèse des individus et des peuples ; la Conciliation paradoxale de l'Elément et du Tout, de l'Unité et de la Multitude : pour que ces choses, dites utopiques, et pourtant biologiquement nécessaires, prennent corps dans le monde, ne suffit-il pas d'imaginer que notre pouvoir d'aimer se développe jusqu'à embrasser la totalité des hommes et de la Terre [1] ? »

Ces mots de Teilhard, qui, de tous les chrétiens, laissa le message le plus lucide, le plus cosmique et le plus mystique, sont, en ces temps où la face du monde change et tremble, plus que jamais actuels.

1. *Idem.*

À MÉDITER

Et ne jugez pas et vous ne serez pas jugés ; ne condamnez pas et vous ne serez pas condamnés ; tenez quitte et on vous tiendra quittes ; donnez et on vous donnera ; on vous donnera plein vos poches, une bonne mesure tassée, secouée, débordante ; car on vous fera mesure avec la mesure dont vous mesurez.

Luc, VI, 37, 38

Ils regardent sans regarder et entendent sans entendre ni comprendre.

Matthieu XIII, 13

Qui de vous en s'inquiétant peut ajouter à son âge une seule coudée ?

... Ne vous inquiétez pas, ne dites pas : que mangerons-nous ? ou : que boirons-nous ? ou : de quoi serons-nous vêtus ?

... Ne vous inquiétez donc pas de demain : demain s'inquiétera de lui. A chaque jour suffit sa peine.

Matthieu VI, 27, 31, 34

Ce qui est né de la chair est chair, ce qui est né de l'esprit est esprit.

Jean III, 6

Il n'y a pas de bel arbre qui fasse du fruit pourri, ni non plus d'arbre pourri qui fasse de beau fruit.

Luc VI, 43

En quelque maison que vous entriez dites d'abord : paix à cette maison. Et s'il y a là un fils de la paix, votre paix se reposera sur lui ; sinon elle se retournera sur vous.

Luc X, 5, 6

Je vous ai lavé les pieds, vous devez aussi laver les pieds les uns des autres.

Car je vous ai donné l'exemple pour que vous fassiez comme je vous ai fait.

Jean XIII, 13, 14

Dieu est esprit et ceux qui adorent doivent adorer en esprit et en vérité.

Jean IV, 24

Le regard par lequel je le contemple est le regard même par lequel il me contemple.

Maître Eckhart

Méthodes de la voie en Islam

L'Islam repose sur cinq piliers :
— la profession de foi,
— la prière quotidienne, régulière,
— l'impôt rituel, qui est le devoir moral de l'aumône,
— le jeûne annuel de Ramadan,
— le saint pèlerinage à La Mecque.

La profession de foi est adhésion intérieure à l'Islam. La prière ponctue la journée, de l'aube à la nuit, quatre fois : à l'aube, midi, milieu de l'après-midi, peu avant le coucher du soleil. Cette prière, accompagnée d'une prosternation, est l'un des plus beaux rites sacrés que l'on puisse concevoir car il témoigne d'une pratique et d'une foi hors du commun. J'ai vu des musulmans prier en mille et un lieux, dans la neige, sous la pluie, sous le soleil ardent, dans les steppes de Turquie, les rues des médina (vieille ville) du Maroc et de la Tunisie, les paysages grandioses de l'Afghanistan, les marchés de l'Iran et tellement de mosquées. Toujours, je restais saisi par la beauté du geste et le vrai abandon du moi qu'il impliquait. Et la voix du muezzin qui appelle du haut du minaret, et les ablutions rituelles au seuil des mosquées, et les chaussures déposées, les petits tapis de prière déroulés, et la dignité de ce mouvement qui regarde le ciel puis s'incline front contre terre... L'état intérieur de la prière tel qu'il fut exprimé par le Prophète est « d'être en face de Dieu comme si tu Le voyais ».

Debout, face tournée vers La Mecque, la récitation comporte des formules de louanges et la première sourate ouvrant le Coran :

« De par le nom de Dieu, Miséricordieux et Compatissant. Louanges à Dieu Maître des mondes. Miséri-

cordieux et Compatissant. Souverain du Jour du Juge-
ment dernier ! C'est Toi que nous adorons ! C'est Toi
dont nous implorons le secours ! Dirige-nous dans la
voie droite, la voie de ceux que Tu as favorisés de Tes
bienfaits, non de ceux qui ont mérité Ton courroux, ni
des égarés. » Le fidèle est libre de compléter par trois
versets de son choix ou plus, qui ajoutent louange sur
louange à Dieu. Puis il s'incline, le dos horizontal, les
mains sur les genoux, et dit : « Dieu est grand ! » et
trois fois : « Gloire à mon Seigneur l'Immense et à Sa
louange ! » ; en se redressant il dit : « Dieu entend celui
qui Le loue ! O Dieu notre maître, à Toi gloire. » Enfin,
en signe de parfaite adoration, le fidèle s'agenouille et
touche le sol du front et de la paume des mains,
répétant : « Dieu est grand » et trois fois : « Gloire à
Dieu et à Sa louange ! ». Il relève la tête et s'accroupit
un temps avant de se prosterner à nouveau, puis il
recommence une nouvelle *rak'a*. A la fin de la dernière
rak'a, il se relève et récite : « Les hommages sont pour
Allah ; les bonnes œuvres pour Allah ; les prières
excellentes pour Allah. La paix soit sur toi, ô Prophète,
ainsi que la miséricorde et les bénédictions d'Allah. La
paix soit sur nous et sur les serviteurs vertueux d'Allah.
J'atteste qu'il n'y a pas d'autre divinité qu'Allah,
Unique, sans associé. Et j'atteste que Mohammad est le
serviteur et l'envoyé d'Allah. » Pour clore définitivement la prière rituelle, il ajoute à l'intention des
croyants présents ou des Anges : « La paix soit sur
vous. » Les pieux musulmans ou les derviches font
suivre la prière de la mention répétée du nom de Dieu,
en s'aidant d'une sorte de chapelet [1].

La lecture et méditation du Coran, la coupure
annulle qu'est le jeûne du Ramadan (un mois où de
l'aube au coucher du soleil, l'on ne doit rien absorber
de liquide ou de solide, s'abstenir de relations sexuelles
et de fumer), le long périple sacré à La Mecque qui doit
intervenir au moins une fois dans la vie du croyant,
autant de règles acceptées de l'intérieur et qui
rythment une vie où la notion du divin est naturelle.

---

1. Voir *Islam, le combat mystique*, par Jean During, éd. Robert
Laffont.

Dans ce chapitre, nous effaçant devant le message des sages, il est intéressant de refléter l'aspect plus profond de l'Islam : sa face ésotérique, telle que derviches, soufis, Kurdes... savent la vivre. Nous nous limiterons à rapporter une technique de méditation très répandue dans ces milieux : celle du concert spirituel. Franchir les étapes de l'être pour devenir un homme Parfait : « Si tu es né d'Adam, demeure comme lui et contemple tous les atomes de l'univers en toi-même », conseillait le grand mystique Rûmî.

Les stations de la sagesse selon Rûmî

Macrocosme

'alam-i-hahut	latifa haqiqa
L'Essence divine	La vérité « le Muhammad de votre être »
'alam-i-lahut	latifa khafiya
La Nature divine	L'inspiration « le Jésus de votre être »
'alam-i-jabarut	latifa ruhiyya
Le monde au-delà des formes	L'esprit « le David de votre être »
'alam-i-malakut	latifa sirriyya
Le monde de l'imagination	La supraconscience « le Moïse de votre être »
'alam-i-ma'na	latifa qalbiyya
Le monde de la perception spirituelle	Le cœur « l'Abraham de votre être »
'alam-i-surat	latifa nafsiyya
Le monde des formes	Les sens vitaux « le Noé de votre être »
'alam-i-tabi'at	latifa qulibiyya
Le monde de la nature, l'homme	Le corps « l'Adam de votre être »

Microcosme

Pièges et tentations de la Voie

Le maître kurde contemporain Bahrâm Elâhi[1] transmit en substance à ses disciples et aux chercheurs de vérité l'enseignement suivant. Il n'y a qu'une Voie possible : la Voie désignée par les prophètes et les saints. Pourtant, les chemins sont nombreux, et il est parfois difficile de reconnaître le bon. Le voyageur spirituel est souvent tenté de dévier, de s'arrêter ou d'errer, et seule sa foi et la sincérité de son amour pour Dieu sont capables de le guider vers la Vérité. Par

---

1. Voir *la Voie de la Perfection*, Albin Michel, même collection.

contre, dès qu'il tend l'oreille à l'appel du moi, il
s'égare sur des sentiers qui ne mènent nulle part.

Le principal obstacle pour l'âme est le monde sensible et toutes ses séductions. Rien n'est plus facile pour
l'ego que d'affaiblir l'âme au moyen des pièges de ce
monde. Pour progresser dans la Voie, il faut être
détaché des biens matériels et dominer les plaisirs du
nafs [1].

Ce soi impérieux a aussi le pouvoir de tenter l'âme
elle-même. La Voie est longue et difficile, et, pour
éprouver l'âme, il y a tout au long du chemin des
amuseurs qui distraient le voyageur, et des impasses
qui lui donnent l'impression d'être arrivé au but. Les
amuseurs sont des groupes particuliers d'esprits dont
la mission est d'éprouver l'âme, de la tenter, de
l'éblouir, de la flatter par toutes sortes d'artifices et de
ruses. Celui qui se laisse prendre à leurs pièges est
ralenti dans son travail spirituel ou même arrêté
complètement. En règle générale, dès que quelqu'un
prend contact avec le monde métaphysique, il est mis à
l'épreuve par ce groupe d'esprits particuliers. Ils lui
préparent toutes sortes d'amusements et vont jusqu'à
lui faire croire qu'il est un prophète, qu'il pourra faire
des miracles et conquérir le monde. S'il se laisse
séduire par ce mirage, il est perdu pour cette vie, et
devra recommencer dans des vies futures son chemin
de perfectionnement.

Les moyens d'éviter les esprits amuseurs sont :
— avoir un maître spirituel parfait ;
— chasser l'orgueil de sa nature ;
— analyser attentivement les propositions de ces
esprits amuseurs en les comparant aux règles de la
religion.

On s'aperçoit qu'il y a toujours en elle un aspect qui
satisfait le *nafs*, et particulièrement l'orgueil. Le premier principe du salut est de vouloir Dieu pour Dieu, et
d'oublier tout ce qu'on a fait pour lui ; tout ce que l'on
fait en bien doit être accompli pour Dieu et non pas en
vue d'un profit, quel qu'il soit. Un élève sérieux,
soutenu et protégé par un vrai maître, traversera la

1. Ego ou soi impérieux.

zone de ces esprits amuseurs sans s'y arrêter, entrera dans la zone suivante en sécurité, et continuera son chemin vers le but final.

Ce sont des hommes soutenus par des esprits amuseurs qui deviennent les maîtres égarés ou dupés, nombreux de nos jours, qui occupent leurs disciples avec des amusements spirituels et leur font perdre leur temps. Ces amusements spirituels ont un effet euphorisant temporaire sur l'âme, comme l'effet des drogues sur le corps. Les disciples habitués à ces drogues spirituelles sont presque perdus dans cette vie pour la Voie du perfectionnement. Il faut savoir que la durée de ces amusements spirituels est variable mais limitée, et en rapport avec le trésor spirituel que l'on possède.

Une fois ce trésor épuisé, les amuseurs quittent le maître dupé, qui a alors tout perdu. Dès ce moment, le pseudo-maître, voulant garder ses disciples à tout prix, se transforme en un imposteur et un vendeur de « techniques spirituelles », accumulant des montagnes de fautes pour lesquelles il devra comparaître.

Une des ruses les plus subtiles des tentateurs de l'âme est de suggérer à quelqu'un qu'il est un maître ou un prophète. Il n'y a rien de plus séduisant pour le soi impérieux que d'y croire, et un homme qui a progressé jusqu'à un certain niveau et a acquis des pouvoirs se laisse volontiers convaincre qu'il est arrivé au but et qu'il a pour mission d'aider les autres à y parvenir. Il devient alors un faux maître...

Celui qui suit un vrai maître est guidé et détourné de ces pièges, mais celui qui n'a personne pour le diriger doit mettre toute sa foi en Dieu, et chasser l'orgueil pour que lui soient épargnées les tentations de ce genre. Celui qui demande l'aide de Dieu reste dans la bonne direction, mais il arrive que certaines âmes peu avancées se croient capables de choisir elles-mêmes leur chemin : elles tombent ainsi, sans s'en douter, dans le piège de l'orgueil, et peuvent même perdre la foi.

Nombreux sont également ceux qui (notamment en Inde) parviennent à dominer une grande partie de leurs instincts, mais qui ne connaissent pas Dieu, et ne font, en fin de compte, que le tour d'eux-mêmes. Ils ne parviennent pas à briser le mur de leur moi et à établir la communication avec Dieu, qui les conduira jusqu'au bout de la Voie.

Il existe aussi une catégorie d'hommes sincères, possédant une vue particulière et personnelle de la religion : les « savants ésotéristes ». Ils ont en général une vaste culture livresque exotérique. Imbus de leurs connaissances intellectuelles, ils abordent par la même méthode l'ésotérisme qui est du domaine du sixième sens. Ils accumulent les connaissances théoriques jusqu'à devenir des « savants ésotéristes » et arrivent à dominer si bien leur sujet qu'ils peuvent manipuler à leur aise le vocabulaire ésotérique, émettre des théories, écrire des livres, discuter, critiquer et éblouir.

Imbus de leurs thèses personnelles et sûrs de leur savoir, ils contactent parfois des maîtres authentiques, et en ces rencontres, bien qu'intellectuellement fertiles, sont préoccupés par leur propre savoir et aveuglés par leur orgueil : ils laissent passer la vérité. Chaque homme possède en lui la potentialité de réveiller les sens de l'âme s'il prend le chemin approprié, mais les mots sont insuffisants pour exprimer les sensations spirituelles. Si, avec des mots, on pouvait faire appréhender la sensation de lumière et les variations de couleur à un être dépourvu de l'organe de la vision, on pourrait aussi faire sentir et faire comprendre les sensations spirituelles à ceux qui n'ont pas réveillé leur sixième sens...

La voie de la perfection

Bahrâm Elâhi dit encore que le disciple de la Voie sait maintenir l'équilibre entre son âme et son corps.

On peut comparer l'âme angélique à un voyageur qui doit parcourir une très longue et périlleuse distance, et qui n'a pour tout moyen que le corps, sans lequel il ne peut effectuer ce voyage. Du point de vue des rapports entre l'âme et sa monture, les hommes se divisent en trois catégories extrêmes :

— La monture, puissante et rétive, n'obéit pas à son cavalier et n'en fait qu'à sa tête. C'est le cas de ceux qui sont esclaves de leur *nafs* et qui, pour acquérir la puissance matérielle et satisfaire leurs désirs charnels, ne reculent devant rien. Ceux-là oublient Dieu ; en fait, ce sont des bêtes à apparence humaine.

— La monture est puissante mais docile : c'est le cas d'un *nafs* soumis par la juste méthode. Le cavalier guide sa monture dans le droit chemin, avance très vite, et a toutes les chances d'atteindre le but.

— La monture est devenue tellement faible et malade qu'elle n'a plus la force d'avancer. C'est le cas de ceux qui se soumettent à des mortifications erronées, sans guide qualifié, pour des buts dépourvus de vraie valeur spirituelle. Ils anesthésient ainsi les désirs de leur soi impérieux, sans pour autant les contrôler.

Cela ne les avance pas sur le chemin, et ils quittent ce monde sans rien emporter avec eux.

La mortification n'est pas un moyen de lutter contre le *nafs,* mais plutôt une forme de prière. L'ascèse excessive agit sur le *nafs* comme un somnifère : dès que son effet se dissipe, le *nafs* se réveille exacerbé, et plus violent qu'auparavant. Si elle n'est pas ordonnée par un vrai maître, mais accomplie de notre propre initiative, la mortification est très dangereuse pour l'âme.

Beaucoup de techniques ascétiques viennent d'une interprétation naïve des phénomènes spirituels. On a imité les comportements des saints sans les comprendre, tout comme on se fabriquerait une paire d'ailes pour s'envoler. Par exemple, à l'étape de la contemplation de Dieu, on est si submergé que l'on ne peut absolument plus bouger ou parler. Certains en ont alors conclu qu'en faisant vœu de silence, ou en restant immobiles, ils s'approcheraient de Dieu ; en fait, ils obtiennent le plus souvent l'effet inverse. Il en est de même pour les danses ésotériques répandues dans certaines écoles : sous l'effet de l'extase, l'ivresse divine est parfois si forte qu'on ne tient plus en place ; on est alors si ardent que le feu lui-même semble rafraîchissant. Mais, pas plus qu'on n'entrera en extase en se jetant dans le feu, pas plus la danse ne nous fera voir Dieu.

Une ascèse courante est l'abstinence totale de viande. Si l'on pratique ce régime sous prescription médicale, ou parce que l'on n'a pas du tout envie ou besoin de viande, il n'y a pas d'inconvénient ; par contre, être végétarien par idéal spirituel est une erreur très grave, nuisible.

Du point de vue spirituel, l'ère des mortifications est révolue, et l'homme doit désormais soumettre son soi impérieux par la force de la volonté et de l'intelligence. D'ailleurs, la vraie mortification est tout intérieure : elle consiste à contrôler sa pensée, son œil, son oreille, sa langue...

C'est seulement lorsque l'homme se connaît lui-même qu'il acquiert l'aptitude de connaître Dieu. Dès qu'il se connaît lui-même, il lui vient nécessairement à

l'esprit cette question : « Qui donc a créé ce " soi " ? »
C'est alors qu'il aborde l'étape de la connaissance de
Dieu.

On doit découvrir Dieu en soi-même, car chacun de
nous est une parcelle divine. En pénétrant en nous-
même, nous découvrons des parcelles divines et, au fur
et à mesure d'une pénétration plus profonde, nous
trouvons le reflet de l'Essence Unique. Tant que nous
n'avons pas retrouvé Dieu en nous-même, nous ne
devons pas nous attendre à Le découvrir ailleurs. Il est
vrai que Dieu est partout, mais il faut savoir Le
reconnaître. Dès que l'élève, au tréfonds de lui-même,
a ouvert les yeux, il le reconnaît sous toutes Ses formes,
et il connaît alors le *Vali,* Sa manifestation humaine.
Le Vali établira alors un contact avec lui, et le prendra
en main.

A l'étape de la connaissance de Dieu, *ma'refat,* les
voiles qui obscurcissent la vision intérieure de l'adepte
tombent les uns après les autres jusqu'à l'état de
Perfection absolue :

— Lorsque tombe le premier voile, l'adepte se sent
si extatique et si immergé dans la lumière divine qu'il
ne ressent pas la distance entre lui et Dieu. Mais il n'a
pas la certitude que ce qu'il ressent est la Vérité.

— Lorsque tombe le deuxième voile, il lui faut
chasser de lui toute fausse imagination ou superstition,
pour pouvoir comprendre l'évidence et la Vérité. Il
acquiert la certitude de ce qu'il a ressenti après la
chute du premier voile, mais, dans cet état, il éprouve
encore le sentiment de son « soi » (il voit Dieu et il voit
le « soi »).

— Lorsque tombe le troisième voile, l'extase est
telle qu'il oublie le « soi » et ne sent que Dieu. Il ne se
voit plus lui-même, si bien que si on le martyrisait, il
ne ressentirait rien, comme s'il s'agissait d'un autre.

— Le quatrième voile tombe, et il est tellement
absorbé en Dieu qu'il ne voit plus que l'Unicité. C'est à
ce moment-là que certains saints criaient : « Je suis
Dieu. »

— Lorsque le dernier voile est enlevé, comme le
soleil levant illumine l'espace, le disciple est inondé
par la lumière de l'Un. Sa substance se transforme,

goutte d'eau, il rejoint l'océan de Dieu. Sa volonté devient celle de Dieu.

La musique sacrée

Prière, chant et musique sont élan et approche de l'Unité. Et toutes les sectes de l'Islam les pratiquent d'une manière ou d'une autre, la plus commune étant le Zekr, le *sama*.

Comment écouter cette musique et participer à la danse divine du *sama* ?

Laissons parler le mystique Javad Nurbakhsh[1] :

« Cette extase et ce *sama* ne sont pas choses profanes. Et cette danse que nous exécutons n'est pas un divertissement. Dis aux ignorants :

O hommes de peu de sagesse,

Si tout cela était futilité, on n'en discuterait pas tant[2]. »

Le mot *sama* signifie entendre, mais dans la langue des soufis, le *sama* c'est l'oreille du cœur qui, par l'écoute de poèmes, de mélodies, d'airs et de modes harmonieux, élève l'âme jusqu'à l'extase et l'anéantissement. Pour les soufis, le *sama* est un appel de Dieu, dont la vertu essentielle est d'éveiller les cœurs et de les rapprocher de la Réalité Suprême (*haqq*). Le mystique captivé par le *sama* tourne le dos aux deux mondes, et tout ce qui n'est pas Dieu se consume dans le brasier de son amour. Le *sama* attise le feu de cet amour et rapproche l'auditeur de la source de la musique jusqu'au point où il ne fait plus qu'un avec les sons.

Le monde spirituel est un monde de Beauté et de Grâce ; partout où se trouvent beauté et grâce, il y a harmonie, et tout ce qui est harmonieux est un signe du monde spirituel. C'est pourquoi le *sama* est une voie d'accès à ce monde, et l'audition de poèmes et de mélodies harmonieuses captive l'attention vers les demeures spirituelles.

1. Traduit par Jean During.
2. c-Ala al-dawlah Simmani.

« En vérité Dieu est beau et il aime la Beauté[1] », et sous les effusions de l'Absolu la montagne de l'existence illusoire se désagrège et la voie, l'amour parfait, s'aplanit.

Shaykh Ruzbehan a dit :

« Le *sama* c'est l'écoute de l'Etre, c'est l'audition par Dieu (*haqq*), pour Dieu, en Dieu, avec Dieu. Et celui qui ajoute à cela quelque chose d'autre que Dieu est un infidèle[2]. »

Ainsi, dans les oratorios des soufis, celui qui se voit encore lui-même n'est pas digne du *sama* ; celui-ci est donc réservé aux parfaits. Il dit encore : « Les fidèles d'amour écoutent le *sama* coupés de leur moi. Les hommes de désir (*salekan-e shawq*) l'écoutent séparés de leur intellect, ceux qui se meurent d'amour écoutent loin de leur cœur, les passionnés de l'intimité divine écoutent sans leur âme. S'ils écoutent avec leur moi, leur intellect, leur cœur et leur âme, ils demeurent voilés à Dieu[3]. »

Lorsque le mystique abandonne son moi, lorsque l'amant devient véridique, il perçoit dans chaque mélodie la voix de Dieu et dans chaque air l'appel et le signe de l'Aimé. Pour lui, retraite ou assemblée, couvent ou ruines, solitude ou foule n'ont plus de sens. Quels que soient sa situation et son état, ses yeux sont tournés vers la face de l'Ami et à son ouïe résonne la voix de l'Aimé. Parfois il bondit jusqu'à l'ivresse au-dessus des vagues du *sama*, et parfois il abandonne son existence dans l'océan de l'annihilation. D'autres fois, comme Ali, le soleil des gnostiques, il entend le son de la cloche proclamer : « Louange à Dieu, en vérité en vérité, Il est le Seigneur éternel ! »

Ou encore, comme pour Shibli qui dans le roucoulement d'une colombe entendait : « hu ! hu ! » (Lui ! Lui !), comme pour Maghrebl qui dans le son d'un moulin à eau entendait une voix invoquant : « Allah ! Allah ! », ainsi parle le *sama* pour les gnostiques parfaits et les amants au cœur pur.

---

1. Hadith.
2. Risalat al-quds.
3. *Ibid.*

« Les maîtres des états mystiques l'ont bien dit :
» Pour ceux-là seuls dont l'âme charnelle est morte, ce Vin est licite.

» Cent mille fous de Dieu se sont égarés ici, il vaut mieux pour les débutants ne pas en parler.

» Le *sama* n'est pas pour les pensées et les désirs de la nature charnelle, tant que tu ne quittes pas cette voie il ne te sera pas licite.

» Ce vin enivrant n'est pas pour n'importe quel buveur, nul n'en est digne hormis l'homme au cœur illuminé.

» C'est la voie de celui qui a tout sacrifié à Dieu, ce n'est pas un lieu pour une poignée d'hypocrites sans vergogne [1]. »

Les pèlerins de la voie pratiquaient le *sama* pour en retirer quelque bénéfice spirituel ; mais certains, inconscients des mystères du *sama,* les imitèrent pour satisfaire leur âme charnelle, ou pour donner plus de brillant à leurs réunions ou leurs retraites. Alors apparut un *sama* de la raison (*c-aql*) et des passions, bien distinct du *sama* de l'Amour divin.

Ainsi que l'écrit Mawlana Jalaluddin Rumi :
« Tout le monde ne domine pas le vrai sama.
N'importe quel oiseau ne se nourrit pas de figues,
Et sûrement pas un oiseau agonisant, pourrissant,
Rempli d'illusion, stupide et aveugle. »

Comme ces derniers introduisirent dans le *sama* leurs facultés intellectuelles et leurs passions, les plus avisés exprimèrent leurs jugements sur les différentes sortes de *sama*. Afin de bien distinguer leur propre *sama* de celui du vulgaire, ils dénombrèrent et décrivirent les genres de *sama* licites et illicites, en prescrivirent les règles et rassemblèrent des récits et des traditions qui s'y rapportent.

Traditions concernant le sama

Ayshah raconte : « Il y avait un jour une servante dans ma maison qui était en train de chanter lorsque

---

1. Risalat kanz al-rumuz, par Mir Husayn Hirawi.

Umar demanda à entrer. Quand elle reconnut la voix d'Umar, elle se cacha. Umar entra, et le Prophète qui avait entendu son chant sourit. Umar lui dit : " Oh ! prophète de Dieu, pourquoi souris-tu ? " Il répondit : " Il y avait ici une servante en train de chanter, mais lorsqu'elle entendit ta voix elle alla se cacher. " Umar dit alors : " Je ne quitterai pas cette maison avant d'avoir entendu ce que le prophète a entendu. " Alors le prophète appela la servante et elle répéta sa chanson pour lui. » »

Anas Ibn Malik rapporte : « J'étais en compagnie de l'Envoyé de Dieu, lorsque l'Archange Gabriel descendit et dit : " O envoyé de Dieu, les pauvres de ta communauté entreront au paradis cinq cents ans plus tôt que les riches. " En entendant cela, le prophète se réjouit et demanda : " Y a-t-il quelqu'un parmi vous qui sache chanter ? " Alors un bédouin répondit : " Oui, ô prophète de Dieu. " Le prophète lui dit de s'approcher. Le bédouin chanta ainsi : " L'amour est comme un serpent venimeux qui me tourmente les entrailles, et pour cette douleur-là il n'y a pas de médecin ni de sorcier. Le seul médecin et sorcier est cet Aimé pour qui j'ai donné mon cœur. Mon envoûtement et mon thériaque sont tous deux en Lui. " L'envoyé de Dieu entra en état d'extase (*wajd*) et ses compagnons furent transportés de joie. Sous l'intensité de l'extase, le manteau du prophète tomba de ses épaules. Lorsque l'euphorie s'apaisa, chacun regagna sa place et Mu c-awya dit : " O prophète de Dieu, quelle merveilleuse joie ce fut. ". L'Envoyé répondit : " O Mu c-awya, celui qui n'est pas ravi en extase en entendant le nom de l'Ami dans le *sama* n'est pas du rang des élus. " Puis le prophète coupa son manteau en quatre cents morceaux qu'il distribua dans l'assemblée. »

Cette histoire est un prétexte pour considérer le concert spirituel comme licite, ainsi que l'extase à laquelle il conduit, le dépouillement des habits, leur morcellement et leur distribution aux participants de la réunion.

Légalité et illégalité du sama

Le *sama* de Dieu se trouva confondu avec le *sama* de la créature ; réservé d'abord à l'élite de l'élite, il devint accessible à l'élite et au commun ; il tomba du domaine de l'Amour mystique dans celui de l'esprit de controverse. Par crainte des troubles engendrés par l'âme charnelle, la raison distingua entre *sama* licite et illicite et il n'y avait pas d'autre choix. Abu c-Ali Daqaq s'exprime très bien à ce sujet : « Le *sama* est interdit aux gens du commun à cause du manque d'aptitude de leurs âmes.

» Pour les pieux dévots, il est acceptable, car il les aide dans leurs efforts, et pour nos compagnons il est permis parce que leur cœur est en éveil. »

Muhammad al-Ghazali a distingué dans le *sama* les catégories suivantes :

— « *Illicite :* pour ceux qui font du *sama* une habitude et qui y participent à la façon d'un divertissement malsain.

— » *Licite :* ceux pour qui le *sama* exacerbe l'Amour de Dieu et n'exalte que des vertus admirables sont libres de le pratiquer [1]. »

Règles du sama

Dans les assemblées du *sama*, il faut observer les règles suivantes :

— On ne doit pas faire du *sama* une habitude. (Car l'habitude du *sama*, comme toutes les habitudes, est blâmable.)

— Il convient d'espacer les séances afin que le cœur entretienne une vénération pour le *sama*.

— Le guide ou le maître doivent être présents au *sama*.

— Ni public ni étranger à la Voie ne doivent participer à la réunion.

— Il faut témoigner du respect au chanteur, au joueur de tambourin (*daf*) et de flûte (*ney*).

1. *Ibid.*

— Les participants au *sama* doivent être purs de toute idée de divertissement.

— Il ne faut pas faire de manières pendant le *sama*.

— Si l'effet du *sama* ne se fait pas sentir, il ne faut pas le forcer, mais s'il se produit il ne faut pas lui résister ; en d'autres termes, si l'esprit souffle tu t'émeus, s'il demeure immobile, tu restes calme.

— Dans le *sama* il faut bien distinguer l'effet de la nature charnelle de l'agitation provoquée par l'extase.

— Durant le *sama* il ne faut pas attendre un soutien de quiconque, mais si quelqu'un nous aide il ne faut pas le repousser.

— Il ne faut pas intervenir dans le *sama* d'autrui sans la permission du *shaykh*.

— Dans la réunion de *sama,* on ne doit pas s'appuyer sur quelque objet ou quelque endroit, et c'est le signe que cette assemblée ne s'appuie sur nul autre que Dieu.

— Il ne faut imiter personne durant le *sama*.

— Nul ne doit participer au *sama* sans la permission du *shaykh*.

— Celui qui aspire au *sama* doit éloigner son cœur des plaisirs et être illuminé du ravissement de la prière ; son âme scrute la présence divine, et il est capable, durant le *sama,* de se couper des remous de son soi impérieux.

— Le *sama* de ceux qui sont étrangers au monde intérieur et qui dans leur cœur n'entretiennent pas de relation avec Dieu est imparfait et ne concerne que l'ego.

— Celui qui, pour une raison quelconque, s'engage dans le *sama* avec son ego, tout en étant conscient de son moi et de ses motivations, est libertin. Et s'il n'en a pas conscience et qu'il utilise le *sama* pour le compte de ses propres états d'âme, c'est un associateur. Tel individu tenté par le diable s'imagine qu'il est inspiré par un ange et croit que les désirs de son âme concupiscente viennent de Dieu ; c'est ce qu'on appelle être un associateur et comme on l'a dit : « Le *sama* n'est bon que pour celui qui est délivré de son moi et dont le cœur est vivant. »

— Dans la réunion de *sama,* on doit s'asseoir comme il convient, être calme et recueilli.

— On doit baisser la tête et accomplir un *dhikr* intérieur (*qalbi*), sans s'occuper des autres, assis comme durant la prière quotidienne, le cœur un avec Dieu.

— Le chanteur et le joueur de tambourin doivent être des soufis et des gens au cœur ardent. Ils ne doivent pas venir à la réunion pour un salaire ou pour assurer leur subsistance.

On dit que le *sama* était très courant au temps de Junayd où existaient beaucoup de maîtres et de groupes de soufis. Un jour, à la fin d'un *sama,* Junayd ne chanta point et les disciples demandèrent pourquoi il s'abstenait. Il questionna : « Avec qui chanterais-je ? » Ils répondirent : « Avec toi-même. » « Qui écouterais-je ? » demanda-t-il. « Toi-même », lui dirent-ils.

Cette anecdote fait allusion au fait que le *sama* doit être pratiqué entre disciples unis de cœur, et qu'il faut l'écoute d'un musicien affligé par la séparation et chantant avec sincérité et dévotion, non pour un salaire. En ce temps-là, ceux qui remplissaient ces deux conditions étaient rares. On peut se demander pourquoi les soufis ne se servaient pas pour leur *sama* de la lecture du Coran, qui est la parole de Dieu, au lieu d'utiliser des poésies et des litanies (*dhikr*). Ghazali répond à cela :

« Il y avait souvent des *sama* chantés sur des versets du Coran et ils provoquaient beaucoup d'extases. En entendant le *sama* sur le Coran, certains perdirent conscience et un grand nombre rendirent l'âme. Mais si les soufis employaient des poèmes et des litanies plutôt que les versets du Coran, c'était pour les raisons suivantes :

» — Tous les versets du Coran ne conviennent pas à tous les états spirituels des amants de Dieu.

» — Tout le monde connaît très bien le Coran et le récite beaucoup, et ce qui est continuellement entendu ne touche plus guère le cœur.

» — La plupart des cœurs ne ressentent pas d'émotion sans l'aide du rythme et des mélodies, et c'est pourquoi les *sama* en prose sont très rares. Ainsi on pratique le *sama* sur de telles mélodies, mais il ne convient pas de composer de la musique sur le Coran.

» — Les chants doivent être soutenus par le tambour (*tabl*) et le tambourin (*daf*) pour que leur effet soit plus profond, et, de l'avis général, cela ne doit pas se faire avec le Coran. On dit pourtant que le prophète entra dans la maison de Rab'i alors que des servantes chantaient en jouant du tambourin. En le voyant, elles se mirent à le louer par des poèmes. Il leur dit : " Arrêtez cela et chantez ce que vous chantiez juste avant ! "

» — Chacun ressent ses propres états d'âme et souhaite entendre les vers et les mots qui sont en accord avec son état intérieur et si ces mots ne sont pas en accord avec cet état, il demande qu'on chante autre chose, et cela, on ne peut pas le faire quand il s'agit de la parole de Dieu [1]. »

L'utilisation du sama

Maxlana a dit :
« Le sama apaise l'âme des vivants,
Celui qui le sait, son âme est une âme.
Celui qui désire être réveillé,
Celui-là est endormi au milieu d'un jardin,
Mais pour celui qui dort dans une prison,
C'est un malheur que de s'éveiller.
Pratique le *sama* où il y a noce mystique,
Non dans les clameurs d'un enterrement.
A celui qui n'a pas connu sa propre essence
Et aux yeux duquel la lune est voilée,
A celui-là le *sama* et le tambour conviendraient-ils ?
Le *sama* qui conduit à l'union avec l'Aimé ? »

L'auteur du Kashf a-mahjub écrit que « la pratique du sama varie selon les degrés d'avancement dans la voie. Chacun possède son propre degré, et l'attrait exercé par le sama dépend de ce degré. Tout ce qu'entend le repentant lui cause remords et regrets.

1. Ihya al-c-ulum.

Pour le passionné de Dieu, cela accroît son ardent désir, pour le croyant cela renforce la certitude, pour le disciple c'est un enseignement, pour l'amant c'est rompre les liens de ses attachements, et pour le derviche c'est perdre toute illusion [1]. »

Durant le *sama,* certains profitent davantage du sens des mots, et d'autres des chants et des mélodies. Comme l'a dit Junayd :

« Les cœurs de certains sont continuellement en présence de Dieu ; ils pratiquent le *sama* en se concentrant sur les paroles et leur signification, et comme cette signification est en accord avec leur état spirituel (*waqt*), ils pratiquent le sama avec exaltation.

» D'autres écoutent la musique et ne font pas attention aux paroles, ce qui témoigne de la force de leur âme. La musique est une nourriture pour leur âme. Lorsqu'ils reçoivent cette nourriture, ils accèdent à leur véritable rang spirituel (*maqam*), s'y maintiennent, et ne s'occupent plus des affaires de leur corps [2]. »

Instruments de musique

Dans les réunions de *sama* on se sert en général de la flûte (*ney*) et du tambourin (*daf*). Moshtaq c-Ali Shah utilisait aussi le *sehtar* dans le *sama-c,* et dans la poésie mystique on mentionne souvent la flûte, le tambourin, la harpe, le *tar,* le rebec (*rabab*), le luth (*barbat*) et la pandore (*tanbur*). Mawlana Jalaluddin Rumi a écrit un poème sur le *rabbab* dans le Divan-i Shams :

« Le *rabab* est la source de l'amour et le compagnon des Amis, Sembable à ce nuage que les Arabes ont appelé *rabab.* »

Les aspects du sama

Le *sama* comporte trois aspects : compréhension (*fahm*) ; extase (*wajd*) ; agitation (*harakat*).

---

1. Risalat al-quds.
2. Sharh-i ta'arruf.

COMPRÉHENSION

Dans leur compréhension du *sama,* les hommes se
divisent en trois groupes :

1) Il est inutile de discuter de ceux qui écoutent le
sama dans l'état d'ignorance et d'erreur et qui n'ont
pas conscience de leurs péchés.

2) Lorsque le cœur de l'adepte est dominé par des
pensées religieuses et qu'il est assoiffé d'amour divin, il
éprouve des expériences variées selon son état et son
désir : facilité et difficulté, contraction et expansion ;
acceptation ou réticence. Lorsqu'il entend des paroles
qui se rapportent au blâme et à l'acceptation, au refus
et à l'union, à la séparation et à la proximité, au
consentement et au dépit, à l'espoir et au désespoir, à
la peur et au secours, etc., ce qui était en son cœur
s'intensifie et il éprouve différents états. Si sa foi n'est
pas solide et qu'il est assailli par ses propres pensées
durent le *sama,* c'est un infidèle. Par exemple, un
adepte progresse très vite au début, puis ralentit ; il
pense alors que Dieu ne lui témoigne plus ses grâces, et
c'est un blasphémateur. On ne peut se représenter que
Dieu soit susceptible de changement ; Dieu est immua-
ble, c'est l'homme lui-même qui est inconstant.

3) Celui qui a atteint le stade de l'annihilation
comprend vraiment ce qu'est le *sama,* et lorsque le
sama arrive à lui, il parvient à l'état de non-existence
et d'unicité, et en lui les ténèbres se dissipent si bien
que s'il tombait dans le feu il ne le remarquerait même
pas.

AGITATION ET EXTASE

« Quand le soufi est en proie à l'agitation, à l'enthousiasme et à des élans intérieurs durant le *sama,* on dit
qu'il entre dans l'état mystique de *wajd.* Le mot *wajd* a
quatre sens : être égaré ; devenir puissant ; être triste à
cause d'une affaire importante ; sentiment de nostalgie, brûlure et peine. Dans le langage des soufis, *wajd*
est ce qui pénètre le cœur et provoque un état de
crainte et d'affliction dans lequel le cœur acquiert une
connaissance ésotérique, le *wajd* révèle à la conscience
secrète du mystique quelque chose parmi les mystères

de l'autre monde ; c'est un état survenant entre lui et Dieu, causé le plus souvent par la peine de la séparation, mais parfois aussi par la brûlure du désir (*shawq*) et de l'amour (*hubb*). Lorsque cette sorte d'extase surgit dans la conscience secrète du serviteur et le possède, il est perturbé, pousse des cris et des gémissements. C'est ce qu'on appelle *wajd*[1]. » Shaykh Ruzbehan a dit : « L'extase (*tawajud*) des amoureux est vérité, et celle des médiocres est illicite. Le *wajd* n'admet pas une âme charnelle vivante, et ne se fonde sur rien d'autre que Dieu ; quiconque a encore le goût de sa propre existence n'accède pas au *wajd*. Le *wajd* émane de la Beauté divine : lorsque Dieu dévoile sa face à l'âme, comment un étranger à Lui pourrait-il Le contempler[2] ? » Certains ont dit que le *wajd.* consiste en une inspiration qui vient du Dieu Très-Haut et bouleverse le cœur par une révélation ou une forme d'état spirituel comme la joie ou l'affliction. La plus belle définition du *wajd* est peut-être cette parole de Sumnun Muhibb : « Le *sama* est l'appel de Dieu à l'âme et le *wajd* est la réponse de l'âme à cet appel ; la perte de conscience est le retour à Dieu et les pleurs sous l'effet de la joie de la rencontre[3]. »

Différents types d'extase

Shaykh Ruzbehan a dit : « Il y a trois sortes de *wajd :* pour les hommes ordinaires c'est une brûlure sur une brûlure, pour les élus c'est paix sur paix, pour l'élite des élus c'est douceur sur douceur[16]. »

Et *Ghazali :* « Il existe deux sortes de *wajd :* l'un relève du genre des états mystiques, et l'autre de celui du dévoilement de la gnose. Dans le premier genre, une qualité divine pénètre le mystique et le remplit d'une ivresse qui parfois s'exprime par l'ardent désir (*shawq*), parfois par la crainte (*khawf*), d'autres fois par le feu de l'amour, une aspiration ou une nostalgie.

1. Sharh-i ta'arruf.
2. Risalat al-quds.
3. *Ibid.*
4. *Ibid.*

Ce feu qui s'allume dans son cœur finit par atteindre sa raison et subjuguer ses sens, au point que comme un mort ses yeux ne voient plus ni ses oreilles n'entendent, ou encore, que comme un homme ivre il est indifférent et fermé à tout ce qu'il voit ou entend. Dans le deuxième genre de *wajd* des choses apparaissent dans la conscience secrète (*sirr*) du mystique, parfois revêtues d'une forme imaginative, parfois très clairs. L'effet du *sama*, dans cet état, est de purifier le cœur comme un miroir. Tout ce qui se dit là-dessus comme savoir, démonstration, exemple et explication ne saurait rendre compte du *wajd*, et nul n'en connaît l'essence à moins de l'avoir expérimenté [1]. »

Les trois degrés

— L'excitation (*tawajud*) dans laquelle le sujet est encore présent à lui-même et s'agite vainement.

— L'extase (wajd), où le sujet est absent à lui-même mais est encore conscient de cette absence.

— La surexistence (*wujud*), où le sujet est débarrassé de son moi au point qu'il n'a même plus conscience de son état. On appelle ce degré : anéantissement de l'anéantissement.

Mouvements de danse

L'extatique véridique est celui qui reste immobile jusqu'à ce que son existence illusoire soit complètement consumée par le feu du *sama*, et que son agitation soit telle que, comme un homme qui tremble, il ne puisse plus la contrôler.

« Danser, ce n'est pas se lever à tout propos
Sans éprouver de peine comme la poussière qui s'envole.
Danser c'est monter au-dessus des deux mondes,
Déchirer son cœur, s'élever et au-delà de son âme [2]. »

« Le Bien-Aimé en prononçant le " Fiat ! " a réveillé

1. Kimiya-i sa'adat.
2. Diwan-i Shams.

l'amant du sommeil de la non-existence, et par l'audition de cette mélodie il fut subjugué par l'extase, et par cette extase il reçut l'existence (absolue). L'ardent désir de cette musique pénétra sa conscience secrète, l'amour s'en rendit maître, le calme intérieur et apparent se transforma en danse et mouvements spirituels. Jusqu'à l'éternité sans fin, cette musique ne cessera ni cette danse ne s'arrêtera, car le Désiré est éternel. L'amant est perpétuellement en danse et en mouvement spirituel, même s'il a l'air immobile[1]. »

Les mouvements extatiques des soufis sont parfois comme une danse, et ces mouvements sont alors l'indice du plus haut degré du *wajd*. Lorsque le soufi est en extase, la joie et l'enthousiasme mystique prennent possession de son corps et de ses membres ; il trépigne et claque des mains, ivre d'amour divin, sans plus avoir conscience de son moi. On appelle cela la danse de l'unité.

Dans la loi exotérique aussi bien que dans la voie mystique, la danse n'est pas fondée canoniquement, et comme les mouvements des extatiques et les comportements des gens du *tawajud* ressemblaient à la danse, certains plaisantins les ont imités, et d'autres ont cru qu'il s'agissait là de soufisme. Au contraire, chez les soufis, les mouvements, les danses, le dépouillement des vêtements au cours du *sama* sont toujours involontaires.

« Regarde le faucon qui s'est échappé du nid de la voie mystique,

Saisi par l'extase il s'agite comme un pigeon pris au piège[2]. »

Au sujet des mouvements involontaires dans le *wajd*, on rapporte la tradition suivante : l'Envoyé de Dieu dit à Ali : « O Ali, tu es comme moi et je suis comme toi. » La joie que suscitèrent ces paroles mit Ali en extase. A plusieurs reprises, il frappa le sol du pied à la façon des Arabes. Le Prophète dit aussi à Ja'far : « Tu me ressembles physiquement et moralement. » Lui aussi, de joie, frappa des pieds par terre.

---

1. Lama'at-i c-Iraqi.
2. Lama'at-i c-Iraqi.

On rapporte que Shaykh Ruzbehan se trouvait sur
un toit en état d'extase. Il vit un groupe de jeunes qui
passaient dans la ruelle, chantant et jouant un air sur
ce poème :   .
« O mon cœur, auprès de l'Ami point de plainte,
Le toit, la porte et la fenêtre ne sont pas gardés,
Si tu as le désir de perdre ton âme,
Lève-toi et viens, maintenant que la place est vide. »
Le shaykh fut transporté de joie mystique et il se mit
à tournoyer dans l'air au point qu'il tomba du toit à
terre. Les jeunes gens vinrent à lui, abandonnèrent
tous leurs instruments, emboîtèrent le pas au shaykh,
se repentirent, entrèrent dans le *khaneqah*, s'attachè-
rent au service du Maître et parcoururent parmi les
derviches la voie de Dieu.

Abu Sa'id Abi-Khayr considérait comme profitable
pour les jeunes de frapper du pied et de battre des
mains durant les réunions de *sama*, afin d'agir sur les
passions de l'âme. On rapporte de lui ces paroles :
« L'âme des jeunes n'est pas libérée des passions ; elles
les dominent et étendent leur empire sur tous les
membres. S'ils frappent des mains, les désirs de leurs
mains se libèrent, s'ils frappent du pied, les passions de
leurs pieds diminuent. Ainsi les passions de leurs
membres s'atténuent, et ils parviennent à se préserver
eux-mêmes des grandes fautes. Il vaut mieux que les
passions se libèrent durant le *sama* que de faire des
péchés capitaux [2]. »
Shaykh-al Islam Sohrawardi considérait que si l'intention était pure, la danse équivalait à un acte
d'adoration [2]. Mais danser pour montrer aux gens
qu'on est dans un état second est absolument proscrit.
En aucun cas le *sama* des soufis ne consiste en ce que
des gens qui se donnent le nom de soufis aillent d'une
ville à l'autre pour gagner leur vie en imitant les gestes
des vrais mystiques, arrangés sous forme de spectacle
exposé au public. Ce n'est pas le *sama* des soufis que
d'échauffer ses clients avec des roulements de tam-

1. Khaqani.
2. Asrar al-tawhid.

bours en suçant une queue de scorpion vivant ou en mettant en bouche la tête d'un serpent, de s'enfoncer des broches dans le corps, de broyer des pierres et du verre avec les dents, et de considérer tout cela comme des grâces surnaturelles.

« Ces misérables que tu vois ignorants, ils n'adorent qu'eux-mêmes, laisse-les.

Ce sont les hibous de ce monde en ruine

Etrangers au chant du rossignol.

Avec toutes les manières qu'ils font.

J'en réfère à Dieu s'ils arrivent jamais à quelque chose. »

Certains maîtres ont considéré la danse en état de *tawajud* comme une façon de se soumettre à Dieu sans rien attendre. Mawlana a dit à ce sujet :

« Danse lorsque tu peux briser ton moi,

Arrache les racines de ton désir !

Certains dansent et tournent sur la place publique

Mais les hommes véritables dansent dans leur propre sang.

Délivrés de la main du moi, ils frappent des mains,

Ils dansent et sautent par-dessus leurs imperfections.

Leurs ménestrels frappent du tambourin intérieur

Et dans leur allégresse bouillonnent des océans. »

Il fallait citer cette sorte de méditation particulière, que l'on retrouve d'ailleurs dans le principe même de toute danse sacrée. Pénétration du tourbillon secret, en soi, par le son, la parole et le geste.

Cherche la réponse en ce même lieu d'où t'est venue
la question.
Rûmî

Les yogas
de la tradition indienne

Personne ne peut dire si le yoga et ses multiples voies est antérieur à l'arrivée des Aryens en Inde ou s'il représente au contraire l'épanouissement de cette civilisation védique, l'une des plus riches de l'histoire. L'origine des diverses pratiques du yoga et de son système philosophique reste inconnue mais remonte, d'après la statuaire qui nous est parvenue, au moins au IIIe millénaire avant notre ère. Ce qui prouve un degré d'évolution spirituelle inégalée parmi toutes les civilisations connues de notre histoire. Le yoga, qui depuis ce siècle s'est largement répandu en Occident sous sa forme de gymnastique du mieux-être, se veut en fait une science de la Délivrance. Le mot vient de la racine sanscrite *Yug*[1] signifiant « atteler à l'aide du joug », « joindre », « unir ». Son vrai sens concerne aussi bien la maîtrise du psychisme, des sens et des passions qu'il faut discipliner comme des chevaux fougueux attelés à un char, que l'aspect plus proprement religieux s'intéressant à l'union de l'être individuel avec le principe, le Soi suprême. A la différence de la plupart des autres systèmes spirituels, le yoga n'est pas uniquement une théorie cosmogonique fondée sur un rituel couronné d'une foi : il est avant tout un système pratique d'éveil à soi, il implique une réalisation effective du but qui est découverte du divin et dépassement de soi-même. Il n'est pas spéculation sur la sagesse mais volonté de sagesse. Nous n'entrerons pas ici dans une explication des bases doctrinales et cosmogoniques de l'hindouisme[2] et nous contenterons, comme pour les autres chapitres de cet ouvrage, de faire apparaître les princi-

---

1. Que l'on retrouve dans le latin *jungere* et le français joug, joindre, jonction...
2. Voir *l'Hindouisme vivant*, par Jean Herbert, éd. Robert Laffont.

pes de certaines pratiques de méditation. Le yoga est le premier système spirituel qui part du corps pour réaliser l'être suprême en soi. En cela, il est digne d'un immense respect, car n'est-ce pas en ce corps même que nous vivons, sentons, comprenons, connaissons, découvrons, créons, aimons et mourons ?

Les facultés du corps

Pour le yoga, existent treize sens ou instruments du corps, comparés à trois sentinelles et à dix portes (cinq entrées : facultés sensorielles ; cinq sorties : facultés d'action). Soit :

— cinq « *facultés cognitives* » : l'ouïe, le toucher, la vue, le goût, l'odorat, ayant leur siège dans les organes correspondants, respectivement : les oreilles, la peau, les yeux, la langue et le nez ;

— cinq « *facultés d'action* » : la parole, la préhension, la locomotion, l'excrétion et la génération, ayant leur siège dans les organes correspondants, respectivement : la voix, les mains, les pieds, l'anus et le sexe ;

— le *manas*, onzième faculté, qui est la *faculté cervicale*. Coordonnant et dirigeant aussi bien les facultés sensorielles que les facultés d'action, il a un rôle centralisateur.

Le *manas* forme, conjointement à la notion du « *moi* » et à l'*intellect* (les trois sentinelles), ce qu'on appelle le « sens intérieur », par opposition aux dix premiers *indriya* qui sont des « sens externes ».

Il y a quatre dispositions fondamentales, inhérentes à l'intellect (*Buddhi*) : ce sont la rectitude, la connaissance, le détachement et la puissance. Ces dispositions constituent « la forme lumineuse de l'Intellect » ; manifestée lorsque le *guna sattva* l'emporte sur *rajas* et *tamas* ; et les dispositions contraires — à savoir le mal, l'ignorance, l'attachement et l'impuissance — sont « la forme obscure de l'Intellect », résultant de l'inhibition de *sattva* par *rajas* et *tamas*.

D'après Tara Michaël [1], qui depuis de longues années

1. *Clefs pour le yoga*, éd. Seghers.

vit et étudie le yoga en Inde, les trois modalités ou tendances (*gunas*) qui mènent l'être sont les suivantes :

« Le *guna sattva* tend à l'illumination, à la manifestation consciente. Psychologiquement, il se traduit comme compréhension, joie et paix, physiquement comme légèreté et pureté. Le *guna rajas* engendre l'activité et le mouvement. Facteur d'énergie, il est à la base de tout effort, de tout labeur, ainsi que de l'agitation et de l'instabilité, et souvent associé à la souffrance. La souffrance, le besoin, le manque incitent à l'effort, et tout effort s'accompagne toujours d'une certaine peine ou impression de difficulté. Le *guna tamas* est le facteur de résistance et d'obstruction aussi bien à la lumière de la compréhension (*sattva*) qu'au dynamisme du mouvement (*rajas*). Objectivement, il se manifeste comme lourdeur, densité, obscurité, inertie, subjectivement, comme apathie, indifférence, ignorance ou inconscience.

» *Sattva* a pour fonction de révéler l'être (*sat*) d'une chose ; *tamas* de s'opposer à cette révélation ; *rajas* est la force par laquelle les obstacles sont surmontés et la forme essentielle est manifestée. »

Tous les sens, facultés, tendances du corps créent de l'action et donc du destin, du *karma*, des effets divers. Si je bois trop, je serai ivre ; si je mange à juste mesure, je me sentirai bien ; si j'agis de façon irréfléchie, je risque l'accident ou le problème dans n'importe quelle situation, etc. C'est le cycle ininterrompu des actes et de leurs conséquences ; car chaque pensée, chaque geste, chaque parole fait germer action, réaction et expérience à quelque ronde de l'existence ; ronde que les hindouistes assortirent du cycle des réincarnations car, pour eux, le principe subtil du corps cherche sa vérité (divine) par-delà même la mort, et réintègre sans cesse de nouvelles matrices, revêt de nouveaux corps, pour la trouver et se fondre en elle : dans ce corps subtil sont emmagasinées toutes les expériences passées, qui lui permettent ainsi d'avancer dans la quête de la course ultime (car tout existe en vertu d'autre chose) en se libérant progressivement, existence après existence, du grand voile de l'illusion qui cache, ici aussi, la vraie réalité à notre être. Le yoga se veut le système clé pour parvenir à briser cette chaîne infernale, cette roue de la souffrance, et faire découvrir à l'adepte la délivrance. Un mot de la réincarnation : notre corps à la mort se décompose, se transforme en poussière, en agrégats d'atomes qui prennent leur place dans le cycle de la nature. Que devient notre conscience ? Notre esprit ? Comment se transforme-t-il ? Nous n'en savons rien. Reste-t-il un germe ? Celui-ci se retrouve-t-il seulement dans la descendance ? Cela reste du domaine du mystère, bien que la plupart des religions aient admis la survivance d'un corps subtil, l'âme. Cela est affaire de foi, d'intuition personnelle.

En ce chapitre, nous considérerons le principe de la

réincarnation de la façon suivante : chaque jour est un nouveau jour. Notre corps se modifie sans cesse, imperceptiblement mais sûrement. Notre expérience s'accroît sans cesse, comme notre âge ; et la conscience, chez les êtres humains normaux, se doit d'évoluer au fil du temps. Considérons donc chaque nuit de sommeil comme une mort, chaque réveil comme une naissance. Jamais on ne se regarde deux fois de la même façon dans une glace, comme on ne se baigne jamais deux fois dans un même fleuve. Tout change, tout est impermanence. Vu ainsi, le yoga, et ses multiples rameaux, reste un système effectif de libération des angoisses quotidiennes et un apprentissage de la sérénité.

Les quatre sources d'affliction et les huit degrés de la libération

L'ignorance de l'homme et sa souffrance se manifestent par quatre comportements intérieurs qui marquent toute sa vie :

— le sentiment mesquin d'individualité ou ego : « Cette identification préside à toutes les actions, et engendre l'égoïsme, l'infatuation en face du succès (" je suis puissant ", " je suis intelligent ", " j'ai réussi ", etc.) et l'abattement en face de l'insuccès (" j'ai échoué ", " je suis malade ", " je suis blâmé ", etc.) ;

— l'attachement, aspect de l'ignorance, qui consiste à s'identifier aux expériences de plaisir, se forme par suite de la mémoire des objets qui procurent des impressions agréables ;

— l'aversion, aspect de l'ignorance, qui consiste à se complaire dans des états misérables, se produit à la suite de la mémoire des expériences pénibles. Elle provoque le désir de s'opposer, de résister, de se venger ;

— la peur de la mort, ou tendance à se cramponner à la vie, qui nous ramène à la première étape : on s'accroche à son moi comme à une bouée de sauvetage au sein d'une mer démontée, on refoule la peur de la mort, on se perd dans l'illusion pour l'oublier, au lieu de l'accepter et de vivre en développant son être tout en aidant l'humanité à évoluer dans un sens ascendant.

D'après Patanjali, qui écrivit les *Aphorismes du yoga*[1], le plus vieux traité pratique qui nous soit parvenu, il existe huit parties essentielles du yoga, qui s'interpénètrent et conduisent à la libération :

— les refrènements : yama,
— les observances : niyana,
— les postures : asana,
— le contrôle du souffle : pranayama,
— le retrait des sens : pratyahâra,
— la concentration mentale : dhârânâ,
— la méditation profonde : dhyana,
— le recueillement parfait : samâdhi.

Les refrènements impliquent cinq attitudes

— Ne vouloir infliger aucun mal à aucun être vivant : respect de la vie sous toutes ses formes.

— Ne pas s'écarter de la vérité : accorder ses actes avec ses paroles et pensées, comprendre que le plus grand bien est celui de tous et non celui de l'égoïsme personnel. Honnêteté et sincérité envers soi et les autres.

— Ne pas s'approprier illégalement ce qui ne vous appartient pas : donc ne pas voler, mais aussi ne pas convoiter.

— La continence : qui ne signifie pas abstention sexuelle mais maîtrise de soi, respect de l'acte d'amour et préservation de l'énergie sexuelle qui ne doit pas être dilapidée mais utilisée à des fins plus élevées que l'acte animal simple. Nous en reparlerons dans le yoga de l'amour ou *maithuna*.

— Ne pas être possessif : l'attachement aux objets et aux êtres marque toujours une attitude égoïste et cache une peur. Il faut aimer pour l'autre, non pour soi et développer sa générosité.

Ces cinq attitudes concernent les rapports de l'homme et de son environnement. Cinq autres concernent l'être lui-même.

1. Ed. Fayard.

Les cinq observances

— La purification : le corps doit suivre une hygiène stricte afin de rester en bonne santé et maintenir une conscience claire. La propreté corporelle doit s'allier à la diététique alimentaire : faire attention à ce que l'on mange suivant ce que l'on a à faire, connaître la valeur des aliments, ne jamais remplir son estomac à satiété. Les yogin y allient certains procédés de nettoyage interne (*netti :* fosses nasales curées avec un fil et de l'eau, lavements...). Tout cela pour rester en pleine possession de ses moyens et ne pas s'alourdir de matière inutile.

— Le contentement : apprécier ce que l'on a, ce qui se passe autour de soi, rester serein, ne pas suivre tous les désirs qui se présentent à l'infini, ne pas se laisser affecter par les situations, n'être pas à la merci des vagues d'émotions, conserver l'équilibre intérieur quels que soient l'imprévu, la contrariété, le plaisir.

— Tout cela implique évidemment effort sur soi et grande détermination, endurance, persévérance.

— L'étude des textes sacrés et des enseignements des sages gurus qui sont autant d'exemples à méditer. L'étude et la compréhension de la méditation sous ses diverses formes.

— L'offrande à Dieu : vivre et pratiquer tous ces préceptes non pour soi mais pour quelque chose en nous qui nous dépasse. Rester humble et ne pas forger un sentiment de supériorité par la pratique de son yoga. Mais, humble, ne veut pas dire passif.

Les postures : asanas

— *La salutation au soleil*

Traités et professeurs de hatha yoga ne manquent pas : nul ne doit se lancer dans les rudiments sans les apprendre d'abord auprès de quelqu'un habilité à indiquer les mouvements. Nous n'indiquerons ici que la salutation au soleil, composée de mouvements simples, à la portée de tous avec un peu d'entraînement et dont les effets, si on la pratique chaque matin au lever avant la toilette, sont nombreux et bénéfiques : tonification de l'irrigation sanguine et du système nerveux, assouplissement de la colonne vertébrale et des muscles, libération de la respiration et désintoxication de l'organisme. Faites les mouvements à votre rythme en prenant votre temps ; ne jamais forcer, chaque mouvement doit devenir « souple et confortable ». S'orienter vers le soleil levant (l'est). S'en abstenir les premiers jours des règles pour les femmes.

Cette série est idéale en pleine nature, mais peut se pratiquer aussi en chambre, en ville, pour votre plus

grand profit. Et que l'énergie vitale du soleil pénètre en vous !

La posture de méditation

D'après Sri Ananda[1], qui enseigne à Paris au Centre indien de yoga, l'acte de bien méditer dépend de trois facteurs physiologiques principaux :

1. Il faut prendre une posture ferme et confortable, sinon la pratique de la méditation est impossible. Prendre une posture ferme signifie se tenir de manière à prendre la sensation de posséder un corps. Le moindre inconfort dans la posture distrairait constamment l'esprit : on doit donc choisir la posture qui permet de se maintenir immobile pendant de longs moments sans éprouver une sensation d'inconfort.

2. Il faut tenir la colonne vertébrale et la tête dans une attitude rigoureusement droite, mais sans crispation. Tous les anciens textes sur le yoga insistent sur la nécessité de garder droite la colonne vertébrale durant la méditation pour éviter la compression des organes abdominaux qu'entraîne une position courbée, ce qui provoque la constipation et favorise bien d'autres désordres. Il existe une autre raison de se tenir droit : les nerfs du coccyx et les nerfs sacraux reçoivent ainsi une plus riche irrigation de sang qui les revitalise.

3. Durant les postures de méditation à cause d'une moindre dépense d'énergie musculaire, les poumons et le cœur ralentissent leur mouvement. Alors la production de gaz carbonique est à son taux minimal. La respiration devient légère, presque abdominale, au point qu'on la sent à peine. Dans ces conditions, l'esprit est presque entièrement soustrait aux distractions qu'occasionnent les mouvements physiques, et peut donc s'intérioriser dans un calme parfait.

Quatre postures sont indiquées :

1. Padmâsana : la position du lotus, immortalisée par le Bouddha, jambes croisées, pieds reposant plante vers le bord des cuisses.

2. Vîrâsana : le demi-lotus, ou position du héros ; un

---

1. Voir son ouvrage pratique sur le yoga aux éditions Seghers.

seul des pieds est posé sur la cuisse opposée, l'autre en dessous.

3. Svastikâsana, ou position du bonheur, la plus simple, où la plante de chaque pied est insérée entre la cuisse et le mollet opposé.

4. Bhadrâsana, la posture bénéfique, les deux chevilles sous les testicules, les plantes de pieds reposant l'une contre l'autre, tenues bien jointes à l'aide des deux mains. Toutes ces postures sont plus aisées à accomplir avec un coussin dur sous les fesses.

On peut aussi méditer, accroupi sur les genoux, les fesses reposant sur les chevilles et, bien sûr, le dos toujours bien droit.

Rester en silence, respirer, être.

Pranayama : le contrôle du souffle

Le pranayama, exercice fondamental du yoga, se révèle être plus qu'une discipline du souffle : un contrôle de l'énergie vitale (*prana*) au moyen de celui-ci. Le prana se trouve partout sous forme d'oxygène et d'électricité : sans lui, nous ne pourrions vivre avec nos corps tels qu'ils sont conçus ; prana, c'est aussi « ce qui se meut », « ce qui vibre », et se réfère donc à l'énergie en général, qui anime le corps et tous les êtres animés. Au moyen du souffle, on peut réussir par la volonté à maîtriser ce prana de façon à ne pas le disperser et à le diriger pour le plus grand profit de notre organisme psychosomatique.

Le flux et reflux de la respiration est semblable au rythme binaire, alterné, de la nature : jour et nuit, sec-humide, chaud-froid... Il recrée l'oscillation cosmique, qui, à l'instar des pulsations de notre cœur, fait se mouvoir l'univers. Par l'attention portée au souffle et par l'amplitude qu'il développe en lui, le yogin non seulement le discipline et se forge ainsi un outil remarquable ; mais encore faut-il se mettre en symbiose avec la tonalité de la nature et de ses mouvements cycliques.

Aujourd'hui, il suffit d'observer un peu autour de soi, et en soi, pour s'apercevoir combien la plupart des êtres respirent mal : une respiration superficielle, touchant le haut des poumons, irrégulière, saccadée ; souvent la cigarette traduit le besoin de respirer que l'on détourne de son but par l'aspiration d'un produit relativement toxique mi-stupéfiant mi-excitant, qui donne l'illusion d'être dans la réalité du moment et permet de se raccrocher à quelque chose. De plus, on peut remarquer qu'un esprit agité, dispersé, flou, amorphe, angoissé ou survolté se traduira par une respiration en correspondance avec ces états. Pourtant, par le simple contrôle de l'inspir et de l'expir, que de maux, que d'états désagréable, que de pertes de temps, pourraient être évités ! Il faut d'abord apprendre à respirer, calmement et profondément : chaque jour prendre quelques minutes pour inspirer à fond et expirer le plus lentement possible, sans forcer, doucement. Répéter cette concentration sur le souffle dès que possible dans la journée. Les effets sont immédiats : pratiquer ainsi dès qu'une angoisse, une tension apparaît, les chasse, ou plutôt combat le stress et donne donc à l'organisme une possibilité de réaction adéquate à la situation.

Autre exercice, qu'il ne faut, au début, pratiquer que durant les moments spécialement voués à la méditation : faire une légère rétention de souffle à la fin de l'expiration et de l'inspiration. Il est très important que tout le souffle soit expulsé de la poitrine, ou l'ait rempli pour faire cette rétention qui ne doit pas durer plus de trois à cinq secondes. Le moment d'immobilité ainsi créé permet de prendre conscience de l'intérieur du corps et apaise complètement le mental. Ne jamais faire de rétention à un moment donné de l'inspir et de l'expir ; c'est mauvais, nous y avons déjà inconsciemment tendance dans la vie quotidienne, durant la réflexion et la tension sur un effort.

Dans la mesure du possible (et les limites de ce possible sont fonction de nos propres limites, efforts, faiblesses), il faut essayer de prendre toujours conscience du fait que l'on respire, et rendre cette respiration ample, régulière, l'expiration longue poussée vers et dans l'abdomen.

Mircea Eliade dit que par le pranayama « le yogin essaye de connaître de façon immédiate la pulsation de sa propre vie, l'énergie organique déchargée par l'inspiration et l'expiration. Le pranayama est une attention dirigée sur la vie organique, une connaissance par l'acte, une entrée calme et lucide dans l'essence même de la vie. Le yoga recommande à ses fidèles de vivre, mais non pas de s'abandonner à la vie. Les activités sensorielles possèdent l'homme, l'altèrent et le désagrègent. La concentration sur cette fonction vitale qu'est la respiration a pour effet dans les premiers jours de pratique une inexprimable sensation d'harmonie, une plénitude rythmique, mélodique, un nivellement de toutes les aspérités physiologiques. Ensuite, elle fait voir un sentiment obscur de présence dans le corps, une calme conscience de sa propre grandeur ».

Les yogin arrivent à des suspensions du souffle de plus en plus prolongées et l'on connaît leurs exploits d'endurance, en plongée sous l'eau ou enterrés vivants. Mais les règles traditionnelles du yoga se limitent à trois étapes premières qu'il faut franchir lentement :

— Arriver à retenir son souffle durant 48 secondes (12 mâtrâ).

— Arriver à retenir son souffle durant 1 mn 36 secondes (24 mâtrâ).

— Arriver à retenir son souffle durant 2 mn 24 secondes (36 mâtrâ).

Il faut aussi compter le nombre de pranayama effectués, ne jamais forcer ni s'exercer plus de quatre fois par jour : lever du soleil, midi, crépuscule et minuit. Une posture avec la colone vertébrale droite doit être rigoureusement observée. Aucun avachissement n'est permis dans cet exercice de purification du corps et de l'esprit.

Kapâlabhâti : le nettoyage du crâne

Un exercice traditionnel de pranayama, que nous sélectionnons parmi bien d'autres, est kapâlabhâti, (le nettoyage du crâne), qui joue sur la respiration diaphragmatique et abdominale :

— colonne et tête droites, jambes en lotus ou demilotus ;

— thorax bombé ;

— concentration sur l'abdomen en y plaçant le centre de gravité en dessous du nombril ;

— relâcher le ventre, qui fait saillie ;

— puis, le contracter brusquement vers l'intérieur : l'air sort des poumons ;

— le relâcher à nouveau, doucement : l'air rentre naturellement dans les poumons.

Au début (première semaine), faire ainsi dix expirinspir, l'inspiration devant durer quatre fois le temps de l'expiration brusque (2/10 de seconde pour 8/10 environ). Chaque semaine, en ajouter dix, jusqu'à atteindre 120 mouvements successifs, chiffre à ne pas dépasser. Le visage doit rester relaxé, le thorax ne participe pas à l'exercice et l'inspiration doit être sans cesse freinée. Contre-indiqué aux cardiaques et aux pulmonaires, cet exercice vide complètement l'air résiduel vicié des poumons, sature le sang d'oxygène et produit une intense activité pranique dans l'organisme ; il tonifie le système neurovégétatif. De plus, le cerveau se trouve profondément irrigué et vivifié ; car le cerveau, cette masse cellulaire spongieuse, varie de volume au rythme de la respiration et donc de la circulation sanguine : cet exercice puissant lui apporte un afflux de sang, d'oxygène et, en effet, le nettoie, le décrasse. Nos facultés de concentration et d'attention s'en trouvent multipliées. C'est un bon prélude aux asanas et à la méditation qui peuvent se terminer par la modulation de mantras.

Les mantras

La pratique des mantras s'accompagne, par l'expulsion du son, d'un mouvement respiratoire qui aide à mieux faire comprendre la portée de l'expir (émission) et de l'inspir (recharge). De plus, le pouvoir vibratoire bienfaisant du son s'allie à l'amplitude de la respiration.

Qu'est-ce qu'un mantra ? Les Vedas, texte sacré fondamental de l'hindouisme, rédigé quatre mille ans avant notre ère, se réfèrent, comme la Bible d'ailleurs, à un son primordial, un verbe, préexistant à la création et la mettant en mouvement. En Inde, ce son serait OM, son sacré essentiel que l'on doit prononcer sur l'expiration la plus profonde possible : AOOOOOOMMMMM, AUM. La force de ce son, bien modulé, est incroyable : le A part de la gorge, le O descend profondément dans le bas-ventre, pour se terminer par le M, qui vibre dans le crâne.

Les brahmanes hindous, conscients de la puissance vibratoire des sons et du vidage de conscience que leur chant opère, emploient comme mantras des noms de dieux, bénédictions et formules sacrées, qui portent une charge symbolique particulière destinée à amener paix de l'esprit et évolution intérieure.

Un célèbre guru indien, Swami Ramdas, fut saddhu errant sur les chemins de l'Inde, répétant sans cesse le même mantra :

« *Om, Shri Râm, jaï Râm, jaï, jaï Râm.* »

Répétant ainsi le nom du Seigneur suprême, Rama, en un « japa » inlassable, le pèlerin se laissait conduire par une volonté supérieure à lui, marchant à l'aventure, chantant sa litanie inlassablement, démuni de tous biens à l'exception de son pagne et d'une couverture, et voyant en chaque chose, en chaque être, l'incarnation de la puissance divine :

« O Râm, Tu es partout ; ô Râmdas, tu n'es nulle part. O Râm, Ta volonté seule règne ; ô Râmdas, tu n'as pas de volonté. O Râm, Tu es la seule réalité ; O Râmdas, tu n'as pas d'existence. O Râm, partout Ton amour pénètre. Partout brille Ta lumière. Ta félicité absorbe tout. Râm, Tu es lumière, Amour et Félicité. Râmdas, tu vis en cette Lumière, en cet Amour, en cette Félicité. Râmdas, tu n'as pas d'existence séparée. Tu es libre, libre comme l'Amour, libre comme la Lumière, libre comme la Félicité. Aime tout, éclaire tout, partage avec tout la Félicité. Tu es tout et tout est à toi. Toi et tout, c'est Râm. Râm en Sa gloire. Râm est un, Râm apparaît comme plusieurs. L'un, c'est vérité. Plusieurs, c'est fausseté. Un, partout Un, et c'est Râm. Râmdas, ta volonté est la volonté de Râm. Ne vis que pour l'amour de Râm. Râm t'a rendu fou de Lui. Béni es-tu, Râmdas. La folie de Râm est tout pour toi, la folie de Râm est tout pour tous. En cette folie, il n'est peine, perplexité, ignorance, faiblesse, chagrin, haine, il n'est nul mal. Cette folie est tout Amour, Lumière, Félicité, Force, Puissance, Sagesse, elle est tout bien. »

Le mantra exprimait le chant de son âme et de son corps peu à peu transfiguré, envahi d'une paix inaltérable, des torrents d'eau vive coulant en son cœur débordant d'amour pour la vie, toute la vie. Il disait que la paix ne peut être atteinte à l'aide d'un mantra que lorsqu'on « le fait avec l'unique désir de libération et de paix, sans désirs ardents pour les choses du monde ». La voie de la sainteté, telle qu'il la prônait, passait d'abord par l'abandon de toute possession et de tout attachement :

« Vous voulez conserver le mental pour posséder en propre cette maison, vos grandes richesses, vos biens et vos parents et éprouver à leur sujet l'angoisse, les soucis et les tourments. Faites-le. La vérité est que, à moins que nous n'abandonnions entièrement notre mental à la pensée de Dieu et que nous déposions à Ses pieds tout ce à quoi nous tenons comme étant nôtre, nous ne pouvons pas L'avoir. En résumé, l'abandon complet et sans réserves à Dieu, seul nous donne droit à Sa grâce et à Son *darshan*[1]. »

Râmdas sut vivre son idéal, tout abandonner, et donc se consacrer entièrement au mantra et à la méditation coexistante à lui ; il observa de plus une chasteté absolue, considérant toutes les femmes comme sa mère, et nourrit son corps uniquement d'aliments reçus en aumône. Ce grand saint devint immensément populaire en Inde, car la simplicité de sa méthode et la pureté de son langage édifiaient plus que n'importe quelle ascèse ou exercice spectaculaire. Les gens disaient de cet homme, sur les épaules duquel se posaient les oiseaux, et dont les mains savaient guérir les maux du corps et le regard les maux de l'être : « Il a levé le voile de l'ignorance. » Et toute sa vie durant, il répéta :

« *Om, Shri Râm, jaï Râm, jaï, jaï Râm.* »

Pour la plupart d'entre nous, Occidentaux, la pratique du mantra ne demeurera qu'un exercice parmi d'autres. Mais son efficience pour apaiser le mental ne peut être mise en doute, témoin le formidable succès de la Méditation transcendantale, dont la pratique majeure est la récitation par chacun d'un mantra particulier donné par le guru et ses instructeurs : le don du mantra est devenu affaire commerciale où endoctrinement et publicité sont nécessaires pour appeler de nouveaux membres à qui on fera du bien (chaleur de la collectivité qui brise l'isolement, importance qui vous est donnée par l'octroi du mantra et,

---

1. *Carnets de pèlerinage*, Swami Ramdas, éd. Albin Michel.

bien sûr, puissance de sa répétition sur la conscience), mais qui, en échange, fait du bien au tiroir-caisse. On est loin du total don aux autres de Râmdas. Dans ses *Carnets de pèlerinage*, on trouve d'ailleurs maints avertissements sur le mal que peuvent faire les religieux qui n'en portent que l'habit, mais dont l'esprit non pacifié reste attaché aux désirs et passions : en effet, leur influence peut être désastreuse sur des âmes faibles, sur des esprits non structurés, sur des consciences en quête de n'importe quel système qui les sauverait de leur angoisse à vivre et de leur peur du monde. La tragédie de Guyana en demeure la preuve flagrante. Râmdas rapporte une histoire qu'il faut citer ici car elle est exemplaire :

« Une fois, dit-il, une femme vint me voir, qui était dans un triste état. Elle était depuis peu sujette à des maux de tête fous et désirait un remède. Questionnée sur la façon dont le mal avait commencé, elle dit que c'était depuis qu'elle avait vu un sâdhu errant, de qui elle avait reçu l'initiation d'un mantra ; depuis ce temps-là, chaque fois qu'elle répétait le mantra, elle ressentait des douleurs affreuses dans la tête. Quand je lui suggérai d'abandonner la répétition du mantra, elle refusa, car elle considérait le sâdhu comme son guru. Je ne pouvais, comme seul remède, que lui prescrire d'abandonner le mantra, mais comme elle n'était pas d'accord avec ma suggestion, elle partit. Cependant, quelques jours après, elle revint ; sont état était bien pire qu'auparavant. Sa souffrance était devenue tout à fait insupportable.

» Quand je lui demandai de nouveau d'arrêter la répétition du mantra, elle répondit qu'elle avait essayé, mais ne le pouvait pas, car le mantra semblait avoir pris possession d'elle. Alors, je lui suggérai, comme seul moyen d'écarter son influence, d'exprimer avec force sa répugnance pour le sâdhu et de prendre la résolution de n'avoir rien à faire avec son mantra. Elle refusa tout net de suivre cet avis, car elle avait beaucoup de vénération pour le sâdhu. Elle repartit.

» Une semaine après, elle revint pour la troisième fois ; elle était toute joyeuse et délivrée de son affreuse

souffrance. Elle confessa que pendant la semaine
précédente, le supplice du mal de tête était devenu si
intolérable qu'elle avait été obligée de suivre mon
conseil et de prendre la ferme résolution de ne plus
prononcer le mantra ; cela après avoir blâmé le sâdhu
et l'avoir considéré comme une odieuse créature.
Aussitôt après, ajouta-t-elle, le mal de tête cessa et avec
lui l'influence du mantra. Depuis ce moment-là, elle se
sentit de nouveau elle-même. Aussi je considère qu'il
n'y a rien de pire dans la vie que d'être associé à un
homme dont le cœur est rempli de passions bestiales.
Un tel homme communique facilement sa nature aux
gens crédules qui sont d'un tempérament émotif et
faible. Et par la même loi, aucune compagnie n'est
aussi profitable, pour notre élévation et notre paix, que
celle d'un homme au caractère noble et au cœur
pur [1]. »

Cette histoire d'envoûtement (rappelons que celui-ci
est *toujours* aussi de l'auto-envoûtement) peut se
reproduire de diverses façons ; toute technique mal
employée conduit à la destruction. Bien employée, à la
création, à l'ouverture. C'est le problème même du
progrès aujourd'hui, dans tous les domaines.

Pour en revenir aux aspects positifs, disons que
l'efficacité de la répétition de mantras a été testée en
laboratoire par électroencéphalogrammmes : très vite,
un état de relaxation attentive s'installe, et les ondes
alpha apparaissent sur le tracé de l'E.E.G. Ainsi, corps
et cerveau se reposent-ils et peuvent donc s'ouvrir, au
moins, à la vision de la réalité telle qu'elle est.
Personnellement, je crois qu'il ne faut pas dissocier la
récitation de mantras ou de sons d'autres pratiques,
asanas et méditation pure, de façon à ne pas non plus
s'hypnotiser sur un vocable. Quand je vois les enfants
de Krishna chanter en se dandinant leur mantra :
« Hare Krishna, Hare Krishna, Hare, Hare », je les
trouve bien braves, mais ne crois pas que là se trouve
la solution à la crise intérieure actuelle.

L'hindouisme propose des centaines de mantras
différents à ses fidèles. « Nous n'en retiendrons qu'un,

1. *Op. cit.*

" OM " la syllabe sacrée, dont les effets vibratoires sont profonds et dont la répétition (à haute voix, puis basse, murmurée, intérieure ; et reprendre tout le processus) amène un grand calme en soi. Le matin et le soir, après la méditation, ainsi récité une dizaine de fois, il crée une onde de paix.

Smavritti pranayama

Voici un exercice simple et sans danger qui allie totalement les bienfaits du mantra et du pranayama. Il faut s'asseoir sur un coussin bien rembourré, par terre, jambes croisées, la colonne vertébrale droite et cambrée dans les reins, la tête posée bien équilibrée, droite elle aussi. En cas d'impossibilité majeure pour l'assise par terre, s'asseoir droit sur une chaise dure.

— Vider les poumons à fond : expir.
— Bloquer le souffle des poumons vides.
— Compter mentalement quatre OM tout en contractant quatre fois le sphincter anal (Asvini Mudra).
— Inspirer (sangle abdominale contrôlée) en comptant quatre OM.
— Les poumons pleins, bloquer le souffle.
— Compter quatre OM avec quatre Asvini Mudra.
— Expirer sur quatre OM.
— Bloquer le souffle sur quatre OM et quatre Asvini Mudra.

Recommencer le processus sans forcer, autant qu'on le sent. Il ne faut ressentir aucune difficulté, aucune fatigue. Sinon, arrêter immédiatement. Asvini Mudra (contraction du sphincter anal) ne se fait que lors de la rétention à vide et à plein. Ne jamais pratiquer cet exercice après le repas. Ce Samavritti pranayama fait entièrement circuler l'énergie dans le corps du haut vers le bas et vice versa. Oxygénation, concentration et paix mentale résultent de sa pratique.

Mais si tout cela semble trop compliqué, il suffit de chanter fortement OM une douzaine de fois, sur l'expiration la plus profonde possible, pour en tirer un bénéfice similaire. Tous ces exercices doivent tendre à faire prendre conscience du corps et du mental, pour les contrôler, les apaiser, les diriger à volonté. Retrouver ainsi une force intérieure qui permettra d'avancer mieux sur le chemin de la vie, tout en essayant de comprendre sa finalité.

Maîtriser le cheval fou

La méditation elle-même comporte trois aspects : discipliner son corps dans la posture en lui faisant garder l'immobilité ; discipliner son souffle, discipliner son mental. Swami Sivananda disait que « le mental est comparé au vif-argent parce que ses rayons se dispersent sur divers objets. Il est comparé à un singe parce qu'il saute d'un objet à l'autre. Il est comparé à l'air inconstant parce qu'il est instable (*chanchala*). Il est comparé à un éléphant en rut à cause de son impétuosité passionnée.

» Le mental est connu sous le nom de " grand oiseau " parce qu'il saute d'un objet à un autre exactement comme un oiseau sautille d'une branche à l'autre ou d'un arbre à l'autre. Le Râja-Yoga nous enseigne à nous concentrer sur notre mental et ensuite à explorer ses recoins les plus intimes.

» La concentration s'oppose aux désirs des sens comme la félicité à l'agitation et au chagrin, comme la pensée ferme à la perplexité, à la paresse et à la torpeur, comme l'acceptation joyeuse à la mauvaise volonté.

» Aussi longtemps que les pensées de quelqu'un ne sont pas totalement détruites par une constante pratique, il devrait toujours concentrer son mental sur une seule vérité à la fois. Par cette pratique ininterrompue, l'aptitude à se fixer sur un seul point s'accroîtra et, tout aussitôt, la foule des pensées s'évanouira.

» Pour écarter tout cela (l'agitation et les divers obstacles qui se dressent sur la voie de la fixation du mental), la pratique de la concentration est la seule chose qu'il faille rechercher [1] ».

Comment réussir à concentrer son esprit sur un seul point ?

---

1. *La Pratique de la méditation*, éd. Albin Michel.

Retirez-vous dans un endroit calme, si possible disposez d'une pièce spéciale, ce qui est souvent difficile aujourd'hui. Alors, trouvez le moyen, au moins une demi-heure par jour, de pouvoir vous isoler chez vous, ou ailleurs, dans la nature. Une couverture spéciale, un tapis, un coussin rembourré, un bâtonnet d'encens à l'intérieur, voilà tout ce qui est nécessaire. Une fois la salutation au soleil effectuée, puis quelques exercices de pranayama, il faut moduler la syllabe OM de trois à six fois ; on peut alors commencer à rester simplement assis, laisser passer le flux des pensées, se concentrant sur le mouvement du souffle en soi. Si les idées sont trop obsédantes, se concentrer sur le point situé au centre des deux sourcils, ou bien sur le bout de son nez. Sans loucher : la concentration doit être mentale et doit s'en tenir à un seul point. Il est possible aussi de concentrer son souffle sur tous les chakras (voir ce chapitre). Une perpétuelle vigilance est nécessaire. Regarder son être qui apparaît dans le silence avec tout son bavardage et les futilités qui occupent le champ de conscience. Rester concentré sur la position du corps, sur le souffle. Fixer son attention. La sentir déraper. La rattraper. Répéter mentalement la syllabe OM. Tout s'efface. Ecouter tout ce qui se passe autour, les bruits, en soi, autour de soi. Faire la différence entre l'ego qui projette le monde et le monde réel. Au bout d'un temps donné (minimum d'un quart d'heure) qui semblera bien long au début (installer un réveil à proximité), saluer profondément, répéter à haute voix OM plusieurs fois de suite. Se lever. Déplier ses membres, faire quelques gestes de gymnastique, se passer de l'eau froide sur le visage. Cela est un exemple de méditation. La pratiquer le matin avant de se laver, le soir en rentrant des tâches de la journée. L'effet premier : se rassembler.

Les hindouistes emploient diverses sortes de méditations avec forme : se concentrer sur l'image d'une déité, Shiva, Vishnou, Kali... de façon à recevoir en soi le sentiment intérieur que l'image crée et honorer le symbole extérieur. Ces images, pour belles qu'elles soient, ne correspondent pas à nos structures mentales et détournent à mon avis de l'objet de méditation qui est d'abord soi-même de ses propres réactions. Se comprendre, pénétrer en soi, s'épurer. Alors, si nécessaire, employer la concentration sur le Yantra représenté ci-contre, chef-d'œuvre d'abstraction visuelle et, pour l'indouisme tantrique, illustration du champ cosmique dans lequel s'inscrit la création, du point focal unique à la manifestation générale. Les neuf triangles sont la représentation des divers circuits de notre conscience, à discipliner, les pétales figurent les phénomènes du monde extérieur et le carré, le champ environnemental (espace-temps) dans lequel tout se passe. Symbole de totalité, le Yantra peut être un bon support de méditation.

« A mesure que vous pelez un oignon, vous trouvez toujours d'autres pelures mais vous n'arrivez jamais à un noyau. Ainsi, quand vous analysez l'ego, celui-ci disparaît complètement. Ce qui reste en dernier lieu, c'est l'Atma, pure conscience absolue » (Ramakrishna).

Les obstacles mentaux à la méditation

— *La colère :* qui vient de l'attachement ou du désir frustré, de la mesquinerie dérangée, de la convoitise, de la peur, de la jalousie ; on n'est alors plus maître de soi, mais la proie de sa colère. Le ressentiment, la haine, la fureur, l'irritation en sont d'autres formes et prouvent la faiblesse intérieure. Les maîtres hindous disent de celui qui a réussi à maîtriser sa colère qu'il a parcouru la moitié du chemin de la libération. Il ne s'agit pas de tomber dans la douceur suave, mais de savoir en toutes circonstances rester maître de soi, détaché et indulgent, et de ne pas gaspiller énergie et temps. Cela n'exclut pas la lucidité et la sévérité si nécessaire.

— *La médisance :* qui prouve l'esprit et le cœur étroits, et fait bien des victimes en répandant un poison corrupteur, qui trouble autrui. Duplicité, ruse, subterfuge, perversité, jalousie, ignorance forment le triste cortège de la médisance. Pourquoi critiquer ou calomnier quelqu'un qui n'est pas en face de soi, sinon par lâcheté et, disons le mot, méchanceté ?

— *Le pessimisme :* ne jamais se laisser aller à la morosité, aux idées noires, aux dépressions qui font revenir les vieux souvenirs subconscients à la surface du mental. Cela ne sert à rien. Réagir, pratiquer des exercices physiques, se secouer, sortir, changer d'air, se forcer à voir le côté positif de la vie. L'aspect négatif existe en tout : il faut justement lutter contre lui.

— *Le doute :* Dieu existe-t-il ou pas ? Suis-je bon ou mauvais ? Rien dans ma vie n'avance, etc. La détermination dans chaque geste quotidien, chaque action, est essentielle. Ce qui n'exclut pas, bien au contraire, la réflexion, qui n'est pas doute, mais pesée des éléments. Le doute crée l'inquiétude mentale qui bloque tout progrès en quelque domaine que ce soit.

— *Les mauvaises pensées :* durant la méditation, tous nos fantasmes impurs apparaissent. Que veut dire « impur » ? Ce qui se rattache à l'égoïsme, à la destruction et aussi aux situations qui n'existent pas et dont on voudrait bien qu'elles existent. Les imaginer est inutile et ne résout rien. La méditation rend encore plus présent cet aspect de notre esprit qui est vagabond, agité, obsédé par le sexe, avide d'honneurs, de considération, d'argent, d'une vie qui n'est jamais tout à fait la sienne et qui devrait apporter le contentement idéal, la toison d'or. Illusions...

— *Les rêves* : s'attacher aux rêves éveillés *et* nocturnes est aussi inutile ; comprendre qu'il ne sont que des images signifiantes mais éphémères sur un miroir vide. La peur : peur de quoi ? De soi d'abord. Le « Je » crée les objets de sa peur, puis tombe dans l'angoisse et la timidité annihilantes. A quoi sert d'avoir peur ? A rien. Cela ne changera pas un iota le cours des événements. L'adepte de la méditation doit être, comme tous les sages, un guerrier du devenir de l'être en développant courage et vision claire des situations. Une bonne respiration suffit à faire disparaître la peur, ce blocage. Il suffit pour s'en rendre compte d'essayer plusieurs expirations profondes dès que l'angoisse apparaît.

— *La force des vieilles imprégnations* : Swami Sivananda [1] dit : « Lorsque l'aspirant s'impose une sévère discipline spirituelle, qu'il fait une intense sâdhanâ, en vue d'éliminer les vieilles impressions subconscientes (samskâras), celles-ci s'efforcent de survivre et l'attaquent avec une force redoublée. Elles prennent forme et roulent vers lui comme des blocs. Les vieilles samskâras de haine, d'inimitié, de jalousie, sentiments de honte, de respect humain, d'honneur, de crainte, etc., affectent des formes graves ; ce ne sont pas d'imaginaires non-entités ; elles s'actualisent dès que l'occasion s'en présente. Que l'aspirant ne se décourage pas, elles perdront leur force avec le temps et finiront par mourir. »

— *La nature inférieure* : ou l'attachement à l'ego. Veut-on changer, évoluer, ou bien renforcer ce que W. Reich appelait l' « armure caractérielle » ?

— *Le souvenir* : hier, c'était hier. Une expérience parmi d'autres. C'est tout. Durant la méditation, les souvenirs forment des impressions mentales parasites.

— *L'illusion* : croire qu'on est ceci ou cela... Avoir l'impression de posséder la vérité, la seule. Ne voir qu'un aspect des choses, des événements. Etre attaché au « mon », au « mien ». Tout est appelé à passer, à disparaître. Aimer, oui, mais pour l'autre, non pour soi.

1. *Op. cit.*

— *Autres obstacles :* la paresse, l'indolence, la maladie (qui est presque toujours une réaction psychosomatique), l'inertie, l'instabilité, l'absence de maîtrise des sens, la mauvaise volonté, l'abattement, l'intolérance, les préjugés, le mépris pour ce qui n'est pas de soi. Swami Sivananda dit aussi que :
— l'ambition et le désir,
— l'orgueil moral et intellectuel,
— le nom et la réputation,
— les visions,
— le désir de réaliser des pouvoirs supra-normaux,
— l'hypocrisie religieuse,
— le mental en état de torpeur ou d'exaltation,
font partie des plus grands obstacles sur la voie de la méditation juste.

L'éveil des chakras

Il faut parler aussi d'une notion hindouiste, développée par le tantrisme, branche apparue vers le IXe siècle de notre ère, celle des chakras, ces pôles d'énergie qui se trouveraient en notre corps et dont sept seraient essentiels à l'harmonie de l'entité humaine et à son développement spirituel. Ces centres d'énergie radiante et particulière sont :
— le *Muladhara,* centre racine situé au périnée qui renferme la Kundalini assoupie. Son élément est la terre, son signe le carré.
— le *Svadisthana,* ou chakra plaisant, « fondement de soi-même » situé à la base des organes sexuels. Son élément est l'eau, son signe le croissant.
— le *Manipura,* site du Joyau éclatant, à deux pouces en dessous du nombril. Son élément est le feu, son signe le triangle.
— *Anahata,* ou signe de l'hexagone, dans la région du cœur, chakra du son primordial. Son élément est l'air.
— *Visuddha,* derrière la gorge, associé à l'élément éther, appelé chakra de la purification et symbolisé par le cercle.
— *Ajna,* le chakra-commande, situé entre les sour-

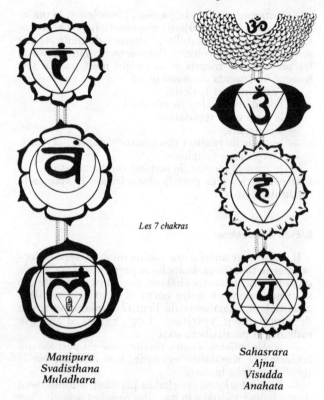

Les 7 chakras

Manipura   Sahasrara
Svadisthana   Ajna
Muladhara   Visudda
                            Anahata

cils, triangle inversé qui gouverne pouvoir de concentration, facultés psychiques et cognitives de l'esprit.

— enfin, au-delà des formes et des couleurs, le chakra *Sahasrara*, le Lotus aux mille pétales, situé à quatre pouces environ du sommet de la tête, lien de jonction de la Kundalini (énergie terrestre) et de la pure conscience (énergie cosmique), centre de la fusion de toutes les dualités.

Le rapport qui a été fait entre les chakras et les glandes endocrines ne manque pas d'intérêt : ils correspondraient aux glandes surrénales, gonades, pancréas, thymus, thyroïde, pituitaire et pinéale. La pure énergie qui passe ainsi par les chakras trouverait une expression physique et se transformerait en ces lieux, puis serait transmise au corps par l'intermédiaire du sang et des nerfs.

Un exercice simple pour éveiller l'énergie des chakras consiste à répéter les syllabes germes correspondant à chacun d'entre eux : On commence par VAM, puis viennent BAM, RAM, YAM, HAM, OM.

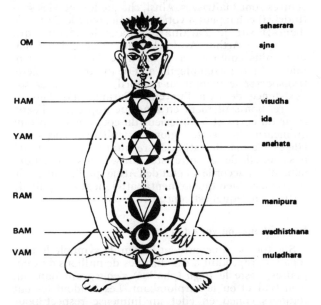

Il faut moduler cinq fois chaque syllabe d'une voix grave en conduisant l'expiration dans la zone où se situe le chakra (voir graphique). Cet exercice pratiqué une fois par jour aide à prendre conscience de l'entité corps-esprit.

Autre technique, appelée *Gâyatrî Sâdhanâ*, et qui consiste à maîtriser les passions des sens dans les trois chakras inférieurs : « La convoitise (Lobha) dans le Mûlâdhâra, la luxure (Kâma) dans le Svâdhishthâna à la racine des organes génitaux, et la colère (Krodha) au nombril. Ces trois passions sont les plus puissantes à mettre les sens en mouvement et sont les portes principales de l'Enfer. Cependant, la manière dont on doit les maîtriser est de placer Chitta (le mental) sur Sattâ (l'existence) de Paramâtmâ (l'un) dans ces chakras. Le Chitta doit être conduit dans chacun de ces trois centres inférieurs et maîtrisé : par ce moyen, les passions qui ont leurs places respectives dans ces centres sont maîtrisées. Ainsi, chaque fois que les sens (Indriya) échappent à votre contrôle, fixer le Chitta (le mental) sur le Paramâtmâ dans le chakra qui convient. » Arthur Avalon [1] exprime cela d'une manière plus conforme à la tournure d'esprit occidentale : « Si, par exemple, il s'agit de maîtriser la colère, transportez le mental au nombril, et là méditez sur l'existence de l'Un Suprême (Paramâtmâ) dans ce centre, non seulement en tant que Suprême à l'extérieur du corps et à l'intérieur du corps, mais en tant qu'incarné dans cette région particulière du corps ; car elle est Sa manifestation. Le résultat est que l'activité passionnelle de ce centre est soumise ; car son fonctionnement est accordé à l'état de l'Atmâ qui l'anime, et le corps aussi bien que le mental atteignent à la paix de l'Atmâ sur lequel est concentré le soi. »

Le maithuna, ou yoga de l'amour

Sur tout le subcontinent indien, le symbole le plus répandu, reproduit à des dizaines de millions d'exemplaires, reste le *linga* (phallus) s'engageant dans un *yoni* (vulve) ou le surplombant. Les hindouistes ont toujours conçu en effet un immense respect pour l'organe créateur et sa matrice, sources de vie. Une érotique mystique en découla, largement représentée dans la statuaire de temples tels que Kajhurao, dans l'iconographie et dans maints textes, telle la geste de Krishna, où le dieu initie de jeunes femmes adoratrices, les gopîs, à l'amour divin, passant pour cela par l'amour ludique que leurs désirs et passions attendent

---

1. *La Puissance du serpent*, éd. Dervy Livres.

d'abord de lui. Dans la geste de Krishna [1], un des chapitres rapporte « la chute de l'élue ». Krishna privilégie en effet pour un temps une de ces ravissantes gopîs :

« Il goûta le bonheur avec la gopî qu'il avait emmenée, bien qu'il trouve en lui-même son bonheur et sa joie, bien qu'il soit impassible afin de montrer jusqu'où s'abaissent les amants (*kâmin*), jusqu'où les femmes (*strî*) poussent la perversité.

» Et cette gopî, s'estimant alors la plus belle de toutes les femmes, se dit : " Il a délaissé les autres gopîs qui l'adorent et c'est moi qu'aime le Bien-Aimé. " Arrivée à un certain endroit de la forêt, elle dit avec orgueil à Keshava (Krishna) : " Je n'ai pas la force de marcher ; porte-moi où tu voudras. " A ces mots, le Bienheureux répondit à sa bien-aimée : " Monte sur mon épaule. " Alors Krishna disparut, et l'épouse s'abandonna à sa douleur. »

Morale de l'histoire : la gopî est restée dans le monde des dualités ; son orgueil l'a empêchée de se fondre au divin ; elle n'a perçu, malgré sa chance, que l'aspect le plus bassement matériel et égoïste de l'amour. Le dieu, donc, reprend sa forme essentielle, celle de la vacuité. Il s'efface.

L'hindouisme sut magnifier l'union sexuelle dans et hors le couple, à condition que les deux partenaires ne voient plus en eux-mêmes et en leurs ébats que le jeu d'énergies fondamentales, divines dans leur essence ; l'acte d'amour reproduit alors le processus initial de la création des mondes, car c'est le principe mâle qui s'unit à son complément, la shakti, principe féminin. Le tantrisme créa une série de rites sexuels, fondés sur cet esprit de l'union mystique des contraires, rites codifiés et dont le but final était, bien entendu, la fusion indifférenciée par l'éveil de la Kundalini traversant tous les chakras depuis l'inférieur (le monde de la matière) jusqu'au supérieur (le monde spirituel), symbolisé par le Lotus aux mille pétales. Le disciple doit alors « expérimenter continuellement le processus

---

1. Voir la traduction et les commentaires de Jean Herbert dans *le Yoga de l'Amour*, éd. Albin Michel.

mystérieux d'homologation et de convergence qui est à
la base de la manifestation cosmique, car lui-même est
devenu un microcosme et il doit " réveiller ", pour en
prendre conscience, toutes ces forces qui, à des niveaux
multiples, créent et résorbent les univers [1] ».

Toute femme nue incarne la *prakrti*. On devra donc
la regarder avec la même admiration et le même
détachement que l'on apporte à considérer l'insonda-
ble secret de la Nature, sa capacité illimitée de création. La nudité rituelle de la *yoginî* a une valeur
mystique intrinsèque : si, devant la femme nue, on ne
découvre pas dans son être le plus profond la même
émotion grandiose qu'on ressent devant la révélation
du Mystère cosmique, il n'y a pas de rite, il n'y a qu'un
acte profane, avec toutes les conséquences que l'on sait
(renforcement de la chaîne karmique, etc.). La
deuxième étape consiste dans la transformation de la
Femme-prakrti en incarnation de la Çakti ; la compa-
gne du rite devient une Déesse, tout comme le yogin
doit incarner le Dieu [2]. »

Alors seulement peut survenir « le suprême grand
bonheur », la découverte de l'Unité inhérente aux deux
êtres, l'intégration des principes dans la vacuité originelle, préexistante. Cela demande aux adeptes une
maîtrise des sens et une façon de considérer la volupté,
bien éloignée de la jouissance primaire.

Dans la *Nâyîkâ-Sâdhana-Tîkâ* (« Commentaires sur
la discipline spirituelle en compagnie de la femme »),
le cérémonial est décrit avec tous ses détails. Il comprend huit parties, en commençant avec *sâdhana*,
concentration mystique à l'aide des formules liturgi-
ques ; suit *smarana* (« le souvenir, la pénétration entre
les consciences »), *âropa* (« l'attribution d'autres qualités à l'objet »), dans laquelle on offre cérémonielle-
ment des fleurs à nâyîkâ (qui commence à se transfor-
mer en déesse) ; *manana* (« se rappeler la beauté de la
femme lorsqu'elle est absente »), qui est déjà une
intériorisation du rituel. Dans la cinquième étape,
dhyâna (« méditation mystique ») la femme s'assied à

1. Mircea Eliade, *le Yoga*, éd. Payot.
2. M. Eliade, *op. cit.*

gauche du dévot et est embrassée « de façon que
l'esprit s'inspire ».

Puis vient l'union érotique, transphysiologique et
transpsychique, où l'homme et la femme incorporent
leur condition divine à l'acte, qui peut et doit durer
longtemps et prendre toutes les formes qu'il sied aux
amants. La femme donne sa jouissance à l'homme qui
lui donne sa force, tendue en elle, mais non émise. Les
textes insistent sur le fait que « celui qui a immobilisé
le soi de son esprit par l'identité de jouissance dans
l'état de l'Inné devient un magicien à l'instant ; il ne
craint pas la vieillesse et la mort. Si on fixe une forte
serrure à la porte d'entrée du souffle, si dans cette
terrible obscurité on fait de l'esprit une lampe, si le
joyau du jina touche là-haut le suprême ciel, Kânha le
dit, on atteint le nirvâna tout en jouissant de l'existence ».

Alors seulement le *samsara* (monde des phénomènes
processus cosmique) et le *nivritti* (vide absolu, arrêt de
tout processus), ces couples contraires, apparemment
contradictoires, antagonistes, sont unifiés et les adeptes peuvent percevoir que la nature ultime du monde
phénoménal est identique à celle du monde métaphysique : l'acte concret non seulement se fond dans l'absolu, mais existe toujours en lui. L'état de non-dualité
primordial est atteint ; vie et mort se mêlent, comme à
chaque instant, mais ici en toute conscience.

Cette forme d'initiation réclamait, et réclame toujours, à ceux qui ont le mérite et le respect de l'essayer,
beaucoup de concentration, d'attention à l'autre et
d'amour pour la créature ; même si ces efforts ne sont
pas couronnés chaque fois de succès, importent
d'abord le cheminement, la conscience de l'acte
d'amour ainsi magnifié. Les révélations suivront pas à
pas, et chaque geste érotique prendra un sens nouveau,
une richesse inouïe.

La puissance de Kundalini

Bien des rites accompagnaient ces pratiques, dont
certains surprenants, tel le fait de boire le mélange de
sperme et de sang menstruel recueilli dans « le feu de

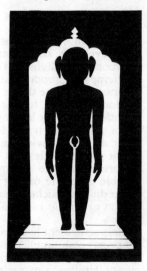

la vulve » : c'est « boire l'essence (le suc) du couple Shiva-Shakti ». En cas d'émission, il fallait aussi que les partenaires recueillent le sperme mélangé aux sécrétions vaginales et s'en imbibent mutuellement avec les doigts le front et d'autres parties du corps (celles des chakras en particulier) en récitant des prières à l'adresse des divinités (énergies-forces) qui y séjournent. Ici compte toujours l'esprit de l'acte, qui est dévotion.

La Kundalini, ce serpent d'énergie qui s'élève à travers les chakras, ne serait autre que l'harmonisation progressive de tous les centres entre eux, en partant de l'éveil du chakra-racine, et de la progression de sa chaleur, non uniquement vers l'extérieur, comme c'est le cas dans l'échauffement du coït suivi d'éjaculation, mais aussi dans l'intérieur (par la tentative de non-éjaculation), irradiant ainsi tous les centres moteurs, sensitifs, émotifs, cognitifs et spirituels. Le Pandit R. Ananta Shastri[1] traduit cela ainsi :

1. Cité par A. Avalon, *op. cit.*

« Quand je dis que le volume ou l'intensité de la puissance repliée peut être affecté (mais non pas sa structure et son équilibre relatif), je n'entends pas nier le principe de conservation de l'énergie en ce qui regarde la Kundalini, qui est la personnification de toute énergie. Il y a simplement conversion d'énergie statique (potentielle) en énergie dynamique (cinétique), conversion partielle, la somme demeurant constante. Comme nous considérons ici des quantités infinies, une expression physique exacte de ce principe ne saurait être attendue. Aussi le yogi ne fait qu' " éveiller ", jamais il ne crée Shakti. »

Eveiller l'énergie cosmique en soi et en l'autre, tel devrait toujours être le but de l'acte d'amour, cet honneur.

Aimer, connaître, agir

En dehors du yoga physique (hatha et raja yoga), on distingue trois autres voies :

— Bhakti (dévotion, amour) yoga ;
— Jnâna (connaissance, intellect) yoga ;
— Karma (action, destin) yoga.

Ces trois voies complémentaires permettent à chacun de choisir selon ses propres caractéristiques le chemin qui lui convient profondément le mieux. Mais la Bhagavad Gita, par exemple, considère comme yoga l'union indissociable de ces voies qui ne sont que des aspects d'un tout. Aspects sur lesquels l'être met l'accent suivant sa psychologie et ses tendances propres, mais qui tous se doivent de conduire à la libération, à la purification, à la fusion.

1. *Ceux qui sont dirigés par le sentiment* peuvent choisir le bhakti yoga, voie de l'amour pour Dieu, en un désir que l'on projette sur l'univers entier dans toutes ses manifestations. On adore la personne divine sous un de ses aspects (Vishnu, Shiva, Krishna, Devî...) car « l'Etre est Un mais ses Noms différents... ». « De même que des peuples divers nomment de noms différents la même eau (eau, water, vâri, acqua, pâni), de même l'unique Satchitananda (Etre, Conscience, Béatitude) est invoqué par les uns sous le nom de Dieu,

par d'autres sous le nom d'Allah, de Hari ou de Brahman... », disait Ramakrishna, le saint de Dakshineswar qui était, lui, un dévot de la Grande Déesse Kali, la Mère divine, un des aspects de Brahman l'Absolu. Voici le message d'amour de ce bhakti, tel qu'il le proposait à ses disciples :

« Vous voulez être étroit et partiel ?... Moi, j'ai le désir brûlant d'adorer le Seigneur d'autant de façons que je puis ; et pourtant, le désir de mon cœur n'est jamais assouvi. J'ai le désir de l'adorer, avec l'offrande des fleurs et des fruits, de répéter son saint nom dans la solitude, de méditer sur lui, de chanter ses hymnes, de danser dans la joie du Seigneur !... Ceux qui croient que Dieu est sans forme l'atteindront aussi bien que ceux qui croient qu'il est avec forme. Les deux seules choses nécessaires sont la foi et l'abandon de soi.

» N'entretenez que des actions qui soient dans les limites de vos pensées et de vos rêves purifiés ! Ne cherchez pas à vous flatter par des œuvres gigantesques, entreprenez des devoirs aussi petits de taille que votre abandon du moi à Dieu. Puis, à mesure que votre renoncement et votre pureté croîtront — et les choses de l'âme croissent très vite — ils se fraieront leur chemin à travers le monde matériel et rayonneront leur bien sur les autres hommes, de même que le Gange qui a creusé son lit à travers les durs rochers des Himalayas arrose de sa bienfaisance des milliers de lieues[1]. »

Le bhakti yoga est ouvert à tous, il ne nécessite d'autres qualifications que la loi qui cherche à s'unir au Principe : « O Seigneur, c'est Toi qui es moi-même, mon esprit est Ton épouse, mes souffles vitaux Ta suite de serviteurs, mon corps est Ton temple », chantait Shankara.

2. *Ceux qui sont dirigés par l'intellect* prennent la voie de la connaissance : jnâna yoga. C'est le chemin de la discrimination par l'esprit qui doit distinguer les trois degrés de la réalité :

— Réalité d'apparence ;

---

1. Voir *l'Enseignement de Ramakrishna*, éd. Albin Michel.

— Réalité empirique ;
— Réalité absolue.

Le Jnânin pour cela doit mener une vie où prédominent :

— le détachement,
— le calme de l'esprit,
— la maîtrise de soi,
— l'endurance,
— la concentration stable de l'esprit,
— la foi en la Délivrance finale.

Ces « six trésors » sont ses guides sur le chemin de la connaissance qui lui permettront d'annihiler la fausse perception qu'il peut avoir de lui-même, faire la discrimination entre le spectateur et le spectacle, et, peu à peu, voir se révéler sa véritable identité : « Tat twam Asi : Tu es Cela. » L'objet — le sujet — de ta quête se trouve en toi-même.

Vivekananda[1], qui fit connaître les conceptions philosophiques de l'Inde en Occident, à la fin du siècle dernier, était un jnânin :

« Le Vedanta ne reconnaît pas le péché, il ne reconnaît que l'erreur. La plus grande erreur, nous dit-il, est de déclarer que nous sommes de misérables créatures, que nous n'avons pas de pouvoir, que nous ne pouvons pas faire telle ou telle chose. Chaque fois que vous pensez de cette façon, vous rivez, pour ainsi dire, un boulet de plus à la chaîne qui vous attache, vous recouvrez votre âme d'une nouvelle couche d'hypnose. Quiconque, par conséquent, croit qu'il est faible, se trompe ; quiconque croit qu'il est impur se trompe et lance dans le monde une pensée mauvaise. Il faut toujours nous rappeler ceci : le Védânta ne tente aucunement de concilier la vie actuelle, cette vie hypnotisée, cette vie fausse que nous avons assumée, avec l'idéal ; cette vie fausse doit disparaître, et la vie réelle qui existe toujours doit se manifester, doit paraître et briller. Aucun homme ne devient de plus en plus pur, c'est seulement une question de manifestation plus ou moins complète. Le voile tombe et la

---

1. Disciple de Ramakrishna, auteur entre autres de *Jnâna-Yoga*, éd. Albin Michel.

pureté originelle de l'âme commence à se manifester. Tout est déjà à nous : pureté infinie, liberté, amour et pouvoirs infinis. »

3. *Ceux qui sont dirigés par l'action* prennent la voie du karma yoga, le yoga des œuvres. Jean Herbert, qui le pratiquait depuis des dizaines d'années et diffusait en Occident textes fondamentaux et livres des grands maîtres depuis bien avant la guerre dans cette collection « Spiritualités vivantes », et nous a fait partager sa profonde expérience à travers ses propres ouvrages, nous rappelle l'enseignement de la Bhagavad-Gita :

1. Il est impossible à l'homme de rester sans agir.
2. L'homme ne doit donc pas se proposer pour but l'inaction.
3. Certaines actions ont un caractère obligatoire.
4. Il ne faut pas désirer les fruits de l'action.
5. Il ne faut pas avoir d'attachement à l'action.
6. Il ne faut pas se considérer comme l'auteur de l'action.
7. L'action ainsi faite n'enchaîne pas son auteur.
8. Accessoirement, le karma-yoga est l'habileté dans les œuvres.

En effet, « dans ce monde, il est impossible de ne pas agir, même un seul instant » (Krishna). « Nul ne peut éviter le travail » (Ramakrishna), « même si l'homme est immobile et apparemment inactif, ses organes intérieurs, le mental et l'intellect, sont toujours actifs, la cessation complète de toute action est chose impossible » (Swami Ramdas). « Le travail fait comme sâdhanâ (pratique spirituelle) est un moyen puissant » (Sri Aurobindo). « Ce n'est pas en s'abstenant des œuvres que l'homme jouit de la non-activité, ni en y renonçant qu'il parvient à la perfection... l'action est supérieure à l'inaction » (Krishna).

Le karma-yoga, ce yoga de la vie quotidienne, respecte en chaque être sa propre nature : il faut être conforme à sa nature et suivre sa propre loi d'action, « qui vaut mieux que la loi d'autrui » (Bhagavad-Gita). Chaque être est différent et, suivant le mot de Victor Hugo « solitaire mais solidaire ». Le karma-yoga rend à l'action personnelle sa juste place dans le monde. Mais son but étant la libération, ce yoga préconise donc le non-attachement aux fruits de l'action qui doit être faite en toute conscience, sans dépendre de rien ni de personne, avec « pour seul mobile la protection des mondes ». L'effacement du moi se retrouve donc dans l'égalité et la grandeur d'âme, la liberté et le don de son action au monde, à l'humanité, Dieu. Le karma yogin, tel un chevalier de l'âme « n'a pas d'espoirs personnels, son esprit et son être sont parfaitement sous son contrôle, il a rejeté tout sens de possessivité..., satisfait avec ce qui lui échoit..., ayant franchi les dualités, n'enviant personne, égal dans l'échec et le succès, il n'est pas enchaîné alors même qu'il agit » (Bhagavad-Gita). Le doux Ramdas disait même : sans karma yoga, le jnâna et le bhakti yoga ne sont que de l'égoïsme spirituellement magnifié. » La voix du karma yoga part du dedans et mène au-dehors.

Les pouvoirs sans pouvoir

En dehors du hatha yoga que nous connaissons en Occident, cette extraordinaire gymnastique, et des exercices dont nous avons parlé, le yoga tel que l'a formulé Patanjali, avec ses multiples formes de postures, d'asanas compliqués, de purifications, de macérations, n'est à peu près accessible qu'à ceux, rares, qui veulent vouer leur vie à une quête effrénée du divin en soi. Mais, nous l'avons vu, des méthodes plus simples, telle celle pratiquée par Râmdas, peuvent tout aussi bien servir aux renonçants. Et jnâna, karma yoga donnent son sens à la vie quotidienne. La simplicité est la règle de toute méditation juste sur soi-même. Vivekananda ne disait-il pas : « Prenez garde ! De ceux qui cultivent la religion de l'émotion ostentatoire, 80 % deviennent des gredins, et 15 % des fous. » Et en Inde comme ailleurs, pour quelques vrais renonçants, combien de faibles, de paresseux, de désaxés pour qui absence de responsabilité sociale et familiale signifie liberté. Liberté égoïste : « l'idée d'un ego individuel, c'est comme si, après avoir mis de côté un peu d'eau du Gange, vous appeliez cette quantité séparée votre propre Gange » (Ramakrishna). La méditation n'est pas recherche, comme on l'a trop souvent cru, de

pouvoirs, d'états supranormaux et extraordinaires. Ou
alors, elle devient chamanisme, magie, fakirisme. Non
que par la méditation tous les pouvoirs latents chez
l'homme ne se développent. Au contraire, volonté,
mémoire, concentration, télépathie, rapidité d'action,
intuition, plus nos potentialités particulières, s'affi-
nent, s'accroissent. Que l'être humain ne soit qu'au
début de son évolution possible est une chose certaine,
si son espèce ne se trouve pas détruite ou réduite dans
les prochaines décennies. Mais la nature évolue à son
rythme, rien ne sert de vouloir la forcer. Cela, Bouddha, dont nous allons parler, l'avait bien compris, et
son illumination, il l'eut dans une posture simple, aidé
seulement par la patience. Tandis que la quête de
pouvoirs n'amène que malheur et désillusion : on rêve
alors sa vie, au lieu de la réaliser. Et sur ce sujet,
j'aimerais conclure ce chapitre avec quelques extraits
d'un long entretien que j'eus avec Arnaud Desjardins,
qui est à mon sens l'un des Occidentaux ayant le mieux
compris la tradition orientale, indienne en particulier.
Aujourd'hui, à son tour, il enseigne ce qu'on lui a
transmis.

Acquérir des pouvoirs ? Un leurre :

« Ces pouvoirs auxquels très vite, dès qu'on est
engagé dans une voie véritable, on renonce parce qu'on
comprend qu'ils sont des obstacles sur la route et des
duperies. Mais je comprends aussi très bien que, quand
on se sent perdu, avec plus ou moins un complexe
d'infériorité, bafoué par la vie, incapable d'obtenir ce
qu'on désire, ne trouvant pas sa place au soleil,
insatisfait, malheureux en amour, et tout ce que vous
voudrez, on rêve tout d'un coup de pouvoir, de puissance, qui permettrait de devenir un homme comme
certaines publicités nous le promettent ou une femme
fort admirée, avec un magnétisme personnel ; celui qui
réussit, celui à qui tout réussit. Leurre et mensonge
complet parce que chaque fois qu'on a réussi avec
certains exercices à acquérir, certains pouvoirs, on
s'est retrouvé, au bout de quelque temps, dans une
nouvelle situation plus forte qui remettait tous ces
pouvoirs en question, qui nous montrait qu'il restait
toujours un terrain ou un plan sur lequel, là, nous

n'avions aucun pouvoir d'aucune sorte et nous nous retrouvions, suffoquant, dans une nouvelle circonstance difficile de l'existence. Etre mort ou être vivant. Etre aveugle ou y voir, être endormi ou être éveillé. Pour celui qui voit, le monde n'est plus incohérent, quel qu'il soit ; et pour celui qui ne voit pas, même le monde le mieux organisé reste l'expression d'un sommeil, et d'un aveuglement. En on passe à côté de l'essentiel de l'existence. Mais il y a là, il y a dans ce que j'ai fini par voir et par approcher auprès de certains sages hindous, tibétains et même musulmans, surtout en Afghanistan, après, pas un voyage de quelques semaines, mais des voyages de plusieurs mois, parfois un an, où je vivais soir et matin dans l'atmosphère de ces ashrams ou de ces monastères tibétains, j'ai fini par voir derrière des formes facilement accessibles pour nous et qui tout de suite nous touchent, une sérénité, une harmonie, une beauté, une musique, des gestes, un calme, quelque chose que jamais je n'aurais pu imaginer ou soupçonner autrefois parce que rien ne m'y avait préparé ; donc, rien n'y a préparé non plus tous les autres, qui sont comme moi ici en France. »

Ce bonheur auquel on aspire

« Une vérité, une réalité, tellement différentes de tout ce que nous savons, de tout ce que nous connaissons, de tout ce que nous croyons, que tout le temps il nous arrive d'en douter. Il faut indéfiniment qu'on nous remette le nez dessus, pour que notre fausse vision des choses, l'agitation de notre mental, ne recouvre pas nos expériences et ne nous replonge pas dans le sommeil après quelques instants d'éveil. Il y a bien une sagesse, il y a bien une voie qui mène à cette sagesse. Tous les mots " libération ", " nirvana ", ce mot " gourou ", tous ces mots ont un sens, mais tellement loin de nous. Mais nous les employons, nous les ramenons à notre niveau, comme des fillettes de onze ans ou de dix ans qui discuteraient entre elles de sexualité, d'orgasmes, de " faire l'amour " sans avoir la moindre idée de ce dont il s'agit et en croyant de bonne foi qu'elles savent de quoi elles parlent. Nous nous trouvons dans une situation qui est aussi fausse et aussi infantile. Alors, quelle est la réponse : je suis là simplement pour décevoir ou dire c'est impossible ? Non pour exprimer certaines vérités qui ne dépendent pas de moi et que je ne fais que constater. Qu'est-ce qui nous est possible ? Etre vrai. D'abord, vouloir plus que tout la vérité. Pas " j'ai trouvé un gourou ". Si nous n'avons pas trouvé un gourou. " Je suis sur la voie ", si nous ne sommes pas sur la voie. " Je suis un disciple " si nous ne sommes pas encore un disciple. Seulement le mensonge ou le sommeil paraît plus facile. Alors que c'est de la duperie parce que cela consiste à vivre perpétuellement en perte d'équilibre. Sans arrêt, l'équilibre perdu, l'équilibre rattrapé, l'équilibre perdu, l'équilibre rattrapé. Pour essayer aveuglément d'être heureux.

» Mais si on voulait savoir la vérité, parce que cette vérité elle est là, que nous le voulions ou non, en nous ; c'est d'abord le mensonge, la contradiction, la non-connaissance de soi. L'opposition entre la surface et la profondeur. L'homme ne se connaît pas, ne connaît même pas à quel point il ne se connaît pas. C'est quelque chose de fantastique et d'effarant. Et si nous voulons cette vérité, si nous voyons les lois, si nous nous rendons compte que ces lois nous ne pouvons pas les nier, nous pouvons les faire jouer à notre profit comme dans le cas de la science alors nous arriverons aussi, je n'hésite pas à le dire, à des résultats, c'est-à-dire : plus d'unification, plus de conscience au sens de " conscient " et pas de consciencieux et indirectement au sens de consciencieux, plus de paix, de sérénité, plus d'harmonie entre notre vie intérieure et notre vie extérieure parce qu'en surface, nous ne voudrons pas une chose tandis qu'inconsciemment nous en voulons une autre. Ce qui nous condamne à la souffrance. Et le résultat de cette science de la vérité, c'est toujours cette paix ou cette sérénité ou ce bonheur auquel tout le monde aspire. »

La science de la sagesse

« Est-ce que la tradition indienne est une science ? » Je dis oui, c'est une science, puisqu'elle est fondée sur la connaissance de faits réels et non pas imaginaires, je dirais même que c'est la science la plus haute, puisque c'est celle qui nous touche le plus directement. Toute la science a été faite par l'homme ; en principe elle est faite pour l'homme ; eh bien, la science la plus importante pour l'homme reste la science qui mène à la connaissance de soi et à la transformation de soi. C'est une science particulière puisque nous en sommes à la fois le sujet et l'objet et d'autre part qu'elle nous transforme à mesure que nous l'acquérons. On peut parfaitement bien imaginer que celui qui est au premier chef responsable du succès des expériences américaines dans la Lune, je ne sais pas qui c'est, malgré toute sa science, ne soit absolument pas changé, c'est-à-dire soit soumis aux mêmes peurs, aux mêmes égoïsmes, aux mêmes obsessions, aux mêmes anxiétés, aux mêmes agressivités, tandis que celui qui a acquis cette connaissance, non pas la connaissance de l'homme en général, mais la connaissance de lui-même se trouve forcément changé et transformé par cette connaissance. Tous les hindous vous le diront : " On connaît ce que l'on est. " Celui qui connaît le Brahman peut tout, celui qui connaît le mot Brahman peut tout dans le domaine des mots. On connaît ce que l'on est.

» Donc, je dis qu'il s'agit d'une science parce qu'elle repose sur des faits, sur les lois de la création ou de la manifestation. Elle ne leur tourne jamais le dos, elle tient compte de tout, tout ce qui constitue l'univers et qui se retrouve à l'intérieur de l'être humain. Mais c'est une science qui a ceci de particulier qu'elle ne progresse pas parce qu'elle n'a pas à progresser. Les livres de sciences d'il y a seulement vingt ans sont complètement démodés et on est tout le temps obligés de faire des recyclages. Là, il n'y a pas de recyclage à faire. C'est la connaissance de ce qui ne change pas, de ce qui est éternel en l'homme ; l'essence même de l'univers n'a jamais changé. L'énergie fondamentale qui fait l'univers est toujours la même.

» L'homme ne voit pas les infrarouges, ni l'ultraviolet, il n'entend pas certains sons. Nous ne vivons, nous ne percevons sous la forme humaine qu'une toute petite partie de la réalité totale, à moins de nous être profondément transformés par les diverses formes de yogas. Cette science elle était vraie il y a mille ans, deux mille ans, trois mille ans, elle ne se démode pas. Ce qu'un maître, un sage des Upanishads, il y a trois mille ans, enseignait à ses disciples, et ce qu'un véritable maître enseigne à de véritables disciples aujourd'hui, c'est exactement la même chose. Il n'y a sur ce plan-là aucun changement. Cette science est totale, complète, elle mène à un chemin de la connaissance de soi, la connaissance de soi par l'étude de soi.

» Cette connaissance de soi, c'est une connaissance de plus en plus profonde, jusqu'à atteindre des niveaux de nous-mêmes que nous ne soupçonnons même pas. Nous passons des apparences, ou de la surface à la profondeur. Nous comprenons cette unique vie universelle, qui s'exprime à travers nous, et où des domaines immenses s'ouvrent devant l'homme, domaines dont il est inutile de parler à ceux qui n'en ont pas encore fait l'expérience, parce que ça ne correspond tellement à rien de ce que nous connaissons que tout ce que nous pouvons faire c'est de les ramener au niveau de nos expériences déjà connues. Par conséquent, de les fausser. Alors ce point d'arrivée, c'est-à-dire cette perfection, tout homme en a la nostalgie. Il espère la trouver à travers n'importe quoi. L'art, l'amour, la violence. Tout. Quelque chose qui lui donnerait l'impression de briser ses liens, de vivre largement, de vivre mieux, d'avoir une vie de plus en plus riche, de plus en plus épanouie...

» Mais ce qui peut vraiment satisfaire ce besoin, ce pressentiment qu'il existe en nous une perfection, c'est cela même qui était déjà connu autrefois dans les différents enseignements et les différentes traditions et qui a, au contraire, été perdu aujourd'hui. Donc, tout homme a bien en lui une impression confuse du but final, bien que je dise qu'il ne puisse absolument pas se le représenter ; il y aspire parce que tout homme refuse cette condition limitée, soumise à la souffrance et au doute et essaie maladroitement de s'en échapper. Et en même temps ce but final est au départ très loin parce que très proche... Il existe déjà, si vous voulez, mais nous en sommes séparés par toutes sortes d'émotions, de conceptions, d'idées, de certitudes, de peurs, de désirs, d'avidités, qui sont stockés en nous ou dans notre inconscient ; et on a l'impression que c'est inépuisable, comme les fameuses écuries d'Augias. Et pourtant il s'avère possible de percer à travers tout ça, de se dépouiller, de se dénuder et d'atteindre cette vérité unique, universelle et éternelle au plus profond de nous. »

Se réaliser vivant.

Un jour, en Inde, un sage qu'on appellera Bouddha, et dont la sérénité du visage deviendra un exemple universel, sur la terre du yoga, fera pousser la fleur de sagesse.

— A MÉDITER —

L'idée de supériorité et d'infériorité vient de l'ignorance et cela dans n'importe quel domaine... L'harmonie, la paix et la liberté ne peuvent éclore que dans la réalisation de l'unité intérieure de toute vie, comme aussi dans l'expression extérieure de cette même vie.

Swami Ramdas

La vision de Dieu n'est rien d'autre que réaliser et sentir sa présence en nous-même et partout autour de nous, parce que Dieu est tout pénétrant l'Esprit, imprégnant l'univers entier. Les mondes manifestés ne sont pas différents de lui puisqu'ils ne sont que sa propre expression en termes de nom et de forme.

Swami Ramdas

Soulever les mouvements inférieurs jusque dans la pleine lumière de la conscience, afin de les connaître et s'occuper d'eux, est un procédé inévitable ; car aucun changement ne peut être fait sans cela. Mais cela ne peut vraiment réussir que si une lumière et une force supérieures sont suffisamment à l'œuvre pour surmonter, plus ou moins vite, la forme de la tendance offerte à la transformation.

Sri Aurobindo

Adoptez les moyens qui conviennent au but que vous cherchez à atteindre. Vous n'obtiendrez pas du beurre en vous enrouant à crier : « Il y a du beurre dans le lait. » Si vous voulez faire du beurre, il faut d'abord prélever la crème du lait et bien la baratter. De cette façon seulement, vous obtiendrez du beurre.

Ramakrishna

Le sot qui répète sans cesse « je suis asservi » finira bien par l'être un jour. Et le malheureux qui dit sempiternellement « je suis un pécheur, je suis un pécheur » finira certainement par le devenir.

Ramakrishna

Les rites amènent la purification de l'esprit et non la perception de la Réalité. La manifestation de la vérité est causée par la discrimination et point du tout par dix millions de rites.

Shankara

Sans attachement, accomplis toujours l'œuvre qui doit être faite ; car l'homme atteint au Suprême en accomplissant l'œuvre sans attachement.

Bhagavad-Gita

Lumière des lumières
On ne sait que Cela est au-delà des ténèbres
Etant à la fois la Connaissance,
L'objet de la Connaissance,
Et le chemin qui y mène :
Cela réside au cœur de l'univers.

Bhagavad-Gita

Si vous me demandez sur quelle forme du Seigneur méditer, je vous dirai de prendre celle que vous voudrez, mais sachez toujours que ces formes ne font qu'Un.

Ramakrishna

Le Bouddha et ses préceptes

Au sixième siècle avant notre ère, un sage, Cakya-muni, plus connu sous le nom de Bouddha, l'Eveillé[1], fonda sur son expérience mystique une des plus puissantes religions du monde. La légende dit qu'issu d'un clan aristocratique, il vécut jusqu'à l'âge de vingt-neuf ans une vie insouciante ; mais un jour, il eut la révélation de la souffrance du monde et se rendit compte que tristesse, maladies, vieillesse, mort sont le lot commun de l'humanité. La rencontre avec un ascète, un brahmane, lui amena une révélation sur la possibilité d'une quête intérieure qui ouvre, peut-être, une porte pour l'affranchissement de toute douleur. Il quitta nuitamment son palais, « abandonnant une demeure pour une vie sans demeure », échangea son vêtement contre des loques cousues ensemble et teintes en ocre, coupa sa chevelure et prit le bâton de pèlerin. Durant des années, il se mit à l'écoute de plusieurs maîtres, apprit des techniques yogiques diverses, passa des semaines en macérations et jeûnes. Mais rien de tout cela ne lui apporta la libération escomptée. Le corps épuisé par les tourments qu'il s'impose, il décide de s'asseoir sous un figuier, en lotus, sur un coussin de feuilles, et de n'en plus bouger jusqu'à ce qu'il parvienne à l'illumination, dût-il mourir là, à cette place. Une nuit, sous cet arbre depuis surnommé « de la Boddhi » (la science racine), son esprit, son corps connurent, en une sublime intuition, l'alpha et l'oméga de l'univers, le cycle des naissances et des morts, ses existences passées, la complexité du

---

1. Il sera appelé aussi Siddhârta (Celui qui a atteint son but) et Gautama (le Meilleur des bovidés, par référence à la vache, sacrée en Inde). Sur sa vie et les lieux où il vécut voir « Randonnée sur les pas du Bouddha » aux éd. Retz.

mystère cosmique, la création des mondes ; il découvre que la matière est formée de vide, que le temps est infini mais que les cycles existent ; il voit la mort engendrer la vie comme l'obscurité engendre la lumière et *vice versa*. Le règne de la nature et ses lois lui apparaissent, ainsi que la fuite de l'homme par rapport à son être véritable : en cherchant honneurs et plaisirs, il ne fait que se précipiter vers la souffrance et crée du karma, du destin qui l'enchaîne.

Pendant sept semaines, est-il écrit, celui qui venait de devenir le Bouddha demeura ainsi en méditation, corps et mental apaisés, parfaitement fixés. Il décide au bout de ces quarante-neuf jours de transmettre ce qu'il a découvert à l'humanité. Il commencera à diffuser son enseignement révolutionnaire dans le parc des Gazelles, près de Bénarès, où des disciples se pressent, de plus en plus nombreux. Plusieurs dizaines d'années de pérégrinations et d'instructions verront se constituer une puissante communauté religieuse (*sangha*) autour de cet exemple vivant et de ce message de liberté qui, aujourd'hui encore, garde sa fraîcheur originelle.

Cette médecine de l'être repose sur une doctrine et une pratique dont l'énoncé premier est « *sarvam durkham* », que l'on traduit habituellement par « tout est douleur » mais qui signifie plus précisément qu'au fond de tout règnent malaise et instabilité, déception et illusion. Le désir est finalement toujours déçu, même quand il peut être exaucé, le bonheur comme le plaisir ne durent que des instants, tout passe, tout change, on ne peut compter sur aucune permanence, en rien. Les êtres humains rêvent toujours de fixer leur vie dans un cocon illusoire de sécurité et d'égoïsme, mais, en fait, leurs fantasmes voilent la réalité. De la naissance à la mort, l'existence passe comme un songe, de besoins en besoins, en quête d'un plaisir absolu qui se dérobe toujours ; la soif de perdurer est insatiable et inutile, puisque la mort se trouve au bout du chemin. Mais le Bouddha enseigne alors qu'on peut rompre le cercle vicieux de l'aliénation et de l'aveuglement. Et pour cela, d'abord changer notre conduite par la droiture de nos actions ; ce par le discernement (*pra-*

jna) qui amène à rectifier nos points de vue égoïstes et nos conceptions limitées ; également par la moralité, qui exige paroles, actions et moyens d'existence justes ; enfin, par la concentration, ou discipline mentale, qui entraîne efforts, attention et mémoire justes et puissance de recueillement. Par ces huit règles de vie, on peut couper l'enchaînement sans fin des causes et effets, couper le karma néfaste, nous libérer des chaînes du destin égoïste. Cette sagesse à la portée de tout un chacun fonde la doctrine bouddhiste. Pas de cosmologie à l'origine, pas de dieu lointain à vénérer : la nature de Bouddha se trouve en chacun, à nous de savoir la réaliser. Ici et maintenant, car chaque instant, s'il est vécu pleinement, renferme l'éternité :

« Quand ceci est, cela est ;
Ceci apparaissant, cela apparaît ;
Quand ceci n'est pas, cela n'est pas ;
Ceci cessant, cela cesse. »

Mais l'être humain se laisse enchaîner par une série de facteurs successifs, chacun conditionnant l'autre : l'ignorance produit les tendances qui entraînent la conception de la conscience qui perçoit une entité psychosomatique, ses cinq sens et son mental ; composé qui rend possible le contact avec le monde et ses objets, les sensations, l'affectivité et donc la soif des objets, des sens et des idées ; soif qui elle-même entraîne le désir d'appropriation et la formation de l'ego. Tout cela crée le devenir, naissance, âges et mort.

Pour éclaircir notre vision de cette réalité et savoir marcher sur la voie de l'abolition de l'égoïsme et de la souffrance, les vœux pieux ne suffisent pas : il faut y adjoindre des actes, des pratiques. Le Bouddha élabora donc un système précis et strict d'observances amenant à purifier le corps, les impressions et affections, le mental, ce cheval fou, et à découvrir notre ego, ce moi illusoire fabriqué de toutes pièces, source de toutes afflictions et qui cache la clarté de notre être profond.

La Posture de l'Éveillé

Bouddha trouva sa révélation à l'aide d'une posture qui est en fait celle du *raja yoga* : jambes croisées en lotus, dos droit, dans une immobilité longuement soutenue ; l'on se débarrassait alors avec vigilance des idées de désir, des mauvais penchants mentaux, de la joie, de la tristesse. Ainsi l'esprit devenait-il « concentré, purifié, réformé, libre d'impuretés, libre de péchés, malléable et propre à être travaillé, ferme et sans irrésolutions ».

« Qu'est-ce, ô moines, que le moine qui, considérant le corps, en son corps demeure ? Ici-bas, ô moines, un moine, arrivé dans la forêt, au pied d'un arbre ou dans un endroit désert, s'assied en repliant et croisant les jambes, posant son corps bien droit, fixant son attention sur ce qui est devant lui. Attentif, il expire ; attentif, il inspire. Quand il expire longuement, il connaît ainsi : " J'expire longuement " ; quand il inspire longuement, il connaît ainsi : " J'inspire longuement " » ; quand il expire brièvement, il connaît ainsi : " J'expire brièvement " ; quand il inspire brièvement, il connaît ainsi : " J'inspire brièvement [1] ". Sentant ainsi tout son corps, il s'exerce en pensant : " Je vais expirer " ou bien : " Je vais inspirer ", cal-

---

1. C'est en fait, ici, l'exercice préparatoire nommé « l'attention aux expirations et aux inspirations ».

mant ainsi sa composition corporelle. Ainsi, considérant le corps intérieurement, il demeure ; considérant le corps extérieurement, il demeure ; considérant le corps intérieurement et extérieurement, il demeure ; considérant la loi de l'origine, en son corps il demeure ; considérant la loi du déclin, en son corps il demeure ; considérant la loi de l'origine et du déclin, en son corps il demeure. En outre, l'attention à cette pensée : " Il y a un corps " se présente à lui comme une simple notion, comme une simple réminiscence ; ne s'appuyant sur rien, il demeure et ne s'attache à rien en ce monde. Tel est, ô moines, le moine qui, considérant le corps, en son corps demeure... »

Exercice de l'application de l'attention au corps

« En outre, après cela, ô moines, ce moine agit avec pleine conscience, qu'il avance ou recule, qu'il regarde devant lui ou derrière lui, qu'il étende ou replie ses membres, qu'il porte sa toge, son bol ou son manteau, qu'il mange ou boive, mâche ou goûte, qu'il marche, reste debout ou soit assis, qu'il dorme ou veille, qu'il parle ou soit silencieux. Ainsi, considérant le corps intérieurement... (*comme ci-dessus*)... il ne s'attache à rien en ce monde. Tel est, ô moines, le moine qui, considérant le corps, en son corps demeure.

» En outre après cela, ô moines, ce moine examine ce corps limité par la peau de la plante des pieds à la pointe des cheveux et plein d'ingrédients divers et impurs, en pensant ceci : " Il y a dans ce corps des cheveux, des poils, des ongles, des dents, une peau, de la chair, des tendons, des os, de la moelle osseuse, deux reins, un cœur, un foie, deux poumons, une rate, une plèvre, des intestins, un estomac, des excréments, de la bile, du flegme, du pus, du sang, de la sueur, de la graisse, des larmes, de la salive, du mucus nasal, de la synovie, de l'urine. " Tout comme, ô moines, un homme clairvoyant, ayant ouvert un sac plein de grains variés, à savoir des grains de riz, de fèves, de lentilles, de sésame, et ayant versé ceux-ci les examine en pensant : " Voici du riz, voici des fèves, voici des lentilles, voici du sésame ", de même, en vérité, ô

moines, ce moine examine ce corps limité par la peau...
Ainsi, considérant le corps intérieurement... (*comme ci-
dessus*)... il ne s'attache à rien en ce monde. Tel est, ô
moines, le moine qui, considérant le corps, en son
corps demeure.

» En outre, après cela, ô moines, ce moine examine
ce corps tel qu'il se trouve, tel qu'il se pose, selon ses
éléments, en pensant : " Il y a dans un corps un
élément tellurique, un élément aqueux, un élément
feu, un élément aérien. " Tout de même, ô moines,
qu'un habile boucher ou un habile apprenti boucher,
ayant tué une vache et l'ayant partagée en morceaux à
un grand carrefour, s'assied, ainsi, en vérité, ô moines,
ce moine examine ce corps tel qu'il se trouve, tel qu'il
se pose, selon ses éléments en pensant : " Il y a dans ce
corps un élément tellurique, un élément aqueux, un
élément feu, un élément aérien. " Ainsi, considérant le
corps intérieurement... (*comme ci-dessus*)... et ne s'attache à rien en ce monde. Tel est, ô moines, le moine qui,
considérant le corps, en son corps demeure. »

Méditation sur la carcasse

« En outre, après cela, ô moines, ce moine, comme
s'il voyait un cadavre jeté sur un charnier, mort depuis
un jour, ou mort depuis deux jours, ou mort depuis
trois jours, enflé, bleuissant, commençant à se décom-
poser, parle ainsi de son corps : " En vérité, ce corps
est soumis à la même loi, à la même destinée, il ne
l'évitera pas. " Ainsi, considérant... (*comme ci-dessus*)... en son corps demeure. En outre, après cela, ô
moines, ce moine, comme s'il voyait un cadavre jeté
sur un charnier, mangé par les corbeaux, par les
faucons, par les vautours, par les chiens, par les
chacals, par toutes sortes d'animaux, parlera ainsi de
son corps : " En vérité, ce corps est soumis à la même
loi, à la même destinée, il ne l'évitera pas. " Ainsi,
considérant... (*comme ci-dessus*)... en son corps
demeure. En outre, après cela, ô moines, ce moine,
comme s'il voyait un cadavre jeté sur un charnier, son
squelette, auquel adhèrent encore des chairs sanglan-
tes, étant attaché par des tendons... ses os, dont les

attaches ont disparu, dispersés dans toutes les direc-
tions, les os des mains dans l'une, les os des pieds dans
une autre, les os des jambes dans une autre encore, les
os des cuisses d'un côté, les os du bassin d'un autre, les
os du dos d'un autre encore, la boîte crânienne plus
loin, ce moine parle ainsi de son corps : " En vérité, ce
corps est soumis à la même loi, à la même destinée, il
ne l'évitera pas. " Ainsi, considérant... (*comme ci-
dessus*)... en son corps demeure. En outre, après cela, ô
moines, ce moine, comme s'il voyait un cadavre jeté
sur un charnier, ses os blancs comme une conque... ses
os entassés depuis plus d'une année... ses os pourris et
réduits en poudre, ce moine parle ainsi de son corps :
" En vérité, ce corps est soumis à la même loi, à la
même destinée, et il ne l'évitera pas. "

» Ainsi, considérant le corps intérieurement, en son
corps il demeure ; considérant le corps extérieurement,
en son corps il demeure ; considérant le corps intérieurement et extérieurement, en son corps il demeure ;
considérant la loi de l'origine, en son corps il demeure ;
considérant la loi du déclin, en son corps il demeure ;
considérant la loi de l'origine et du déclin, en son corps
il demeure. En outre, l'attention à cette pensée : " Il y a
un corps ", se présente à lui comme une simple notion,
comme une simple réminiscence ; ne s'appuyant sur
rien, il demeure et ne s'attache à rien en ce monde. Tel
est, ô moines, le moine qui, considérant le corps, en son
corps demeure » (Majjhimanikâya, Satipatthâna-
sutta).

Le reflet de l'image

Les moines de la communauté utilisaient aussi une
forme de méditation à base de visualisation :
« On construisait, en un endroit solitaire, à l'abri de
tout dérangement, une plate-forme circulaire d'argile
bien aplanie, plus volontiers d'une couleur rouge clair.
A son défaut, on pouvait encore employer une flaque
d'eau, un cercle de feu — peut-être un brasier regardé à
travers une ouverture ronde — ou quelque autre objet
analogue. Des individus exceptionnellement doués
n'avaient pas besoin de ces préparatifs : par exemple,

au lieu d'un rond d'argile, un champ ordinaire leur suffisait. On s'asseyait donc devant l'objet en question et on le considérait tantôt avec les yeux ouverts, tantôt avec les yeux fermés, jusqu'à ce qu'on vît tout aussi clairement l'image devant soi, que les yeux fussent ouverts ou fermés. Quand le méditant s'était ainsi rendu maître du " reflet intérieur ", il quittait la place, allait à sa cellule et là continuait sa contemplation. Au lieu du reflet originel qui reproduisait fidèlement l'objet avec toutes ses imperfections de hasard, entrait alors en scène la " copie du reflet ", comparable à l'impression produite par une nacre polie ou un miroir, le disque de la lune sortant des nuages ou des oiseaux blancs fendant la sombre nuit, et cependant sans couleur ni forme. En cet état — il passait pour n'être accessible qu'au petit nombre —, l'esprit se sentait débarrassé de toutes les entraves et capable de s'élever jusqu'au degré supérieur de la méditation[1]. »

Seul dans la grotte

Vivant entouré d'une nature luxuriante, les moines, en dehors des sessions collectives de méditation, dont la principale se déroulait en été, se plaisaient à se recueillir, en stricte posture, dans la solitude des forêts et montagnes, comme en témoigne ce texte :

« Quand devant moi, quand derrière moi mon regard n'aperçoit plus personne, certes il est doux de demeurer seul en la forêt. Allons ! Je veux m'en aller dans la solitude, dans la forêt que loue Bouddha : c'est là qu'il fait bon être pour le moine solitaire qui aspire à

1. Voir *le Bouddha*, par Odenbourg, Alcan.

la perfection. Seul, sûr de mon but, en hâte je veux
entrer en la forêt charmante, délice des pieux lutteurs,
séjour des ardents éléphants. Dans la forêt Sita, la
fleurie, dans une fraîche grotte de la montagne, je veux
baigner mon corps et marcher seul. Seul, sans compagnon, en la forêt vaste et charmante... quand aurai-je
atteint mon but ? Quand serai-je libre de péchés ?...
Quand au ciel les nuages d'orage battent le tambour,
quand les torrents de pluie emplissent les chemins de
l'air, et que le moine dans un creux de montagne
s'abandonne à la méditation : non, il ne peut y avoir de
joie plus haute. Sur le bord des rivières parées de fleurs
et que couronne la guirlande diaprée des forêts, il est
assis, joyeux, plongé dans la méditation ; il ne peut y
avoir de joie plus haute [1]. »

Les trois concentrations

Bien d'autres méditations avaient cours ; nous les
retrouverons dans les diverses formes de bouddhisme.
Leur dénominateur commun reste la concentration.
« Le Bienheureux dit aux moines : " Il y a trois
concentrations. Quelles sont ces trois concentrations ?
La concentration de la vacuité, la concentration du
sans-signe, la concentration du sans-but. "
» Que nomme-t-on concentration de la vacuité ?

1. Theragâthâ, st. 537 et s., 522 et s.

Celle dans laquelle on considère la vacuité, on voit toutes les choses comme entièrement vides, c'est ce qu'on nomme concentration de la vacuité.

» Que nomme-t-on concentration du sans-signe ? Celle dans laquelle on considère le sans-signe, on voit toutes les choses comme entièrement dépourvues d'apparences et invisibles, c'est ce qu'on nomme concentration du sans-signe.

» Que nomme-t-on concentration du sans-but ? Celle dans laquelle on considère le sans-but, on voit toutes les choses comme entièrement indignes d'être visées et recherchées, c'est ce qu'on nomme la concentration du sans-but.

» Le moine qui n'atteint pas ces trois concentrations demeure longtemps dans le monde des transmigrations, il ne peut s'éveiller de lui-même. C'est pourquoi, ô moines, cherchez les moyens qui vous permettront d'acquérir ces trois concentrations ; ainsi, ô moines, exercez-vous » (Ekottaraâgama, édition de Taishô Issaikyô, n° 125).

Le Bouddha mourut à plus de quatre-vingts ans, toujours sur la route ; cet errant divin laissa un message de compassion et de sagesse à nul autre pareil ; sa posture exacte, son visage serein, repris par des milliers de sculpteurs et d'illustrateurs, gardent l'image d'un homme exemplaire, pleinement réalisé. A ses moines, rappelons-le, il dit encore, quelques mois avant d'entrer dans le Nirvâna et d'abolir en lui la volonté qui l'enchaînait à la vie : « Soyez à vous-même votre propre flambeau et votre propre recours... »

Par soi-même, en vérité, est fait le mal. Par soi-même on est souillé. Par soi-même est évité le mal. Par soi-même en vérité on est purifié. Pureté et impureté sont personnelles, nul ne peut purifier autrui.

Les choses sont précédées par l'esprit, dominées par l'esprit, constituées par l'esprit. Si avec un esprit corrompu, on parle ou on agit, la douleur nous suit alors comme la roue suit la patte d'un bœuf de trait. Si avec un esprit serein, on parle ou on agit, le bonheur nous suit alors comme l'ombre qui ne nous quitte pas.

Ni l'observance de nudité, ni les tresses de cheveux, ni la boue dont on enduit son corps, ni le jeûne, ni le fait de coucher sur le sol nu, ni la poussière et la crasse qui couvrent le corps, ni les prosternations ne purifient un mortel qui n'a pas surmonté ses doutes.

Par l'effort, par la vigilance, par la discipline, par la maîtrise de soi, le sage se crée une île que l'inondation ne submerge pas.

De celui qui dans la bataille a vaincu mille milliers d'hommes et de celui qui s'est vaincu lui-même, c'est ce dernier qui est le plus grand vainqueur.

Graduellement le sage, peu à peu, à chaque instant, tel un orfèvre celles de l'argent, fait disparaître ses propres taches.

Mené par le désir, on commet le mal
Mené par la colère, on commet le mal
Mené par l'ignorance, on commet le mal
Mené par la peur, on commet le mal.

Meilleur que mille mots privés de sens est un seul mot raisonnable, qui peut amener le calme chez celui qui l'écoute.

Celui qui, après avoir été négligent, devient vigilant, illumine la terre comme la lune émergeant des nuées.

Le monde est aveugle. Rares sont ceux qui voient. L'esprit est difficile à maîtriser et instable. Il court où il veut. Il est bon de le dominer. L'esprit dompté assure le bonheur.

Celui dont les sens sont en repos, comme des chevaux bien domptés par celui qui les mène, celui qui a dépouillé tout orgueil, qui est affranchi de toute impureté, celui qui est ainsi accompli, les dieux mêmes lui portent envie.

Méditations taoïstes

Vers le VIᵉ siècle avant J.-C. parut en Chine une œuvre de cinq mille idéogrammes : le « Classique de la Voie et de sa Vertu », *Tao-te King*, qui allait marquer profondément la spiritualité chinoise et devenir un des plus grands classiques de la littérature mondiale, à l'instar de la Bible ou du Coran. On ne sait presque rien de son auteur, Lao-tseu, le Vieux maître ; ce personnage légendaire n'a laissé de lui que des paroles fulgurantes de sagesse et l'énoncé par d'autres de situations auxquelles il aurait été mêlé. Confucius, et surtout Tchouang-tseu, ses contemporains, qui partagent avec lui l'honneur d'être les plus grands philosophes chinois, le mettent souvent en scène sous le nom de Lao-tan, dans de petites fables où ses reparties cinglantes sont autant de conseils pour s'éveiller à la vie, la vraie vie. La Voie.

Tout l'ouvrage se fonde sur le concept de Tao, le sans-forme, sans nom, la constante éternelle, indistincte, qui serait l'énergie fondamentale sous-tendant l'univers et son mouvement : « Le Tao n'intervient pas, ne fait rien, mais il n'y a rien qu'il ne fasse. » Autre façon de définir l'inconnu qui est en nous et le mystère de la vie, de la mort. C'est « l'ancêtre des dix mille êtres » et de toute chose : « A un mystère s'ajoute un mystère et c'est la porte des merveilles. »

Le Tao, inaccessible, inconnu et si proche, est la racine du monde, la racine du ciel et de la terre :

« Indicible ! Insaisissable !
en lui il y a des images...
en lui il y a des êtres...
en lui il y a des essences... »

Le Tao est l'éternelle origine, la source constante de toute création, de tout phénomène. C'est le moyeu qui fixe la roue, le souffle de la forge, le vide du vase ou d'une maison qui leur permet d'exister et d'être utilisés en tant que tels. Imperceptible et univellement présent, le Tao n'est « ni parole, ni silence ». *Yin* et *Yang*, les aspects féminin et masculin, nocturne et lumineux, lourd et léger, humide et sec, toutes choses viennent de lui et sont intimement mêlées à lui. Nuits et jours se succèdent et forment le temps. Terre et ciel se mêlent et forment l'espace.

Cette notion du Tao exprime bien à la fois le souffle qui permet la vie et l'équilibre cybernétique qui fonde l'existence de la matière. Mais aussi la loi des contraires, l'impermanence universelle, l'irréalité qui baigne la réalité même et le désordre inhérent à tout ordre. Le Tao, c'est l'ensemble du mouvement cosmique, une unité qui ne peut être perçue consciemment par un être ordinaire.

« Tout est paradoxe. Le réel est un aiguillon qui stimule l'homme sans arrêt parce qu'il répond à son exigence la plus fondamentale. Entre l'homme et l'univers, il y a connivence, entente secrète, comme entre le Tao et les dix mille êtres. Aussi l'homme lui-même est-il un paradoxe : " Chacun a sa conception du beau, cela pose la laideur. Chacun a sa conception du bien, cela pose le mal.

» *Yeou* (il y a) et *Vou* (il n'y a pas) s'engendrent. Le difficile et le facile s'accomplissent mutuellement. Le long et le court se mesurent l'un l'autre... "

» Aussi, poursuivit Tchouang-tseu " ceci est aussi cela, ou le même est aussi l'autre... Chacun a son oui et son non ; il porte ses oppositions, ses deux aspects de la réalité. "

» Comment les réduire ? Le sage y parvient " en se tenant dans l'axe du Tao ", donc en devenant lui-même le pivot, la racine, l'origine commune de tous les événements. En étant lui-même à la fois acteur et miroir de tout ce qui se passe autour de lui[1]. »

Parlant du sage qui atteint la réalisation intime du Tao, Lie Tseu[2] dit : « Les formes et les choses se

1. M. Bergeron, in *Encyclopédie des mystiques orientales*, éd. Seghers.
2. *Le Vrai Classique du vide parfait*, éd. Gallimard.

manifestent à celui qui n'est pas attaché à son être propre. Dans ses mouvements, il est comme l'eau ; dans son repos, il est comme un miroir et dans ses réponses, il est comme l'écho. C'est pourquoi le Tao est une fidèle image des choses : les choses s'opposent au Tao, le Tao ne s'oppose pas aux choses. »

Religion de la spontanéité, le taoïsme primitif lutte contre tous les faux-semblants, les illusions créées par la société, les artifices qui parent l'ego et empêchent de découvrir le véritable moi ; mais tout en les réfutant, tout en montrant la vanité de la plupart des comportements humains, la sagesse taoïste accepte ces phénomènes qui sont du monde, et donc de la réalité. Elle prêche l'équilibre dans le comportement humain et social, la voie du juste milieu qui sait suivre le cours naturel des choses. Car si l'on ne suit pas ce cours naturel, tôt ou tard l'accident, la rupture surviennent. A un monarque qui lui demandait comment gouverner son royaume, Tchouang-tseu répondit qu'il fallait d'abord apprendre à se gouverner soi-même et que le reste coulerait de source par la suite : voici en substance la teneur du message taoïste envers chaque être humain. Car tout serait parfait dans l'univers si l'homme ne jetait le désordre dans la bonne marche des choses, en dérangeant les cycles naturels et les rythmes de création du Ciel et de la Terre.

Lui, le troisième Pouvoir, le seul être conscient, est investi d'une responsabilité sans pareille, qu'il assume mal : au lieu de suivre la voie cosmique du Tao, il se pervertit et crée le malheur en lui et autour de lui. Cette philosophie ne pouvait que séduire les Chinois dont la vie fut toujours dangereuse, soumise aux caprices d'une nature imprévisible où famine et inondations abondaient et à ceux des princes notables et lettrés qui les gouvernaient et ne voyaient déjà que « le peuple » corvéable à merci, et non les individus. Le taoïsme, lui, proposait un réconfort personnel et se posa rapidement comme une religion de salut : les écrits de Lao-tseu, de Tchouang-tseu gardèrent leur éclat métaphysique et leur valeur d'exemple mais, dès le IIe siècle av. J.-C., une mystique populaire s'élabora à partir de ces racines. Toute une cosmogonie s'établit autour de mythes concernant les Immortels, leur séjour paradisiaque, les breuvages et techniques de Longue Vie. Pour les disciples de Lao-tseu, il ne faisait pas de doute que celui qui réussissait à ne plus faire qu'un avec le Tao, après avoir harmonisé toutes les énergies et tous les souffles en lui, ne pouvait plus mourir, devenait aérien et allait rejoindre en un séjour bienheureux ceux qui, avant lui, avaient su s'ébattre à l'origine des choses et des êtres. Le corps, par l'alchimie spirituelle, se transmutait en pur esprit. Du corps mortel surgissait un germe d'immortalité, un fœtus divin, éthéré.

Tchouang Tao Ling, au IIᵉ siècle de notre ère, devint le vrai fondateur d'une religion taoïste avec ses rites, ses techniques, ses recettes, ses cérémonies. De multiples sectes se greffèrent à ce tronc : le taoïsme commença alors à perdre sa fraîcheur, entra dans son rôle d'opium du peuple, suivant en cela le processus de toute religion instituée, et fut souvent en contradiction avec le message originel des fondateurs, ainsi que cela s'est toujours passé dans l'histoire. Pour donner un exemple, citons le *Ling Piao*, le Joyau Magique, texte sacré du IIᵉ siècle, où il est dit :

« L'un c'est le Tao...

L'un ne réside pas dans le corps de l'homme. »

Formule qui va à contre-courant de l'opinion de Tchouang-tseu qui affirmait voir le Tao partout, dans la nature, dans le ciel, dans tous les phénomènes, dans « la fourmi, le morceau de tuile, le fumier... ». La religion officielle crée un au-delà lointain, qu'il faut respecter à l'instar du pouvoir temporel. Tandis que les vrais sages trouvent la vérité dans la vie même, témoin ce dialogue entre Jo de la mer du Nord et le Patriarche du Fleuve :

« Le ciel est à l'intérieur.

L'homme à l'extérieur.

La vertu du Tao habite le ciel.

Qui connaît l'action d'un " homme céleste "

Sait qu'elle s'enracine dans le ciel...

Il peut alors avancer, se replier ou se déployer...

Il " retourne " toujours à l'ultime réalité. »

« Qu'est-ce que le ciel ? Qu'est-ce que l'homme ? »,
demanda alors le Patriarche du Fleuve.

« — Les bœufs, les chevaux ont des pattes, c'est le
" ciel ", répondit Jo de la mer du Nord. Un mors dans
la bouche des chevaux, un anneau dans le nez des
bœufs, c'est l'homme. » Et l'entretien se conclut par
cette phrase plus que jamais actuelle de Jo : « Ne
détruisez pas le ciel par l'homme. »

Penchons-nous à présent sur quelques techniques
léguées par les taoïstes afin de « nourrir le principe
vital, le Corps », *yangxing*, et « nourrir l'esprit »,
yangshen.

Le « Traité sur l'extase qui consiste à s'asseoir »
(Zuowang lun) dit : « Le Tao ayant sa force parfaite,
change le corps et l'esprit. Le corps est pénétré par le
Tao et devient un avec l'esprit ; celui dont le corps et
l'esprit sont unis ne font qu'un, est appelé " homme
divin ". Alors, la nature de l'esprit est vide et subli-
mée ; sa substance ne se détruit pas par transformation, c'est-à-dire ne meurt pas. Le corps étant tout
pareil à l'esprit, il n'y a plus ni vie ni mort ; secrète-
ment, c'est le corps qui est pareil à l'esprit. En
apparence, c'est l'esprit qui est pareil au corps.

» Le corps unique se disperse et devient tous les
phénomènes ; les phénomènes se confondent et deviennent le corps unique.

» L'adepte est alors devenu un avec le Tao, il peut
jouer en toutes choses. »

La pratique taoïste comportait un ensemble d'actes
permettant la bonne circulation du Souffle et de
l'Essence : régimes diététiques (où l'on devait s'abstenir de céréales), huit formes de respiration, gymnastique, massages divers qui se mêlaient aux prières,
méditations, cérémonies, rites magiques et techniques
sexuelles. Nous parlerons ici d'exercices de mise en
forme du corps, de la respiration et de l'action du sexe.

Un exercice de gymnastique taoïste

Pour dénouer les nœuds du corps et les obstructions
à la libre circulation du souffle, les taoïstes
employaient diverses méthodes de gymnastique parmi

lesquelles nous avons choisi celle de Zhoughi, toujours praticable aujourd'hui, ne fût-ce que dans le seul but de rester en bonne santé :

1) Pour rassembler les dieux (les énergies), serrer et frotter les dents légèrement 36 fois. Prendre le crâne avec ses deux mains, placer les paumes sur les oreilles, et tambouriner sur l'arrière du crâne avec tous les doigts 24 fois.

2) Bouger les vertèbres cervicales (la colonne céleste) à droite et à gauche, dans chaque sens 24 fois, ce évidemment en tournant tête et nuque.

3) Recueillir la salive à droite et à gauche de la bouche avec la langue. Sentir sa bouche pleine de salive. Puis, tambouriner sur tout l'arrière du crâne avec les doigts. Avaler la salive. La recueillir à nouveau dans la bouche. Tambouriner le crâne. Avaler. Répéter ce geste 36 fois.

4) Masser fortement les reins avec les deux mains de haut en bas, de bas en haut, 36 fois. Mais on peut le faire bien plus, sans aucune contre-indication, et obtenir des effets énergétiques merveilleux.

5) Faire tourner successivement chaque bras comme un treuil autour de son pivot 36 fois.

6) Faire tourner les deux bras ensemble 36 fois.

7) Les deux mains jointes au-dessus de la tête comme si l'on voulait supporter le ciel, expirer le souffle (*he*) 5 fois, le plus profondément possible. Frotter le sommet du crâne 3 fois ou 9 fois.

8) Mettre les deux mains en crochet, saisir les deux plantes de pieds successivement 12 fois. Puis, reposer les pieds et s'asseoir en posture de méditation.

Ces exercices doivent être faits tous les jours à minuit, ou bien une fois entre minuit et midi. Tout le temps qu'ils sont exécutés, il faut respirer par le nez. La tradition taoïste dit que s'ils sont bien exécutés, ils peuvent écarter la maladie ; les démons méchants et permettre de lutter contre le froid et le chaud. L'idéal est de les exécuter avant la pratique de la méditation. Celle-ci doit avoir lieu avant que la journée ne commence vraiment, c'est-à-dire entre le lever et le petit déjeuner. Pour ces pratiques, une chambre bien aérée, aussi silencieuse que possible, est nécessaire.

L'exercice qui a été donné là est en fait assez simple, mais les maîtres taoïstes en avaient bien d'autres, dont certains, disaient-ils, permettaient d'entrer dans le feu sans se brûler, ou de marcher dans l'eau sans se noyer. Ces méthodes qui comportent beaucoup de techniques de souffle, dont des techniques de rétention du souffle, sont évidemment dangereuses à pratiquer sans maître, et il est hors de question d'en parler ici.

La position de méditation

Pour la méditation, les taoïstes employaient soit la posture en lotus ou demi-lotus, soit la posture allongée. Pour prendre cette dernière, le méditant taoïste se couchait sur sa natte, sur le côté droit, les jambes repliées, le corps relevé par un coussin rond placé sous l'aisselle, sur lequel le bras prenait appui pour soutenir la tête. Le bras gauche reposait sur la cuisse, et la main enveloppait le genou. Cette position est traditionnellement chinoise.

Quelle que soit la position employée, il est recommandé de contempler l'extrémité du nez, ou un point situé devant soi sur le sol à environ un mètre, ce afin d'éviter toute rêverie les yeux fermés et de fixer l'attention.

L'esprit est fixé sur ce que les taoïstes appelaient le

« centre jaune », c'est-à-dire le point situé entre les sourcils, ce afin de permettre à la lumière de se diffuser à l'intérieur du corps et de le purifier, disaient-ils. Les lèvres doivent être closes, la bouche ne doit ni parler ni rire ; la respiration doit être calme, profonde. L'odorat ne doit rien sentir, l'oreille ne doit pas prêter attention aux choses extérieures. La concentration doit être toute sur l'intérieur. Les pensées ne doivent pas courir vers l'extérieur. « Les vraies pensées sont durables, dit Lao-tseu dans *le Secret de la Fleur d'Or*. Si les pensées sont durables, la semence est durable ; si la semence est durable, l'énergie est durable ; si l'énergie est durable, l'esprit est durable. L'esprit est la pensée, la pensée est le cœur, le cœur est le feu, le feu est la pilule d'or. Quand on contemple ainsi l'intérieur, les merveilles de l'ouverture et de la fermeture des portes du ciel sont inépuisables. Mais si l'on ne rythme pas la respiration, on ne peut pas réaliser les rythmes les plus profonds. »

La respiration rythmée

D'après les taoïstes, l'univers lui-même émergea du chaos quand neuf souffles distincts se différencièrent, formèrent neuf forces créatrices, neuf « divinités » qui en engendrèrent d'autres ; le clair et l'obscur se séparèrent alors et la pulsation du Ying-Yang commença à rythmer la réalité nouvelle. Ces neuf souffles, on les retrouve dans notre corps même, comme partout dans la nature. Et leur harmonisation en nous peut permettre de mener longue et saine vie et surtout, de s'ouvrir au Tao des choses.

Les 36 000 dieux, ou énergies du corps, sont ainsi sans cesse éveillés par l'énergie du souffle, énergie que le méditant peut conduire à n'importe quel endroit de son corps si cela est nécessaire, en cas de maladie, par exemple.

L'inspiration est Yin, l'expiration Yang ; elles doivent être toutes deux lentes, subtiles (non bruyantes) et profondes. L'air doit être envoyé jusque dans l'abdomen, sous le nombril, dans « la mer du souffle ».

Les taoïstes divisaient le corps en trois sections, dans

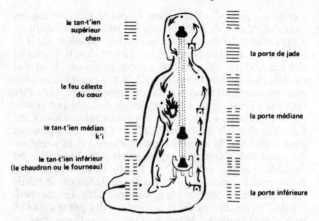

le tan-t'ien
supérieur
chen

la porte de jade

le feu céleste
du cœur

la porte médiane

le tan-t'ien médian
k'i

le tan-t'ien inférieur
(le chaudron ou le fourneau)

la porte inférieure

lesquelles ils plaçaient trois régions capitales : la tête, la poitrine, le ventre. Ces zones étaient appelées « champs de cinabre » *(Tant'ien)*, en référence à un mythique élixir d'immortalité dont le composant essentiel était le cinabre. La première, supérieure, palais du Nirvâna, est dans le cerveau. La seconde, médiane, palais Ecarlate, se trouve près du cœur (plexus solaire) et la troisième, le champ de Cinabre inférieur, se trouve à trois pouces en dessous du nombril : il est essentiel que le souffle tourne à travers ces trois zones et surtout qu'il atteigne le champ inférieur, cet « océan du souffle » *(gihai)*, où il se métamorphose en pure énergie. Mais pour cela, un « seuil » doit être passé après une longue pratique. Les adeptes taoïstes savaient alors faire ce qu'ils appelaient le « souffle embryonnaire » : ils retenaient leur respiration le temps de trois, cinq, sept, neuf, douze respirations normales et dirigeaient mentalement l'énergie par divers passages à l'intérieur du corps entier, jusqu'au bout des doigts. Ils pouvaient ainsi se guérir, acquérir des pouvoirs ou connaître des expériences mystiques. Mais nous ne conseillerons à personne de tenter ces exercices secrets, jadis fondés sur une symbolique et une science scrupuleuse de l'être, et qui, pratiqués sans méthode, risqueraient aujourd'hui

de ne déclencher qu'asphyxie et évanouissements. Il
est d'autres moyens plus simples pour arriver à ces
résultats.

Pour l'exemple, voici une méthode rapportée par le
grand sinologue Henri Maspero[1] et tirée d'un livre du
VIIIe siècle, le « Recueil des livres nouveaux et anciens
de l'absorption du souffle ». C'est, d'après lui, la
formulation la plus précise qu'il ait rencontrée au
cours de ses recherches.

Dans toutes les recettes d'emploi du souffle, il faut
d'abord faire la gymnastique à droite et à gauche, pour
que les os et les articulations s'ouvrent et communi-
quent, que les nerfs *jin* soient mous et le corps relâchés.
Après cela, s'asseoir, le corps en position correcte, et
rejeter et aspirer trois fois, pour qu'il n'y ait pas de
nœuds d'obstruction ; calmer la pensée et oublier le
corps afin que le souffle soit inspiré tranquillement. Au
bout de quelque temps, d'abord cracher tout doucement par la bouche le souffle impur *duqi*, et aspirer par
le nez le souffle pur *qingqi*. Tout cela six ou sept fois.
C'est ce qu'on appelle « harmoniser les souffles »
(*tiaoqi*).

L'harmonisation des souffles achevée, la bouche et le
nez étant tous deux fermés et complètement vides, que
le souffle remplisse alors la bouche ; puis battre le
tambour[2] dans la bouche quinze fois : si c'est plus,
cela sera mieux encore ; avaler le souffle commé
comme si on avalait une grosse gorgée d'eau, et le faire
entrer dans le ventre ; de tout son cœur concentrer son
attention (sur le souffle allant) jusque dans l'Océan du
Souffle et y demeurer longtemps. Au bout de quelque
temps, avaler de nouveau suivant le procédé ci-dessus,
en prenant seulement pour mesure (du nombre de fois
où on le fera) que le ventre soit rassasié, mais sans fixer
un nombre limité de fois. Après cela, vider le cœur[3] et

---

1. Voir : *le Taoïsme et les Religions chinoises,* éd. Gallimard.
2. « Battre le tambour (céleste) » est le terme technique désignant
l'acte de « grincer des dents », en fait les frotter en serrant les
mâchoires.
3. « Vider le cœur (*xuxin*) n'est pas un acte physiologique... le vider,
c'est en chasser toute pensée se rapportant aux " choses ", c'est-à-dire
au monde extérieur. » Le cœur : signifie aussi la conscience, l'esprit.

remplir le ventre. Fermer la bouche, masser les deux
côtés du ventre avec la main pour que le souffle
s'écoule et passe ; et laisser pénétrer la respiration tout
doucement dans le nez sans respirer grossièrement de
peur de perdre l'harmonie. Après cela, le corps étant
couché dans une position correcte, se placer sur une
couche avec un oreiller ; l'oreiller doit être tel que la
tête soit à la hauteur du corps ; les deux mains bien
fermées. Etendre les mains ouvertes à quatre ou cinq
pouces de distance du corps ; les deux pieds également
à une distance de quatre ou cinq pouces l'un de l'autre.
Après cela, respirer par le nez : la bouche et le nez tous
deux fermés, que le cœur se concentre sur le souffle et
le fasse circuler par tout le corps. C'est ce qu'on appelle
« faire circuler le souffle » (*yunqi*). Si on est malade,
que le cœur en se concentrant sur le souffle l'applique à
l'endroit malade. Si le souffle est rapide, *ji* (halète-
ment), qu'on le relâche dans le nez en courant d'air très
fin pour faire communiquer la respiration, sans que la
bouche s'ouvre, et qu'on attende que la respiration du
souffle soit égale ; alors de nouveau le tenir enfermé
suivant le procédé précédent. Remuer les doigts des
deux pieds, les doigts des mains, et les os et les
articulations : prendre pour mesure le moment où la
sueur sort. C'est ce qu'on appelle la pénétration du
souffle (*qitong*).

Alors tout doucement, le corps étant couché, plier les
deux jambes, d'abord les poser à terre du côté gauche
le temps de dix respirations, puis les poser à terre du
côté droit, le temps de dix respirations aussi. C'est ce
qu'on appelle « réparer la diminution » (*bu sun*).

En se conformant à ces procédés, au bout d'un mois,
en marche ou debout (immobile), assis ou couché,
quand le ventre est vide, qu'on batte le tambour et
qu'on avale le souffle sans limite de temps, comme si on
mangeait. Quand on a mangé un repas de vide
kongfan d'une ou deux bouchées, y joindre de l'eau
qu'on avale et qu'on fait descendre ; c'est ce qu'on
appelle laver les cinq viscères (*xiwuzang*). Alors
réchauffer et rincer la bouche avec de l'eau pure, vider
le cœur et remplir le ventre, de façon que les viscères et
les réceptacles aient leurs feuillets dilatés, avaler le

souffle pour que les cinq viscères n'arrêtent pas le souffle des cinq saveurs.

Cela achevé, il faut d'abord cracher par la bouche le souffle impur, aspirer par le nez le souffle pur sans compter combien de fois ; il faut le rejeter entièrement. Si on laisse échapper par en bas un souffle souillé, se remettre à battre le tambour et fondre une gorgée de salive, la joindre au souffle pour le compléter. Si on mange ou si on boit du thé à la manière ordinaire, tout cela ce sont des souffles extérieurs qui entrent ; quand ils sont restés un instant dans la bouche, on ferme la bouche ; et quand la bouche est fermée, les souffles extérieurs qui y sont entrés sortent dans le nez. Or, le souffle qui entre dans le nez, c'est le souffle pur ; il faut donc toujours manger la bouche fermée pour qu'il n'y ait pas de souffle qui entre dans la bouche car s'il en entre, c'est un souffle mortel.

Toutes les fois que les hommes parlent, le souffle de l'intérieur de la bouche sort, il faut qu'il en entre par le nez : c'est l'expiration et l'inspiration telles qu'on les pratique ordinairement. Si en marchant, en étant arrêté, en étant assis, ou en étant couché, on remue toujours les doigts de pied, cela s'appelle faire constamment que le souffle réussisse à descendre en bas. C'est une chose à pratiquer constamment, à laquelle il faut penser aussi bien quand on est au repos que lorsqu'on est en mouvement. Si on ne fait pas attention au temps, et que subitement le souffle extérieur pénètre dans le ventre, on sent une légère enflure, il faut masser le ventre cent fois : le souffle s'échappera par le bas. Si le souffle monte et ne peut sortir, le faire descendre en le pressant avec la main : cela s'appelle mettre en ordre (*lishun*).

S'abstenir des choses qui rompent le souffle, et des choses grasses, ou qui collent, ou qui produisent du froid ; il ne faut pas manger non plus de choses froides qui agitent le souffle.

Si on se conforme sans faute à ce procédé et qu'on le pratique constamment pendant neuf ans, le résultat sera obtenu, on marchera sur le vide comme on marche sur le plein, on marchera sur l'eau comme on marche sur la terre, dit cette tradition !

Les heures Yang

Certains taoïstes préconisaient de faire des exercices de respiration aux heures Yang de la journée (que l'on retrouve d'ailleurs dans l'acupuncture chinoise). Ils en avaient tiré la méthode suivante, où le terme « absorber le souffle » marque une respiration complète, l'expiration devant évidemment descendre dans le champ du Cinabre inférieur, le précieux Océan du Souffle, souvent représenté par un chaudron tripode où bouillonne le feu intérieur.

« A minuit (*11 heures du soir à 1 heure du matin*), absorber (le souffle). $9 \times 9 = 81$ fois.

Au Lever du Soleil (*3 à 5 heures du matin*), absorber (le souffle). $8 \times 8 = 64$ fois.

A l'Heure du Repas (*7 à 9 heures du matin*), absorber (le souffle). $7 \times 7 = 49$ fois.

A midi (*11 heures du matin à 1 heure de l'après-midi*), absorber (le souffle). $6 \times 6 = 36$ fois.

Au Coucher du Soleil (*3 à 5 heures de l'après-midi*), absorber le souffle). $5 \times 5 = 25$ fois.

Au Crépuscule (*7 à 9 heures du soir*), absorber (le souffle). $4 \times 4 = 16$ fois.

Rappelons que toutes ces pratiques devaient êtres suivies à jeun, après la selle, le corps propre, un bâton d'encens brûlant dans la pièce pour la purifier ; de plus, les anciens auteurs recommandent d'être assis plutôt que couché.

Ne pas s'oublier

Mais « nourrir son corps sans nourrir son esprit » est pure folie, comme en témoigne cette jolie histoire où Zhuang Zhi, malgré sa pratique taoïste, se rend compte que s'occuper de son être sans s'occuper de sa conscience ne le détache pas des passions ni de la souffrance. Qui s'oublie risque de se perdre et science sans conscience n'amène que ruine !

Comme Zhuang Zhi se promenait dans le parc de Diaoling, il vit un étrange oiseau venu du sud, dont les ailes avaient sept pieds d'envergure et les yeux avaient

un pouce de large. Il effleura le front de Zhuang Zhi en passant et se posa dans un bois de châtaigniers. Zhuang Zhi dit : « Qu'est-ce que cet oiseau ? Avec de si grandes ailes ne pas continuer son vol ! Avec de si grands yeux ne pas me voir ! » Il releva sa robe et courut après lui.

Or comme, l'arbalète à la main, il se tenait à l'affût, il vit une cigale qui, ayant trouvé un coin d'ombre charmant, en oubliait sa personne ; une mante leva ses pinces et l'attaqua, la vue de cette proie lui faisant oublier son propre corps. L'étrange oiseau alors saisit cette occasion pour les saisir toutes les deux et, du fait de l'occasion, oublia sa nature, en sorte que Zhuang Zhi l'abattit. Zhuang Zhi soupira : « Hélas ! les êtres se font tort les uns aux autres ; ils se sont attiré eux-mêmes leur malheur ! » Et, jetant son arbalète, il s'en retourna. Le garde-forestier le poursuivit en l'insultant. Rentré chez lui, Zhuang Zhi resta trois mois sans descendre dans sa cour. Lan Jiu alors lui demanda : « Maître, pourquoi êtes-vous resté si longtemps sans venir dans votre cour ? » Zhuang Zhi répondit : « Jusqu'à ce jour, je gardais mon corps en oubliant ma personne ; je contemplais une eau trouble en la prenant pour une source claire... »

Le Tao de l'amour

A la grande indignation de leurs ennemis, les taoïstes mêlèrent des pratiques sexuelles à leurs techniques de méditation. Il n'y a là rien qui doive nous surprendre puisque le Tao est un flot immense et continu d'énergies dont le mouvement reflète la totalité du cosmos : l'énergie Ying-Yang est en œuvre partout, et l'être humain lui-même est double, masculin, féminin ; l'union des deux principes créé la vie, le Tao se poursuit ainsi sans cesse. L'énergie sexuelle reste la plus grande force de transformation puisqu'elle se trouve directement impliquée dans le grand jeu dynamique qui fonde l'univers sensible et les rythmes de la nature. Les Chinois attachent toujours beaucoup d'importance au sexe dans leur vie, ce jusqu'à l'époque récente où Mao établit un strict puritanisme et le célibat tardif afin d'éviter que la jeunesse ne dépense ses forces vives dans l'amour, et pour qu'elle les garde actives dans la construction de la société nouvelle. Mais, jadis, les rapports sexuels étaient considérés avec le plus grand naturel, ils recréaient le rapport fécond du Ciel et de la Terre, et la polygamie sous forme de concubinat était une norme. Très tôt donc, on établit des traités où postures et techniques sexuelles se trouvaient pratiquement décrites, avec luxe de détails. Un fait essentiel en émerge : la nécessité pour l'homme de ne pas gaspiller son énergie et de pouvoir satisfaire plusieurs femmes pour la plus grande paix du ménage. Il fallait donc éviter à tout prix l'éjaculation qui fatigue le corps et donc, dans la mesure du possible, jouir rarement. Un plein plaisir se trouvait dans la volupté des contacts, des postures et de la générosité de l'échange.

Les taoïstes se rendirent rapidement compte que les techniques de rétention du sperme étaient d'une efficacité sans pareille : non seulement l'homme ne dispersait pas son énergie et la femme se trouvait satisfaite, mais une subtile alchimie s'opérait entre eux. Le mâle prenait alors le Yin de la femme, et celle-ci profitait de la pure essence Yang de son partenaire. Il est Yang, elle est Yin : le Yang met le Yin en mouvement qui dégage alors du Yang. Et inversement, le Yin de la femme met en branle le Yang de l'homme qui dégage du Yin. Les deux partenaires peuvent se nourrir de cet échange. La femme doit avoir le plus d'orgasmes possible pour que, suivant les lois célestes, la production de Yang soit la plus forte. L'homme doit, lui, économiser le plus possible son sperme afin que son énergie ancestrale Yang ne s'échappe pas et que son énergie vitale garde sa force et sa longévité. Ce qui n'empêche pas les auteurs anciens d'écrire que l'homme doit jouir de temps à autre, pour concevoir bien sûr, mais aussi pour équilibrer ses tensions et savoir se fondre dans le creuset de l'orgasme commun.

L'un des traités fondamentaux de l'amour taoïste, *le Sou Nu King*[1], dans lequel on voit l'empereur Huang

1. Ed. Seghers.

L'automne est frais, la fenêtre ouverte...
La lune verse une lueur vive.
Il est minuit : pas un mot, pas une parole.
Deux rires seulement sous la courtine en soie.

Ti (l'Empereur jaune qui enseigna les hommes) faire son éducation sexuelle auprès de jeunes femmes expertes, dit :

Pengzu : « Après l'éjaculation, le sujet sent son corps empli de lassitude, l'ouïe troublée, besoin de sommeil, la gorge sèche, les articulations comme disjointes. Bien entendu, le sujet a éprouvé du plaisir mais un court instant ; aussi il n'y a pas de vrai plaisir. S'il n'éjacule pas, sa force augmente, ses oreilles perçoivent mieux les bruits, ses yeux distinguent plus nettement les objets. Grâce à un effort de volonté, de contrôle, le corps se sent mieux, comment peut-on considérer qu'il n'y a pas de plaisir ? »

Huang Ti : « J'aimerais connaître les effets du coït sans éjaculation. »

Sunü : « Un coït sans éjaculation renforce les énergies ; deux coïts sans éjaculations, l'ouïe et la vue s'améliorent ; trois coïts sans éjaculation, toutes les maladies disparaissent ; quatre coïts sans éjaculation, *Wu Shen* (cinq esprits) est en paix ; cinq coïts sans éjaculation, le sang et les vaisseaux se bonifient ; six coïts sans éjaculation, le dos et les lombes ont davantage de vigueur ; sept coïts sans éjaculation, le bassin s'en trouve renforcé ; huit coïts sans éjaculation, le corps est brillant ; neuf coïts sans éjaculation, le sujet aura une vie éternelle ; dix coïts sans éjaculation, il pourra communiquer avec *Shen Ming* (le ciel/esprit pur). »

Huang Ti : « Le principe du coït est de ne pas éjaculer ou, tout au moins, d'économiser la quintessence ; mais si l'on veut avoir des enfants, que faire ? »

Sunü : « Cela diffère selon l'âge et la santé du sujet ; cependant, quel qu'il soit, il ne faut pas qu'il se force. Un homme de quinze ans en bonne santé peut éjaculer plusieurs fois par jour ; de santé moyenne, une fois par jour ; un homme de vingt ans en bonne santé, plusieurs fois par jour ; de santé moyenne, une fois par jour ; un homme de trente ans en bonne santé, une fois par jour ; de santé moyenne, une fois tous les deux jours ; de quarante ans, en bonne santé, une fois tous les trois jours ; de santé moyenne, une fois tous les quatre jours ; de cinquante ans en bonne santé, une fois tous les cinq jours ; de santé moyenne, une fois tous les dix jours ; de soixante ans en bonne santé, une fois tous les dix jours ; de santé moyenne, tous les vingt jours ; de soixante-dix ans, en bonne santé, une fois tous les trente jours ; de santé moyenne, il ne faut pas éjaculer. »

D'après tous les traités, il est bon de faire l'amour le plus possible, le plus âgé possible : « L'homme, même âgé, ne veut pas être sans femme ; s'il est sans femme, son attention *yi* s'agite ; si son attention s'agite, ses esprits *shen* se fatiguent ; si ses esprits se fatiguent, sa longévité diminue »... Et il est écrit aussi : « Le but du coït est d'équilibrer les énergies, d'apaiser le cœur et de renforcer la volonté. Ensuite arrive la clarté de l'esprit (*Shen Ming*) ; le sujet ressent un bien-être profond, ni froid ni chaud, ni faim ni satiété, le corps en paix. La jouissance de la femme, le non-affaiblissement de l'homme, voilà le bon résultat. »

Les taoïstes savaient bien que la femme est plus vigoureuse sexuellement que l'homme, comme l'eau sait être plus forte que le feu. Certains textes disent même qu'elle peut recevoir huit fois plus. Donc, un homme peut s'épuiser en elle. Tandis que s'il applique les techniques de rétention, ils pourraient tous deux harmoniser *Yin* et *Yang* et connaître « les cinq plaisirs célestes ». Sinon, l'homme dispersera ses potentialités et mourra avant son temps.

Au début du rapport amoureux, il faut savoir jouer doucement ensemble pour harmoniser les énergies et pour que « les esprits se mettent d'accord ». Quand ils sont émus parfaitement, alors peut-on s'unir : le Tigre de Jade, l'Oiseau Rouge, le Pilier du Dragon Céleste, le phallus en un mot, entre dans la Fleur de Pivoine éclose, la Porte Vermillon, le Lotus d'Or, le Récipient Secret de la femme. Des mouvements lents de pénétration alternent avec des poussées brusques sur le rythme croissant 3-5-7-9. Les postures varient, trente d'entre elles sont conseillées : ce sont celles-là mêmes que l'on retrouve dans toutes les traditions, avec quelques variantes. Le phallus peut pénétrer et se mouvoir de neuf façons différentes, poétiquement décrites :

1. La tige de jade frappe de gauche à droite : courageuse comme un général.

2. Elle saute et descend, tel un cheval sauvage saute au-dessus d'un abîme.

3. Elle se déplace tout en suivant des courbes douces et régulières, telles les mouettes suivant les vagues.

4. Elle pénètre et se retire, tel le corbeau qui picore.

5. Elle pénètre profondément et frappe à la surface, telle la pierre lancée dans l'eau.

6. Elle pénètre doucement et se retire de même, tel le serpent regagnant son nid.

7. Elle pénètre et se retire rapidement, telle une souris effrayée retournant dans son trou.

8. Elle se redresse, tel l'aigle après avoir attrapé le lièvre.

9. Elle monte et descend, tel le voilier luttant contre un typhon.

Même si l'homme veut jouir, il doit attendre la jouissance de sa partenaire, puis, sortir son phallus d'environ les deux tiers, fermer les yeux, se concentrer au-dessous de la langue, ouvrir les narines, fermer la bouche, inspirer en allongeant la tête et serrant les épaules : cette technique limiterait la quantité de sperme éjaculé. Quant à la méthode de rétention totale, voici la recette la plus pratiquée : quand l'essence va sortir, on saisit rapidement le pénis avec les deux doigts médiaux de la main gauche en arrière du scrotum et en avant de l'anus, on serre fortement et on expire avec puissance en même temps que l'on serre et frotte les dents, plusieurs dizaines de fois si nécessaire. Alors, l'essence ne peut sortir et monte par la colonne vertébrale dans le cerveau. Cette technique secrète devait être utilisée assez rarement et avec préparation ; il faut être propre, ni ivre, ni repu, avoir médité et copuler après minuit...

Mais à force de volonté, d'attention et avec une bonne respiration, tout homme peut arriver à faire l'amour en restreignant la fréquence des éjaculations et profiter ainsi des bienfaits décrits par les anciens Chinois.

Pour montrer avec quelle minutie ils avaient étudié les réactions du corps (quoi d'étonnant à cela quand on sait qu'ils ont découvert cette merveilleuse science naturelle : l'acupuncture ?), citons le *Sou Nu King* :

Xuannü : « La voie du coït pour les hommes nécessite " quatre arrivées " ; pour les femmes, " neuf énergies ". »

Huang Ti : « Quelles sont les " quatre arrivées " ? »

Xuannü : « Si la tige de jade ne s'élève pas, c'est que l'énergie de l'harmonisation n'est pas arrivée ; si elle s'élève mais pas assez grosse, c'est l'énergie du muscle qui est absente ; si elle est grosse mais pas assez dure, l'énergie de l'os manque ; si elle est dure mais pas assez chaude, c'est l'énergie de *Shen* qui n'est pas arrivée. Les quatre arrivées de ces énergies sont déterminées par le *Dao* (Tao, voie, chemin, raison...). Il faut agir en toute conscience et ne pas éjaculer pendant le coït. »

Huang Ti : « Très bien. Mais quelles sont les " neuf énergies " ? »

Xuannü : « Lorsqu'une femme respire difficilement et éprouve le besoin d'avaler sa salive, c'est l'énergie du poumon qui arrive ; si elle étreint son partenaire, cela annonce l'arrivée de l'énergie de la rate ; le vagin glissant montre celle de l'énergie du rein ; si elle fait " des manières ", c'est le signe de la venue de l'énergie de l'os ; ses jambes crochent celles de son partenaire, l'énergie musculaire est arrivée ; elle caresse la tige de jade, cela dénote la venue de l'énergie du sang ; elle caresse le mamelon de son partenaire, celle de l'énergie de la chair. Pour un long coït, il faut ressentir ces neuf énergies, sinon des maladies pourront apparaître. »

Suivent de multiples techniques de coït, telles celles-ci, pour accroître la santé et chasser la maladie :

Le tigre marche : la femme s'accroupit tête vers le bas et fesses vers le haut. L'homme pénètre par-derrière huit fois sa tige de jade en entourant le ventre de la femme de ses bras ; il devra pénétrer le plus profondément possible et recommencer l'opération cinq fois. Le Yin de la femme se ferme puis s'ouvre, le liquide s'écoule. Après l'acte, se reposer un peu ; la femme ne sera jamais malade et l'homme sera plus fort que jamais.

Les poissons écailles contre écailles : l'homme s'allonge sur le dos tandis que la femme s'accroupit sur lui, face à lui. La tige de jade pénètre doucement mais peu profondément, comme un nourrisson tétant le mamelon ; la femme uniquement tourne les fesses. Garder la position le plus longtemps possible ; lorsque la femme jouit, l'homme retire la tige de jade. Cette méthode peut soigner toutes les maladies de *Jie Ju* (accumulation).

Tonifier les viscères : la femme se couche sur le côté et fléchit les jambes ; l'homme, également allongé sur le côté, pénètre quatre fois neuf fois. Cette position permet également d'harmoniser les énergies. Pour soigner la sensation de froid du sexe de la femme, il faut pratiquer quatre séances par jour pendant vingt jours.

Tonifier le sang : l'homme s'allonge sur le dos ; la femme, à genoux sur lui, lui tourne le dos ; celui-ci pénètre le plus profondément possible sept fois neuf fois. Cela a pour effet de donner une force nouvelle à l'homme. Il faut sept séances par jour pendant dix jours pour soigner l'irrégularité du cycle.

Pour toutes ces techniques, la respiration abdominale (avec expiration profonde dans le ventre) joue un rôle majeur : elle permet de garder contrôle et calme. Le principe de la détente avant l'acte était aussi mis en valeur et tous les traités insistent sur l'importance de s'harmoniser pleinement, de découvrir le corps de l'autre et ses zones sensibles, de le caresser, de savoir l'aimer et boire à « la fontaine de jade ».

Mais que ces conseils d'amour ne nous fassent pas oublier le but ultime de l'union : « la perle de feu », représentée à côté du dragon dans tout l'art chinois ; ce gemme mystérieux est le symbole parfait de l'énergie Yin-Yang devenue une, pure énergie vitale, condensé d'énergie cosmique primordiale. Et alors les parties secrètes de l'être s'ouvrent peut-être, et il peut « contempler son visage tel qu'il était avant sa naissance ».

Perle de feu. Tao.

—————— A MÉDITER ——————

L'homme accompli exerce son intelligence à la manière d'un miroir. Il sait et connaît, sans qu'il s'ensuive ni attraction ni répulsion, sans qu'aucune empreinte persiste. Cela étant, il est supérieur à toutes choses et neutre à leur égard.

Tchouang-tseu

On façonne l'argile pour en faire des vases
Et là où il n'y a que le vide
Se trouve l'efficacité du vase !

Lao-tseu

D'abord l'homme ne sait pas
Ensuite il sait
Sa recherche ne peut avoir de limites,
Et elle ne peut être sans limites !
Dans cette ambiguïté est la réalité !

Tchouang-tseu

Rompre avec toute activité, se retirer du monde,
Ne prouve ni grande sagesse, ni grande vertu...
L'homme parfait doit être capable d'aller et venir comme
Le commun des mortels.

Tchouang-tseu

Chaque chose a sa nature particulière qui se développe suivant des lois précises. C'est pourquoi il ne faut jamais forcer l'issue d'une situation quelle qu'elle soit.

Kang Pi
Commentaires.

Le Ciel, la Terre et l'Homme jouent chacun un rôle dans la création : le Ciel engendre, la Terre nourrit et l'Homme accomplit.

Tchong Yong
Le Livre des rites.

Jadis, une nuit, je fus un papillon voltigeant content de son sort. Puis je m'éveillai étant Tchouang-tseu. Qui suis-je en réalité ? Un papillon qui rêve qu'il est Tchouang-tseu ou Tchouang-tseu qui s'imagine qu'il fut papillon ?

Tchouang-tseu

La bonne et la mauvaise fortune ne sont pas fatales ; elles sont une création de l'homme. En vertu de quoi, le résultat de tout bien et de tout mal le suit comme son ombre.

Kan Ying P'ien
Le Traité de l'action.

La voie du Hinayana

Durant sa longue existence le Bouddha enseigna donc à ses disciples, suivant ses paroles : « Le fardeau, le porteur du fardeau, la prise du fardeau, le dépôt du fardeau. » A partir de sa mort, la continuité du message fut assurée par la communauté des moines et laïcs (*sangha*) et par la succession des patriarches dont le premier fut Mahakaçyapa, celui qui sourit, lorsque le Bouddha, vers la fin de sa vie, en pleine assemblée de disciples proches, fit tourner au bout de ses longs doigts une fleur. Lui seul comprit alors la portée ultime de l'enseignement : tout est énergie pure, tout est finalement unité. Le vide engendre le phénomène, le phénomène engendre le vide.

Au fil des années diverses sectes et groupements se créèrent suivant les contrées et les maîtres. Aucun fanatisme entre celles-ci, le Bouddha avait bien précisé que la transmission de son œuvre devrait se faire « dans la langue même du pays concerné ». Ce n'est pas aux nouveaux adeptes d'apprendre un langage étranger mais aux moines missionnaires de traduire leur message. Finalement, après le concile qui se tint en 380 de notre ère, on peut dire que le bouddhisme se sépara en deux branches : le « petit véhicule » (Hinayana ou Theravada) et le « grand véhicule » (Mahayana). La première, ou doctrine des Anciens, touche surtout le sud de l'Inde et l'Asie du Sud-Est : Ceylan, Birmanie, Thaïlande..., tandis que la seconde se répandra à travers les Himalayas jusqu'en Chine et au Japon puis, depuis ce siècle-ci, en Europe et aux Amériques.

Nous livrerons ici la technique de Vipassana (vision interne des choses telles qu'elles sont) et d'Anapana (l'attention sur la respiration et la concentration de l'esprit) telles qu'elles ont été vécues par Dominique Godrèche[1] lors de plusieurs sessions en Inde avec le maître birman Goenka. Ces techniques sont à la base de toutes les pratiques suivies encore dans les monastères et sessions Hinayana.

Technique d'Anapana

S'asseoir de manière à avoir la colonne vertébrale droite.

Fermer les yeux.

Assurer l'équilibre du corps quelle que soit la position choisie.

Observer chaque inspiration et chaque expiration, chaque souffle qui entre, chaque souffle qui sort, souffle après souffle. Ne pas les compter. Ne pas les régler. Ne pas les empêcher d'être tels qu'ils sont. Laisser respirer comme cela respire. Une respiration longue : elle est longue ; courte : elle est courte.

Laisser la respiration être telle quelle, mais avoir une très grande vigilance dans l'observation de ce va-et-vient en soi :/j'inspire.../j'expire.../j'inspire.../j'expire.../ etc. Etre comme le gardien à l'entrée de la maison pour chaque personne qui entre ou sort.

Etre complètement concentré à l'endroit des narines à la sortie de l'air, puis sentir petit à petit le contact de la respiration au point situé au-dessus de la lèvre supérieure en dessous des deux narines et au milieu de celles-ci.

Quoi qu'il arrive, revenir constamment à la sensation du souffle à cet endroit et à la conscience du va-et-vient de *chaque* inspiration et de *chaque* expiration.

« *La méditation n'est ni une rêverie silencieuse, ni une manière de garder l'esprit vide.*

C'est un combat actif.

C'est un tonique à la fois au cœur et à l'esprit.

Un Bouddhiste ne prie pas pour être sauvé, il ne s'en remet qu'à lui-même et gagne sa liberté » (Narada).

1. Voir *Santana*, éd. Albin Michel, Spiritualités vivantes.

Vipassana

Voici comment le maître Goenka explique l'attitude de l'esprit à observer lors de la méditation : Si j'ai soif je dois boire moi-même, quelqu'un d'autre ne peut boire à ma place. Je dois faire le voyage moi-même. Quelqu'un peut m'aider sur ce chemin avec amour et compassion. Faites le meilleur usage du temps et travaillez avec persistance et patience.

Le processus de purification est douloureux.

Je souffre d'un ulcère et je dois presser le pus et cela, c'est dur et douloureux ; et je dois traverser tout ce processus.

Je ne peux me libérer de la souffrance sans presser le pus hors de moi.

Le processus de cette technique :

un processus de nettoyage,

un chemin de purification.

Nous ne devons pas fuir notre misère ; nous devons y faire face. Nous devons considérer l'esprit équilibré.

Et le pus s'en va.

Pendant que l'on travaille à cela, on a l'impression que cela aggrave encore nos problèmes.

Exemple : Un puits d'eau claire.

Le fond du puits est plein de saletés.

Je veux le nettoyer et dois aller au fond du puits, et comme je remue *ça rend l'eau toute sale* car *j'essaie* d'en *retirer le fond sale.*

Alors ? qu'est-ce que je fais ? Je fais remonter la saleté.

Tout ce qui est accumulé dans notre subconscient remonte et ressort et ça vient — et ça part.

Si une saleté s'en va je suis libéré de celle-là. Même si elle s'en va partiellement, je suis libéré de celle qui s'en va.

Laissez remonter les impuretés.

Ça vient et ça s'en va.

Toute la peine que nous devons endurer au début. Petit à petit elle s'en va et nous vivons la Joie.

Je ne fuis ni la peine

ni la Joie.

Je jouis de la joie mais sans attachement : état de Nibbana.

Avec l'observation juste de chaque partie du corps, on voit les sensations naître et s'en aller.

Dans l'état de Nibbana rien ne naît ni ne s'en va.

Pour le moment nous devons éliminer au maximum le feu qui est en nous — la colère.

Chaque pas de plus dans la pratique rend la théorie plus claire. La pratique nettoie mon mental conditionné, avec des préjugés. Et cette pratique enlève tout ça.

Et la vue pure c'est la libération.

Nous argumentons, car durant toute notre vie nous avons fait cela pour prouver que notre intelligence est supérieure à une autre.

Pour moi, tout est optimiste.

J'ai un remède pour sortir de la souffrance.

J'ai un savon pour laver ma crasse
je l'utilise et je guéris cette crasse en moi.

De l'optimisme et du travail !

Les deux aspects de la technique

1. Notre esprit sensible et aiguisé, subtil.
2. L'équanimité.

Observer les choses dans leur VRAIE NATURE, c'est ce qui va nous aider dans notre vie quotidienne. Si cela ne nous aide pas là-dedans, alors c'est zéro, ça n'est rien du tout.

Si c'est juste une expérience de dix jours.

alors ?

Toute la vie est faite d'expérience.

Et après ?

Si c'est pour renforcer mon ego en disant : « J'ai fait ceci, j'ai fait cela... »

Non.

Chaque fois que mon esprit perd son équilibre : les misères se créent.

De quelle manière cette technique doit être appliquée dans notre vie quotidienne ?

Pourquoi la SENSATION en premier ?

Elle a une relation *directe* avec nos impuretés *mentales*.

Dans la vie quotidienne, je suis dans une situation, où je me mets en colère :
à nouveau j'entre dans un cycle.

Mais si j'utilise cette technique, je suis toujours *conscient* de ce qui se *passe en moi :* et je sors de mon problème et je l'empêche de se multiplier.

J'ai pris l'habitude d'observer les choses à l'extérieur ; je ne vois jamais qu'une *face de la pièce.*

Ce qui me possédait quatre jours avant, ne me possédera que dix minutes à présent (colère, etc.).

Est-ce que cela m'aide dans la vie quotidienne ? C'est cela la question.

Il faut couper les nœuds anciens et empêcher les nouveaux de se créer.

Exemple : le feu brûle et on le ranime à cause de l'ignorance, et il brûle plus encore.

Si par une certaine technique, j'arrête de le ranimer, il s'éteint.

Une action amène une réaction, etc.

Exemple : je sème les graines d'un banian.

Elles contiennent un énorme banian.

Le banian donne des fruits grâce aux graines.

Une graine donne *plusieurs* fruits.

Des fruits avec des graines, égaux, identiques aux autres en qualité, et à nouveau ça repousse et à nouveau un banian pousse ; et cela sans fin.

C'est la loi de la Nature.

Le processus inverse aussi est une loi de la Nature : empêcher la multiplication.

Nous donnons toujours un sol fertile à nos démons ; et cela réussit.

Je contiens en moi un puits de pétrole : cela donne des explosions incroyables et qui vont s'intensifiant.

Chaque vibration a une anti-vibration

Si je développe la pureté en moi, cela détruit les impuretés.

Exemple : si un métal contient une seule molécule

étrangère à lui-même il n'a pas la force et la pureté
qu'il devrait avoir.

Pour qu'il obtienne cette pureté, il faut le mettre en
contact avec une certaine vibration afin de retirer les
molécules étrangères. La vibration de l'esprit pur
bouge dans l'esprit et pousse les mauvaises vibrations
hors de nous.

Si je fais Vipassana deux heures par jour et qu'ensuite je suis en colère

alors ?

Vipassana est un travail pour toute la vie.

Mais nous devons vivre la vie. Sinon cela devient un
rite, comme le reste, si cela ne passe pas dans la vie.

C'est un art de vivre.

Sinon, je distribue mon mal aux autres.

Ce que je dois donner aux autres, c'est l'harmonie et
la paix.

Si cela ne vient pas dans la vie, alors toute la
pratique est insensée.

Je ne peux pas souhaiter que tout soit bon dans ma
vie.

Mais comment je *fais face aux situations,* c'est cela la
pratique.

Car toute situation provoque des sensations et à
présent j'ai appris à être conscient de mes sensations et
à rester équanime.

Exemple : Bouddha. Un jour les gens lui demandent : « Quel est notre bonheur ? »

Pour chacun c'est différent.

Cela peut être ceci ou cela.

« Quel est notre bonheur ? »

Mes propres bons karmas sont responsables de mon
bonheur.

Tous les mauvais sont contre mon bonheur.

SE SENTIR SUR, garder l'équilibre de l'esprit.

Lorsque quelqu'un crie, je dois sourire.

Lorsque rien ne va plus, je dois sourire.

Lorsque je dois coucher par terre, je dois sourire, je
le fais.

Lorsque c'est confortable, je souris, je suis heureux.

Je mange des vieux légumes secs, je souris.

Soyez heureux dans toutes les situations.

Ce n'est pas un *Sermon*,
c'est une *Expérience*.
La magie ne marche pas.
Les miracles non plus.
Seule la pratique marche.
Je hais toujours ce qui est là et adore ce qui n'est pas là.
        Alors ?
Faire l'inverse : être heureux avec ce qui EST.
              parce que c'est MAINTENANT.

Les dix conceptions de l'introspection

Quand la méditation a réussi à dompter la dispersion de l'esprit, peuvent survenir un certain nombre de phénomènes psychophysiologiques qu'il serait tentant d'assimiler à l'illumination et au terme de la méditation. Ce sont en fait de « pseudo-nirvâna » qui témoignent certes de changements de conscience mais ne doivent en aucun cas conforter le sujet dans ce sentiment de supériorité spirituelle, ni arrêter le cours de sa progression. Ces états, amenés par « la connaissance de la Manifestation et de la Disparition » sont :
— des sensations extatiques, chaleurs dans les membres et les organes, frissons voluptueux, ravissements ;
— la sérénité de l'esprit et du corps, le calme intérieur ;
— la dévotion totale envers le maître, le Bouddha, l'enseignement qui donne envie d'un prosélytisme incontrôlé et une grande confiance en soi ;
— une méditation énergique, qui donne un sentiment de puissance ;
— la béatitude, le sublime bonheur envahissant l'être entier ;
— la vision d'éclairs ou de formes et points lumineux ;
— l'égalité d'esprit, le détachement neutre ;
— la perception aiguë de chaque mouvement de conscience dans la compréhension de l'impermanence de toutes choses ;
— l'attention à cette force de perception ;

— l'attachement à tous les phénomènes décrits plus haut.

Les maîtres du Visaddhimaga disent bien que ces états ne sont pas mauvais, au contraire, mais qu'il faut surtout n'y attacher aucune importance fondamentale ni s'y arrêter. Ce sont des étapes, à transcender. Glissements progressifs de l'éveil à soi-même...

En parfaite joie, nous vivons sains parmi les malades.

En parfaite joie nous vivons, sans ennemis dans le monde de l'inimitié; parmi des hommes pleins d'inimitié nous demeurons sans inimitié.

En parfaite joie nous vivons, sains parmi les malades; parmi les hommes malades nous demeurons sans maladie.

En parfaite joie nous vivons, sans fatigue parmi ceux qui se fatiguent. Parmi les hommes qui se fatiguent nous demeurons sans fatigue.

En parfaite joie nous vivons, nous à qui rien n'appartient.

La gaieté est notre nourriture comme aux dieux rayonnants.

Le moine qui demeure en un endroit solitaire, dont l'âme est pleine de paix, goûte une félicité surhumaine, contemplant face à face la vérité.

Qu'y a-t-il, Sôna ? Etais-tu auparavant, avant ton départ de la maison, habile à toucher du luth ? — Oui, Seigneur. — Qu'en penses-tu donc, Sôna ? Si sur ton luth les cordes sont trop tendues, est-ce qu'alors le luth donnera le ton juste et sera prêt à être touché ? — Il n'en sera rien, Seigneur. — Et qu'en penses-tu, Sôna ? Si sur ton luth les cordes sont trop détendues, est-ce qu'alors le luth donnera le ton juste et sera prêt à être touché ? — Il n'en sera rien, Seigneur. — Comment donc, Sôna ? Si sur ton luth les cordes ne sont ni trop tendues, ni non plus trop détendues, si elles gardent la juste mesure, est-ce qu'alors le luth donnera le ton juste et sera prêt à être touché ? — Oui, Seigneur. — Eh bien, de même, ô Sôna, les forces de l'âme, trop tendues, tombent dans l'excès, trop détendues, dans la mollesse. Ainsi donc, ô Sôna, réalise en toi l'équilibre de tes forces, tends sans relâche à l'équilibre de tes facultés spirituelles, et propose-toi cela comme but.

Techniques tibétaines

Introduit au IVe siècle au Tibet, le bouddhisme se répandit d'abord à la cour royale, puis dans le pays entier où il se mêla et supplanta la religion shamanique Bon-po, fondée sur la magie et la sorcellerie. La grande force de la mystique bouddhique fut de savoir toujours s'adapter aux conditions environnementales particulières en assimilant la pratique religieuse passée et l'état d'esprit des autochtones. Il est certain que le Hinayana, qui se répandit dans des pays chauds, tropicaux, engendra comportements, pratiques et art de vivre bouddhiques fort différents de ceux qui se développèrent au Tibet, où les cimes des montagnes s'élèvent à des altitudes inégalées et forment ce qu'on a poétiquement appelé le « toit du monde », où le climat est rude et les conditions de vie difficiles. Ce peuple de montagnards, pénétré de la puissance d'une nature sauvage et grandiose, allait développer sous l'influence de très grands maîtres une mystique farouche.

Au VIIIe siècle arriva au Tibet un maître venu probablement d'Afghanistan, Padmasambhava (né d'une fleur de lotus) le grand Guru, qui sera le fondateur du premier ordre monastique national, celui des Nyingma-pa. Avec lui s'éveilla cette forme particulière de bouddhisme appelée le Vajrayana, la voie de la foudre, la voie du diamant, définie aussi comme voie du Mantra (mantrayana) et voie du Tantra (Tantrayana). Ce bouddhisme tantrique privilégie le rôle de guru, qui seul peut guider le novice sur la voie dangereuse et altière du Vajra, où les embûches ne manquent pas, car lui, le maître, a déjà parcouru le chemin et peut l'indiquer à d'autres.

Au XIe siècle, Milarepa (« Mila à la robe de coton », ainsi nommé car il pratiquait le yoga de la chaleur interne dans son ermitage himalayen, sans porter d'autres vêtements) sera le modèle des générations d'ermites et de moines et le patron de la puissante branche des Kargyud-pa, l'école de l'enseignement transmis. Ascète capable des pires mortifications, magicien aux pouvoirs miraculeux, maître de centaines de disciples, très grand poète et sage, la vie de Milarepa se trouve racontée dans ce qui est devenu un classique de la littérature universelle[1]; lui-même y narre sa vie à son disciple Retchung : le portrait de cet être humain qui décide de vaincre ses puissants démons intérieurs et d'aller au-delà du par-delà reste un exemple intense qui prouve une nouvelle fois que l'aventure intérieure ne se coupe en rien de l'existence et se pose comme la suprême aventure à vivre, ici et maintenant.

Ce livre n'étant consacré qu'aux techniques de méditation, voici les premières lignes du récit que fait Milarepa de sa première expérience d'ermite dans une grotte :

« ... Je cherchai le bien-être du corps dans la position accroupie qui rassemble les six foyers intérieurs. Je cherchai la sérénité de l'esprit par la condition de mon propre affranchissement qui maîtrise l'imagination. Après quoi, j'entrai en méditation. Bientôt la chaleur intérieure commença de m'envahir. Puis une année s'écoula.

» J'eus alors le désir d'aller reconnaître le pays et de prendre l'air. Je me préparai à sortir. Mais je me rappelai mon vœu d'autrefois et je m'adressai à moi-même les coups de fouet de ce chant :

» O Incarnation de Marpa Porte-Sceptre.

Bénis le mendiant pour qu'il achève sa retraite au désert.

Milarepa, ô superbe, tu n'as que tes propres avis.

Et tu n'as plus personne qui te parle en ami.

Regarde. La vallée des désirs est une vallée déserte.

Chasse ton chagrin. L'objet de tes désirs est un mirage.

---

1. *Milarepa, ses méfaits, ses épreuves, son illumination*, éd. Fayard.

Ne distrais pas ton esprit, ne le distrais pas, mais demeure où tu es.

Si tu le distrais, tu rappelleras toutes tes peines.

Ne balance pas, ne balance pas, mais affermis ton esprit.

Si tu hésites, ta méditation sera emportée par le vent.

Ne pars pas, ne pars pas ; mais foule ton lit de repos.

Si tu pars, ton pied butera contre une pierre.

Ne t'endors pas, ne t'endors pas ; mais médite.

Si tu t'endors, les cinq poisons de la corruption t'accableront.

» M'étant ainsi flagellé, je méditai sans distinguer le jour des nuits. Je grandissais en sainteté et trois années encore passèrent ainsi. »

Bien des années plus tard, et au bout d'un long chemin, voici son testament, qu'il chanta avant de mourir :

« Salut au traducteur Marpa.

Qu'il me bénisse pour que j'évite la controverse.

Ayant médité la douceur et la pitié,

J'ai oublié la différence entre moi et les autres.

Ayant médité mon lama au sommet de mon âme,

J'ai oublié ceux qui commandent par l'influence.

Ayant médité mon Ydam en même temps,

J'ai oublié le monde grossier des sens.

Ayant médité les formules de la tradition orale,

J'ai oublié les livres de dialectique.

Ayant conservé la science du commun,

J'ai oublié les illusions de l'ignorance.

Ayant médité la formation des Trois Corps en soi,

J'ai oublié de songer à l'espoir et à la crainte.

Ayant médité cette vie et l'au-delà,

J'ai oublié la crainte de la naissance et de la mort.

Ayant goûté les joies de la solitude,

J'ai oublié l'opinion de mes frères et amis.

Ayant composé des vers pour la descendance,

J'ai oublié de prendre part aux polémiques de doctrine.

Ayant médité ce qui n'a ni commencement, ni négation, ni lieu,

J'ai négligé toutes les formes des conventions.

Ayant considéré le corps nirvânique des apparences,
J'ai omis de méditer les créations de l'esprit.
Ayant dédaigné sans feinte le discours,
J'ai oublié l'usage de l'hypocrisie.
Ayant choisi le corps et le langage des humbles,
J'ai oublié le dédain et l'arrogance des personnages
importants.
Ayant fait de mon corps mon propre monastère,
J'ai oublié le monastère de la ville.
Ayant adopté l'esprit sans la lettre,
J'ai oublié de disséquer les mots. »

Ne pouvant entrer ici dans les subtilités et profondeurs du bouddhisme tantrique tibétain, il nous faut préciser une nouvelle fois l'importance du maître en cette voie, et nous nous bornerons à donner des indications pratiques utiles à la compréhension de l'esprit de méditation. Indications qui vont dans le sens de l'effort fait par les lamas exilés pour adapter leur message à l'Occident, tel Sogyal Rinpoche qui, nous parlant de certains effets de la méditation tibétaine dit :

« Le cœur ne peut changer que par le sentiment intense de la précarité de notre condition. Il ne s'agit pas ici d'épouser une expérience " tibétaine " ou " occidentale ", mais de réaliser la sienne propre. Après la nuit noire vient l'aube. Lorsque tout s'effondre et semble irréel, il faut simplement accepter et se laisser aller.

» Tous nos problèmes viennent de notre désir de saisir : la méditation est le moyen de désapprendre nos tendances à vouloir saisir. En nous laissant aller, une sensation naturelle d'espace monte en nous ; c'est cela, la méditation. Lâcher prise, vouloir saisir, sont deux attitudes du mental : ce mental qui, lorsqu'il s'oublie, est si brillamment, si savamment artificiel et trompeur. La méditation est la voie de la simplicité, de l'ouverture, de la justesse, qui rencontre le mental. Elle se sert du mental pour mater le mental.

» La base de la pratique de la méditation est la relaxation. Tout d'abord, il importe de s'installer confortablement, afin que les pensées et les sentiments s'apaisent. Il n'y a rien à atteindre, rien à accomplir ; alors, laissez-vous aller.

» Oubliez toute idée reçue, oubliez même que vous êtes en train de méditer. Restez immobiles, et respirez comme ça vient, naturellement.

» Quant au mental, il ne s'agit pas de supprimer les pensées, ou de les retenir, mais bien au contraire de les laisser passer, sans se laisser distraire ou séduire par elles. N'essayez pas de les influencer. Que vous soyez en train de rêver ou de réfléchir... eh bien, rêvez, réfléchissez, tout simplement. Si vous n'en rajoutez pas, les pensées passeront toutes seules. »

Les règles de la méditation

Parvenir à la tranquillité du corps et de l'esprit, dans le silence et la solitude, tel est le but primordial du disciple [1] qui suit d'abord les règles d'un grand maître de la tradition tibétaine, Tilopa :

— Ne pas penser.
— Ne pas analyser.
— Ne pas réfléchir.
— Garder son esprit dans son état naturel.

La concentration sur un unique objet est la méthode qui permet cette réalisation. Cette concentration unique est en général divisée en deux types de pratiques : celles qui ne font pas intervenir la respiration rythmée et celles qui la font intervenir.

1. *Concentration avec respiration libre.*

Les Maîtres, pour cette première étape de la pratique de la concentration, recommandent en général d'utiliser un objet simple, une petite pierre, la flamme d'une bougie, l'extrémité rougeoyante d'un bâton d'encens qui se consume ou n'importe quel objet de petite dimension, à condition qu'il se distingue facilement de l'environnement.

Après avoir adressé une prière à son Maître et imploré ses vagues de dons, le disciple concentre son esprit sur l'objet et fixe sa pensée, l'empêchant de

---

1. Voir *Nirvâna-Tao*, par Daniel Odier, éd. Robert Laffont.

vagabonder. Il ne s'identifie pas à l'objet mais dans la posture correcte, il le regarde et laisse de côté toute activité physique et mentale. Lorsque l'esprit est agité par des vagues de pensées, il est recommandé de pratiquer dans un lieu clos, ermitage ou cellule. Si, au contraire, l'esprit est indolent, il vaut mieux alors méditer en plein air, sur un lieu élevé duquel on puisse voir au loin afin de stimuler l'énergie.

Après avoir expérimenté cette première méthode de concentration avec succès, le disciple aborde la triple contemplation du corps, de la parole et de l'esprit du Bouddha, symbolisés par une image du Bouddha, le mantra, et un point lumineux.

2. *Concentration avec respiration rythmée.*

Ces techniques ont une importance capitale car elles ouvrent la porte à la maîtrise parfaite de la respiration qui seule permet à l'ascète d'atteindre les plus hauts états extatiques. La maîtrise du souffle se développe parallèlement à la maîtrise de la pensée car il existe un lien profond entre ces deux fonctions. Chacun peut s'en apercevoir ; il suffit de changer de rythme respiratoire pour changer de région mentale. C'est l'une des techniques pratiquées pour chasser, au cours de la méditation, la formation de pensées et de souvenirs qui empêchent la concentration.

Après avoir réglé sa posture, le méditant se concentre sur l'inspiration et l'expiration du souffle en les rythmant. Le mouvement peut s'accomplir en deux temps : inspiration-expiration, ou en quatre temps : inspiration-rétention-expiration-vide.

La méthode la plus simple consiste à compter rythmiquement en se laissant totalement absorber par le rythme. Il faut également suivre l'air dans son voyage à l'intérieur du corps. Chaque mouvement doit être lent et imperceptible.

En pratiquant ces techniques, le disciple prend conscience et maîtrise à la fois le corps et l'esprit. Il se prépare à la pratique de la concentration telle que Tilopa la définissait.

La concentration sans objet

Les trois méthodes qui suivent permettent de maîtriser le flux de la pensée automatique et de s'en détacher afin de connaître l'extase.

1. *Couper la racine de la pensée.*

Avant toute chose, il convient d'avoir conscience du rythme de la pensée qui nous traverse en une infinie succession d'élans et nous empêche de réaliser la vacuité fondamentale de notre propre esprit. Une fois que cette conscience est claire, il faut, dès le début de la méditation, couper toute pensée dès qu'elle surgit. Cette méthode est appelée « méthode pour couper la racine ».

2. *Ne pas réagir aux pensées.*

Cette méthode ne tente pas de supprimer l'objet, mais simplement de rester indifférent et neutre face au déroulement de la pensée. Le méditant n'alimente pas les pensées qui se produisent en lui, il les laisse couler avec indifférence, comme s'il s'agissait de choses étrangères à lui-même. Sans faire l'effort de les arrêter, le méditant les dissocie du flux continu et n'y porte plus aucune attention.

3. *Atteindre l'état naturel de l'esprit.*

Cette dernière méthode est celle de l'équilibre parfait qui permet à l'esprit de retrouver son état non souillé. Le méditant ne doit ni tendre, ni relâcher son esprit. Dans cet état qui évite tout extrême, donc la fatigue, la tension et le relâchement, le méditant garde son esprit détaché des idées, en parfaite contemplation. Son attitude vis-à-vis des visions qui se produisent alors est la même, il ne s'y fixe pas, il ne tente pas de les écarter, il demeure simplement en état de concentration, sans s'attacher en aucune façon aux phénomènes qui se produisent.

Voici à présent les règles traditionnelles concernant la méditation, telles que les enseigne sa sainteté le XIVᵉ Dalaï-Lama.

Les cinq obstacles

1. La paresse qui décourage de la pratique de la méditation.

2. L'oubli de l'objet de la méditation, par défaillance de la mémoire.

3. Le relâchement. Bien que l'on n'oublie pas l'objet, l'esprit est dominé par le relâchement et la dispersion.

4. Associé aux deux obstacles précédents, le quatrième obstacle est le cas du méditant qui sait que son mental est dominé par le relâchement et la dispersion, mais qui ne fait aucun effort pour développer les facteurs opposés et supprimer l'obstacle.

5. Il arrive parfois qu'après avoir fait l'effort nécessaire pour combattre l'obstacle et être parvenu à produire les facteurs opposés, on continue l'effort alors qu'il n'en est plus besoin.

Tant que les cinq obstacles ne sont pas supprimés, on ne peut pas obtenir la concentration. Pour entraîner le mental et lui permettre de parvenir à son but, on utilise les huit *dharmas* qui s'opposent aux obstacles et les neutralisent. Ces huit dharmas sont :

La foi
La détermination
L'énergie $\Big\}$ s'opposent à la paresse mentale
La volonté

La mémoire de l'objet s'oppose à l'oubli.

L'intelligence vigilante s'oppose au relâchement et à la dispersion mentale.

Réaction immédiate dès qu'une distraction apparaît.

Détente et équanimité.

Les neuf étapes de la méditation

1. Au premier stade, le mental cesse d'être affecté par les objets extérieurs. Il s'établit sur l'objet de la méditation.

2. Le courant de la force mentale se renforce et se régularise. Le mental se trouve contraint de revenir sur l'objet, il se fixe, mais pour une courte durée.

3. On acquiert la capacité de rappeler le mental sur l'objet dès qu'une distraction survient.

4. Le mental se développe et, en même temps, se limite exactement à la forme de l'objet.

5. Le mental constate les mauvais résultats des distractions et des passions. Il aperçoit les avantages de la concentration, et il se discipline.

6. Le mental se calme. Les sentiments opposés à la concentration s'atténuent. Le mental éprouve encore de l'attraction pour les objets des sens, mais lorsqu'une difficulté s'élève, le méditant est capable de la surmonter.

7. Pacification et purification subtiles du mental.

8. Le flot du mental coule régulièrement, de plus en plus dense et unifié vers l'objet.

Les six forces

1. Ecouter l'enseignement d'un Maître. Lire des textes sur la méthode à suivre pour fixer le mental. C'est ainsi que la première force se développe.

2. La force d'une pensée répétée établit le mental sur la voie de la concentration.

3. La force de la mémoire rappelle le mental distrait et le fixe à nouveau sur l'objet de la méditation.

4. L'intelligence vigilante permet de voir les mauvais résultats des passions, et les fruits excellents de la concentration. Cela suscite la joie dans la méditation.

5. La pureté de l'énergie préserve le mental des passions.

6. La « force de l'habitude » est la relation naturelle et complète du mental de la concentration. L'effort d'attention du mental est devenu inutile.

Les quatre Activités mentales

1. Intensité et convergence. Au moyen de cette activité, le mental pénètre dans l'objet.

2. Concentration discontinue. Cette activité ramène le mental sur l'objet.

3. Concentration régulière grâce à l'effort.

4. Concentration spontanée. Le mental demeure fixé sur l'objet sans aucun effort.

Les dix étapes successives de la concentration

Ainsi que je l'ai dit, la première force résulte de l'audition des paroles d'un Maître, elle oriente le mental vers l'étude de la concentration ; on empêche le mental de s'écarter et on le ramène sur son objet. Dès que le mental commence à s'établir sur l'objet, on arrive à la *première étape*.

1. Le mental ne demeure pas longtemps sur l'objet. Les pensées jaillissent et se déversent comme l'eau d'une cascade. Il semble qu'un véritable flot de pensées surgisse tout à coup. En réalité il en a toujours été ainsi, mais ce flot de pensées n'était jamais encore apparu dans la conscience, car jusque-là, le regard ne s'était pas tourné vers l'intérieur. Maintenant, en employant la mémoire et l'intelligence vigilante, le mental se tourne et plonge son regard profondément en lui-même, c'est pourquoi toutes ces pensées apparaissent. Cette expérience est comparable à celle d'un homme distrait, noyé dans une foule, qui, soudain, prend conscience de tous ceux qui l'entourent. Le mental commence à regarder, à connaître et à classer la diversité des pensées qu'il abrite. Cette découverte n'est pas une faute, c'est une expérience naturelle.

Pendant toute la durée de cette première étape, on emploie la deuxième force, la réflexion, afin de rappeler et de rétablir sans cesse le mental sur l'objet de la méditation. Lorsque le mental est ainsi maintenu pour un temps, on atteint la *deuxième étape*.

2. Les pensées qui apparaissent de temps en temps occasionnent un dérangement, mais peu à peu elles s'évanouissent et le débutant réalise pour la première fois l'arrêt des pensées. Ici, deux erreurs se présentent : le relâchement et la dispersion. Résolument, il faut reprendre le mental et le fixer de nouveau sur l'objet. Dès qu'on y réussit, on obtient la première activité

mentale : intensité et convergence. Cependant, le mental continue à se faire distraire, il faut reprendre le mental et le fixer de nouveau sur l'objet, on emploie pour cela la troisième force, la mémoire, et on aborde la *troisième étape*.

3. Au cours de cette troisième étape, le mental rencontre encore le relâchement et la dispersion. Parfois, il manque d'énergie et se décourage ; en employant la troisième force, la mémoire, on l'oblige à retourner sur l'objet de la concentration. Cette troisième force permet aussi de délimiter exactement le champ du mental lorsqu'il cherche à s'égarer sur d'autres objets. On accède à la *quatrième étape*.

4. Pendant la concentration, les pensées et les passions réapparaissent d'une manière répétée, parce que le méditant ne connaît pas encore les mauvais résultats et les troubles que ces perturbations produisent ; il ignore de même les fruits purs de la concentration. L'intelligence vigilante, qui est la quatrième force, permet au méditant de remarquer ces fautes, de les reconnaître et de les détruire. Si, chaque fois qu'une pensée s'élève, on la coupe immédiatement, le mental s'établit enfin fermement sur son objet. On atteint la *cinquième étape*.

5. Parfois le mental éprouve un sentiment d'insatisfaction à l'égard de la concentration, et ce sentiment déclenche la dispersion, mais en obligeant le mental à surmonter cet obstacle on atteint la *sixième étape*.

6. Maintenant les fautes et les passions ont disparu, mais il faut rester aux aguets, car elles peuvent encore réapparaître. Si une faute ou une erreur se manifeste, c'est une occasion, pour le méditant, d'évaluer la force de l'éveil de conscience que l'intelligence vigilante a suscitée en lui car, quelle que soit la passion qui se manifeste, convoitise ou luxure, c'est grâce à cet éveil de conscience qu'il pourra s'en débarrasser si, toutefois, son énergie est assez soutenue. A cet instant, il abordera la *septième étape*.

7. De la deuxième à la septième étape, bien qu'il ait au moins dans une certaine mesure obtenu la concentration, et que le mental soit établi sur son projet, le méditant n'est pas à l'abri du relâchement et de la

dispersion. Même après de longs intervalles, ces distractions peuvent encore se produire et couper la concentration. On restaure la concentration à l'aide de la troisième force, la mémoire. Cette force s'applique de la troisième étape jusqu'à la septième.

La troisième force et la quatrième, l'intelligence vigilante, neutralisent la dispersion. La cinquième force, l'énergie mentale, neutralise le relâchement. Ces deux obstacles supprimés, la concentration devient semblable à un courant régulier ininterrompu, on atteint la *huitième étape*.

8. Au cours de cette huitième étape, il faut toujours poursuivre l'effort avec soin et persévérance, cela permettra de détruire définitivement le relâchement et la dispersion qui ne pourront plus rompre la méditation. Maintenant, la concentration ne subit plus aucune perturbation, on obtient la troisième activité mentale, la concentration régulière ; cependant l'effort est encore nécessaire et le restera jusqu'à l'apparition de la sixième force, la force de l'habitude. A partir du moment où la force de l'habitude entre en jeu, l'objet de la méditation est très clair, le mental se concentre sans effort, il demeure stable de lui-même sans qu'il soit besoin d'utiliser la mémoire ni l'intelligence vigilante. On accède à la *neuvième étape*.

9. Le mental demeure alors dans un état d'égalité stable, sans effort, comparable à l'état d'esprit de quelqu'un qui, ayant décidé de réciter un texte religieux qu'il connaît bien, commence sa récitation mais, au milieu du texte, quelque chose intervient qui distrait son esprit. Cependant, par la force de l'habitude, la récitation se poursuit d'elle-même, sans erreur ni interruption.

10. Il en est de même lorsque le mental est fermement fixé sur l'objet de la méditation ; il demeure immobile sans qu'il soit nécessaire d'employer la mémoire, ni l'intelligence vigilante : le *samadhi* se poursuit de lui-même, par sa propre force, et peut se poursuivre pendant un temps très long, c'est la quatrième activité mentale : la concentration spontanée.

Cette dernière étape ouvre les vraies portes de la mystique tibétaine et entraîne à la méditation sur la vacuité et l'univers infini qu'elle recèle. Le guru Chö-gyam Trungpa, qui enseigne aux Etats-Unis, rappelle [1] qu'il ne faut pas supposer « qu'il existe quelque doctrine secrète... En tout ce qui touche l'Enseignement, il n'y a rien de caché ; il est toujours ouvert. Il est même en réalité tellement ouvert, simple, ordinaire que, quel que soit le caractère personnel d'un individu, il y est contenu... C'est par des choses simples et directes, des choses ordinaires, dans sa conduite et dans sa mentalité, que quelqu'un arrive à la réalisation de l'état d'éveil ».

La voie du Diamant : Vajrayana

Mais cette assertion concernant le « non-secret » des doctrines tibétaines est à moduler en ce qui concerne les pratiques tantriques du Vajrayana (Véhicule du Diamant), car elles mettent en branle des énergies incontrôlables sans la surveillance d'un vrai maître. Nous n'en dirons donc ici que quelques mots. Le terme *vajra* représenterait une substance si dure que rien ne pourrait l'entamer : le disciple qui a atteint une réalisation que rien ne peut affecter est devenu un être de vajra et a réalisé un corps de vajra. Les Bouddhas et Boddhisattvas sont appelés des Vajra-Dhamas, Détenteurs du Vajra.

Une initiation est toujours nécessaire et se pratique dans toutes les écoles tibétaines chaque fois qu'un lama doit communiquer à ses disciples une nouvelle technique et les faire accéder à un nouveau niveau de conscience. John Blofeld [2] parle de quatre initiations majeures :

« 1. La transmission du Pouvoir du Vase qui purifie le corps des obstacles karmiques et des obstructions des canaux psychiques autorise la visualisation des déités et, comme les trois autres niveaux, a certains résultats qui ne peuvent être révélés.

» 2. La transmission secrète du Pouvoir qui purifie

1. *Méditation et Action*, éd. Fayard.
2. *Le Bouddhisme tantrique du Tibet*, éd. du Seuil, coll. Points Sagesse.

la parole permet la circulation du souffle vital (*cf.* le Ch'i ou K'i chinois), élève les pouvoirs de la parole de sorte que les mantras peuvent être employés efficacement, et a certains autres résultats.

» 3. La transmission du Pouvoir de la Divine Connaissance qui purifie l'esprit permet des pratiques spéciales (y compris celles de type hathayogique) et a certains autres résultats.

» 4. La transmission du Pouvoir Ultime qui mène à la reconnaissance de l'essence véritable de l'esprit : les symboles peuvent dorénavant être transcendés et l'identité du sujet et de l'objet ressentie par expérience directe. Elle autorise à pratiquer l'Atiyoga et a des résultats mystiques profonds. »

Les trois premières dénouent les nœuds de la relativité tandis que la quatrième appartient au domaine métaphysique absolu.

« On peut considérer que chaque initiation apporte quatre types de bénéfice : 1. purifier les obscurcissements ; 2. conférer le pouvoir ; 3. permettre l'accès à un corps d'enseignement et de pratique ; 4. autoriser l'adepte à s'adresser de manières particulières à certaines déités du mandala. Les rites d'initiation présentent quelques différences mineures suivant les branches du Vajrayana ; les déités personnifiant des forces universelles peuvent avoir des formes et des noms différents, mais tous les initiés ont conscience de leur identité réelle. »

Mais qu'est-ce que le mandala ?

Le mandala

Chaque adepte reçoit de son guru une divinité tutélaire : une initiation lui révèle l'univers symbolique de la divinité ou de la forme choisie, sur laquelle le disciple devra méditer. Cet univers est représenté dans un mandala, peint sur une *tanka* ou rouleau de toile. Les tanka tibétaines sont célèbres par la richesse de leur iconographie qui dévoile la projection humaine d'innombrables univers cosmiques où se mêlent déités paisibles ou irritées et toutes les classes de Bouddha. En même temps que le mandala, le Maître transmet un

texte sacré, support de méditation, le mantra correspondant à la divinité et qu'il faudra répéter (en le
comptant à l'aide d'un collier de 108 boules), et les
mudras (gestes symboliques des mains) utiles : par une
longue contemplation des figures, formes et couleurs
du mandala, le disciple pourra se fondre dans l'arché-
type qui lui aura été ainsi choisi. Le processus de
visualisation de cette structure, tel qu'il nous est décrit
par Daniel Odier, qui fut initié par le grand sage
Khempo Kalo Rinpoche [1], est le suivant :

Toute création de mandala par le méditant commence par la réalisation du vide. Le vide est matrice
du mandala, et c'est en lui que le méditant retourne
lorsqu'il opère en lui la dissolution de toute image. Les
structures du mandala et les divinités qui l'habitent
n'ont donc pas d'existence propre. Issues du vide, elles
y retournent toujours.

Le processus de création et d'illumination du mandala qui culmine dans la claire lumière est décrit dans
la méditation consacrée à Tchenrezig.

Le mandala est le lieu privilégié, l'axe de l'univers
mental et physique où le disciple réalise le vide. En
créant l'iconographie propre à chaque mandala, le
méditant expérimente la vacuité de toute création et
devient à son tour le créateur de toute chose. Si le
mandala est un lieu privilégié, c'est que sa structure
est une double frontière. Elle isole le disciple de toute
intrusion et le purifie par le feu de toute attache au
monde des phénomènes.

La structure du mandala

En partant de l'extérieur vers le centre, le mandala
est construit comme suit :

1. Le premier cercle symbolise les flammes de cinq
couleurs différentes. Cette barrière de feu interdit la
pénétration du non-initié à l'intérieur du mandala,
mais elle consume également toutes les impuretés,
toutes les formations mentales et physiques de celui

1. Voir *Nirvâna-Tac*, éd. Robert Laffont.

qui s'avance vers le cœur du mandala où résident les divinités.

2. Le deuxième cercle symbolise par la présence du vajra l'instrument rituel qui forme avec la cloche l'univers de l'illumination, la ceinture de diamant qui donne au disciple la puissance illuminatrice qui pourra le conduire à la vacuité lorsqu'il aura pénétré au cœur et sera devenu lui-même une divinité.

3. Le troisième cercle, propre au mandala représentant des divinités courroucées, est celui des huit cimetières qui symbolisent les huit formes de conscience : l'odorat, la vue, le toucher, l'ouïe, le goût, l'intelligence, la conscience individuelle, l'omniscience. En passant le troisième cercle, le méditant abandonne toutes les perceptions, toute conscience en général attachée au monde des phénomènes.

4. Le quatrième cercle, celui de la couronne de lotus, symbolise l'harmonieux développement de toutes les forces illuminatrices qui permettent de réaliser la vacuité. Il symbolise l'absolue pureté de la conscience. Une fois ces quatre barrières franchies, le disciple se trouve en présence du mandala proprement dit qui flotte au centre d'un espace pur.

5. Le palais dans lequel résident les divinités est symbolisé par la construction quadrangulaire carrée à

quatre portes gardées par des dragons. Autour des murs, figurent souvent des représentations des huit signes bénéfiques qui garantissent le succès à l'esprit qui pénètre au cœur de l'édifice.

6. Le cœur proprement dit du mandala où apparaît la divinité tutélaire du disciple choisie par le guru au cours de l'initiation.

Au Tibet, une telle forme de méditation est connue sous le nom de « libération par la vue ». Suivant les théories de C.G. Jung, on pourrait considérer le mandala comme une représentation du psychisme dans sa totalité, unifiant en son dessin et ses coloris forces ascendantes et contraires, créatrices et destructrices de la personnalité.

Il est dit aussi que le corps humain contient un mandala, en est un : « Un être incorporel est caché dans le corps ; celui qui a conscience de sa présence est libéré » (Doha de Saraha). Le corps est « le soutien physique de la fulguration divine » (Tucci), le réceptacle des forces cosmiques particulières qui l'habitent. La vie psychique et physique de l'individu reflète celle de l'univers. Lors de la méditation, le mandala extérieur se transfère dans le mandala intérieur du corps et y trouverait ses correspondances, surtout au niveau des *chakras* du Tantra.

Les Tibétains privilégient d'ailleurs les chakras supérieurs en partant du ventre et n'insistent pas sur le *Kundalini*. Le lotus de feu du nombril est considéré, comme dans le tantrisme hindou, en tant que lieu de la phase cruciale de transformation des énergies. Cinq Bouddhas sereins, unis à leur partenaire Sagesse, sont représentés occupant le champ d'énergie du cœur : ce sont les cinq *Jinas* (conquérants) : ils symbolisent la prise de conscience de nos émotions aberrantes. Ainsi, la colère est une émotion forte, *Vajrapani*, qui personnifie l'énergie puissante que l'on doit mettre dans la pratique de la méditation : en état de colère, cette énergie est détournée de son but, tordue.

Les cinq poisons : ignorance, colère, orgueil, passion et envie trouvent donc leurs contraires dans : la connaissance, l'énergie juste, la simplicité, la sérénité et la compassion.

Deux clés pour lire le cœur
d'un mandala tibétain

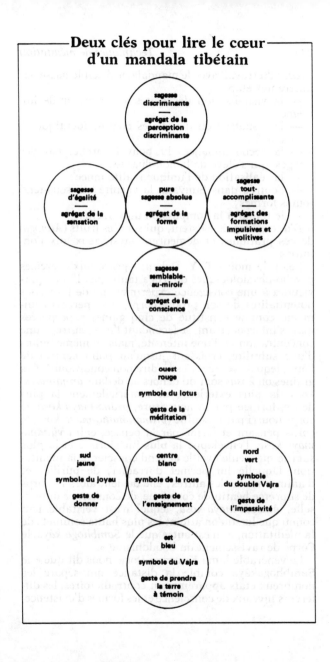

Lors du travail avec le mandala, le disciple passe par différentes étapes :

— la visualisation des déités à l'extérieur de lui-même ;

— la visualisation des déités comme identiques à lui-même ;

— la reconnaissance du pouvoir archétypal des images, qui s'élève de la non-dualité ;

— la réalisation de l'unique réalité innée ;

— l'entrée dans Sunyata, la vacuité qui sous-tend toutes formes ;

— le retour à la compassion universelle.

D'autres degrés existent, qui sont les fruits (*Atiyoga*) de ces pratiques et demeurent mystérieux aux non-initiés.

Selon le moine T. Y. Dokan, « grâce aux exercices psycho-physiologiques du Yoga tantrique, l'initié parviendra à une conscience expérimentale de toutes les potentialités de son propre corps, il se percevra lui-même comme constitué de cinq gaines superposées mais s'interpénétrant, se fécondant l'une l'autre, d'une concentration et d'une intensité, mais en même temps d'une subtilité, croissant jusqu'au point central de l'être, lequel est vide, c'est-à-dire non conditionné. Ces graines ou *kosas* sont du dehors au dedans *anna-maya-kosa*, la plus extérieure et matériellement la plus dense, formée par la nourriture, *prâna-maya-kosa*, le corps nourri par le souffle (*prâna*), *mano-maya-kosa*, le corps pensant et formé par la pensée, enfin *vijnâna-maya-kosa*, l'enveloppe la plus intériorisée et la plus subtile que seule éveille et rend consciente la méditation, laquelle lui permet d'irradier, de purifier et d'animer toutes les autres ; elle devient alors le Corps de suprême béatitude cosmique, de conscience universelle, *ânanda-maya-kosa*, lequel n'est véritablement connu que lorsqu'on atteint les plus hauts sommets de la méditation, et n'est autre que le *Sambhoga-kâya*, le Corps de ravissement du bouddhisme ».

Le vénérable lama Kunzang Dorje nous dit que « le Sambhogakâya comble la distance qui sépare les nombreux états apparemment contradictoires, les différents niveaux de conscience et les formes d'existence, l'ultime et le conventionnel. C'est un pont absolument unique qui unit mais ne sépare pas. Il exprime un lien essentiel, sans pour autant distinguer ni individualiser les choses ou prétendre qu'il existe des différences à éliminer. Le Sambhoga-kâya n'est pas un milieu subtil dans lequel toutes les entités seraient en suspension. Ce sont plutôt les entités elles-mêmes qui s'offrent et se révèlent parfaitement à un être conscient de leur caractère commun de Sunva [1] ».

Sunyata [2] est un défi au désir permanent de l'être de conceptualiser, classer, discriminer. Il lui refuse l'excuse d'être perdu dans un sommeil de fascination ou de conscience limitée. Il enlève toute base à ses passions les plus contraignantes et à ses peurs les plus astreignantes. L'ego de l'homme est alarmé devant un adversaire aussi impitoyable et il déclare qu'il ne s'agit que d'une « légitime peur du vide ».

Mais Sunyata ne peut se confondre avec autre chose, avec « un vide », Sunyata n'est rien. Rien qui ait des propriétés précises, qui puisse se posséder, se comprendre ou se réaliser. Et sa plus grande imprudence est de dire à l'être qu'il n'est rien non plus. Et pourtant, la doctrine de Sunyata n'est pas à considérer comme une insulte à l'être ou une sinistre tentative de l'amoindrir, lui ou son monde. Il ressort de cette doctrine que l'être, son esprit et les objets auxquels il accorde son attention, sont autant d'expressions d'un champ de possibilités d'une richesse illimitée. Affirmer que certaines choses existent ou qu'elles possèdent un soi unique et indépendant ou une essence qui font d'elles exclusivement ce qu'on prétend qu'elles sont, ce n'est que se lancer dans un processus de sélection ou de stipulation.

C'est par opposition à cette démarche qu'il est possible de spécifier un niveau de conscience bien précis à atteindre, ainsi que le monde dont l'être doit sentir la nature et l'étendue. Une fois que l'être a réalisé ce travail, le monde apparent aussi devient pour lui « la réalité ultime » et il n'existe plus de

1. Vacuité.
2. L'état de vacuité.

potentialités cachées, ou non encore réalisées. Sinon, le monde n'est qu'un enfer au beau milieu du paradis.

Malheureusement, aucune explication ne peut faire sentir cela. Mais l'art tibétain, expression du Sambhoga-kâya, ne dit rien : il démontre. La doctrine de Sunyata exhorte l'être à ne pas ramener son monde à un ensemble d'éléments solides ou fragiles. Le Sambhoga-kâya, mouvement juste, est parfaitement fluide. Sunyata incite l'être à choisir la liberté plutôt que de tomber dans un piège.

Si toutes les frontières et les distances sont Sunya, il apparaît à l'être que l'Unité est à sa portée, et qu'il ne doit plus accepter une séparation qu'on lui impose. Le Sambhoga-kâya, grâce à son action compassionnée, réconforte l'être isolé en lui révélant l'unité de l'univers. Sunyata nie le besoin de faire, de réaliser, ou l'existence d'un être indépendant qui agit dans son intérêt. Sans faire ni changer quoi que ce soit, la Lumière du Sambhoga-kâya révèle que l'ultime et l'ordinaire ne font qu'un.

Mais que de chemin à parcourir pour parvenir à la vision claire !

« Ainsi que de la surface d'une mare limpide
S'élance soudain un poisson
Ainsi du Vide absolu et de la Clarté
Sort la toile de l'Illusion miraculeuse.
En avoir la compréhension, c'est le Nirvâna ;
Et pour arriver à cette compréhension
Le disciple a lutté. »

A MÉDITER

C'est ainsi que vous devez avancer, d'une démarche très lente et impassible, mais qui se poursuit pas après pas, dignement, comme un éléphant s'avance dans la jungle.

Chogyam Trungpa

Un homme riche, qui utilise ses richesses sans attachement, qui demeure loin des passions, cet homme est vraiment digne de posséder richesses et renom. Mais un moine qui n'a que trois robes, fabriquées à des chiffons cousus ensemble, si ce moine s'attache à ces robes, il est impur et le Bouddha ne lui accorderait aucune tolérance.

XIVe Dalaï-Lama

Quand l'esprit est laissé dans sa condition primordiale non modifiée, le Savoir luit.
Quand cette condition est maintenue, comparable dans son calme au flot égal d'une rivière paisible, le Savoir est atteint dans sa plénitude.

Milarepa

Le sentier est unique pour tous, les moyens d'atteindre le but varient avec chaque pèlerin.
Ne laisse pas tes sens faire de ton esprit un terrain de jeu. As-tu mis ton être au diapason de la grande souffrance de l'humanité, ô candidat à la lumière ?

Trésor Précieux

Celui qui va lentement, arrivera rapidement.

Milarepa

La plus grande faute à éviter est l'ignorance.
Pour dominer cet ennemi, la sagesse est nécessaire.
La meilleure méthode pour l'acquérir reste l'effort
sans défaillance.

Trésor Précieux

Pour une petite intelligence, la meilleure méditation
est la complète concentration d'esprit sur un objet
unique.
Pour une intelligence ordinaire, la meilleure méditation est une concentration d'esprit soutenue sur
les deux concepts dualistes (du phénomène et du
noumène, de la conscience et de l'esprit).
Pour une intelligence supérieure, la meilleure méditation est de demeurer dans la quiétude mentale,
l'esprit vide de tout processus d'idée, sachant que le
méditant, l'objet de méditation et l'acte de méditer
constituent une unité inséparable.

Les préceptes des guru

On doit comprendre que, ainsi que pour un homme
dangereusement blessé par une flèche, on ne doit
pas perdre un moment du temps qui passe.
Le sage qui possède la mémoire parfaite, la dili-
gence, le discernement, et la compréhension, par le
moyen de leur sagesse libère son esprit de toute
erreur.

Udanavarga

La pratique du Zen

D'Inde le bouddhisme passa en Chine avec Boddhidharma au VIe siècle de notre ère. Ce patriarche, lassé de la dégénérescence scolastique du bouddhisme en Inde, vint de Ceylan trouver une nouvelle terre où planter la graine, la fleur de sagesse. Son message :
« Une transmission spéciale en dehors des Ecritures ;
Aucune dépendance à l'égard des mots et des lettres ;
Saisir directement l'esprit de l'homme ;
Contempler sa propre nature et réaliser l'état de Bouddha. »
Boddhidharma passa plusieurs années en Chine où, grâce à son exemple et à sa force, le bouddhisme se développa et devint le Ch'an. Ce grand maître considérait essentiel de prendre la posture du Bouddha comme fondement de la méditation. Les annales rapportent qu'il passa neuf ans en méditation ininterrompue, jusqu'à ce que son esprit devienne comme un « mur droit ». Sa réponse à son disciple et futur successeur Houei-k'o (Eka en japonais) est célèbre :
« Je vous en prie, Maître, pacifiez mon esprit.
— Amenez-moi ici votre esprit, je le pacifierai. »
Eka hésita et dit : « Je l'ai cherché pendant des années et ne puis le trouver, ni le saisir. »
« Le voici donc pacifié », rétorqua le Maître.
Avant de mourir, Boddhidharma désira rentrer en son pays et convoqua ses disciples proches pour tester une dernière fois leur prise de conscience et leur donner la transmission :
« A mon opinion, dit Tao-fou, la vérité est au-dessus et de l'affirmation et de la négation, car telle est la façon dont elle se meut. » Dharma lui dit : « Vous avez eu ma peau ! » La nonne Tsoung-t'chich dit alors : « D'après ma compréhension, c'est comme Ananda

contemplant la région du Bouddha d'Akshobhya ; cette vision qui se produit une fois et ne se reproduit jamais. » Dharma lui dit : « Vous avez eu ma chair. » Tao-iu vint alors donner son opinion : « Vides sont les quatre éléments et non-existants les cinq agregats. A mon avis, il n'est pas une seule chose qu'on puisse saisir comme réelle. » Dharma lui dit : « Vous avez eu mes os. » Finalement Houei-k'o (Eka), s'inclinant avec respect devant son maître, resta sur son siège et ne dit rien. Dharma lui dit alors : « Vous avez ma moelle. »

Ce vrai esprit d'éveil, fondé sur le silence et la posture, sera ramené au XIIe siècle par Maître Dogen au Japon où il deviendra le Zen.

« Qu'est-ce que le Zen ?

— Un bâton à merde. »

Ce koan à la formulation grossière resta longtemps une énigme. Que pouvait-il bien avoir de commun avec le subtil tracé des jardins zen, la délicatesse de la cérémonie du thé, le mouvement des calligraphies et sumi-e la dignité de la posture, l'élégance des gestes et manières... ? me demandais-je ne connaissant le Zen que par les livres.

Après quelques mois de pratique de la méditation assise, zazen, je compris : jadis on se servait souvent d'un bâtonnet plat pour se nettoyer, le papier-toilette n'existant pas. Et par la posture de zazen on nettoie les impuretés de notre esprit et de notre corps. Le Zen est bien un bâton à merde.

Quand l'on est assis en posture, des images-pensées s'élèvent comme des bulles, apparaissent à la surface de la conscience. Si l'on se concentre sur la posture, sur l'expiration, peu à peu ces formes disparaissent, les problèmes se trouvent ramenés à leur plus simple expression, on atteint un grand calme, les souillures de notre vie apparaissent et s'évanouissent ; comme si l'on se baignait dans une eau vive qui lave et emporte les crasses. On se retrouve, on se découvre, on apprend à voir les réactions puériles de l'ego et le cinéma que l'on se fait dans la vie et qu'on fait aux autres, on devient plus profond, plus clair, plus net. Une harmonie se crée en soi. On est seul, et avec les autres. Peut-être redevient-on d'abord simplement humain ?

Maître Deshimaru disait toujours : « L'essentiel c'est de revenir à la condition normale de l'être. »

La plupart des gens vivent dans ce que le Zen appelle « l'antre du démon de la montagne noire » : en fait, leur cerveau même est cet antre dans lequel ils se débattent au milieu des contradictions, espoirs, rêves, visions, illusions...

L'enfer, ce n'est pas les autres, suivant le mot de Sartre, mais d'abord nous-mêmes. Pourtant Maître Dogen dit : « La caverne du démon de la montagne noire peut aussi être une perle brillante. » Comment ? En changeant de conscience, en pacifiant son esprit, en coupant le mauvais karma, en discriminant et en transcendant la discrimination. Le Zen ne veut pas séparer les êtres humains du social, au contraire : mais il tend à épurer leur comportement, à développer les aspects positifs, à canaliser et sublimer les tendances négatives de l'être. Par cette simple posture dans laquelle Bouddha comprit la marche du cosmos, tout est. Assis face à soi-même, l'univers se découvre dans le corps, le cosmos prend son sens et toute sa réalité.

Zazen[1] reste sans conteste possible la plus haute technique de méditation où simplicité s'allie à immensité. « Une perle brillante : cela exprime la réalité sans la nommer réellement ; c'est le nom de l'univers. Elle contient le passé inépuisable, existant à travers le temps et parvenant jusqu'au présent » (Dogen).

Toute l'expérience du monde.

Une sagesse infinie.

Le prince Fuse Daishi (un des disciples du Bouddha) se retira un jour dans la montagne, abandonnant sa femme, ses fils, son rang et toutes ses richesses. Et tout cela dans un seul but, « simplement découvrir ce qu'il était au fond de lui-même, car jusqu'alors il ne s'était jamais vraiment connu » (Kodo Sawaki). Mais il est inutile de se retirer dans la montagne. La posture de zazen en elle-même est la montagne.

---

1. Suivant le mot juste de Jacques Brosse, en zazen « la posture exclut l'imposture ».

Zazen : la méditation assise

S'asseoir au centre du zafu (le coussin rond).

Jambes croisées en lotus ou demi-lotus.

Appuyer fortement les genoux sur le sol.

Cambrer la colonne vertébrale au niveau de la cinquième lombaire.

Dos droit, nuque droite, menton rentré.

Nez à la verticale du nombril.

Main gauche dans main droite, paumes vers le ciel, contre l'abdomen, pouces en contact par leurs extrémités, maintenus horizontaux. S'ils font « vallée » on s'assoupit, s'ils font « montagne » on s'exalte.

Les épaules tombent naturellement.

La pointe de la langue sur le palais.

Les yeux, mi-clos, posés (non fixés) à un mètre de distance.

La respiration doit être calme, sans bruit, l'expiration doit être la plus longue possible, puissamment poussée au-dessous du nombril dans la zone du Hara, « l'océan de l'énergie » (Kikai Tanden), centre de gravité de l'être humain. L'inspiration vient naturellement.

Concentration totale sur la posture, la respiration.

N'alimenter, ni ne rejeter les pensées, les images, les formations mentales — les laisser passer comme nuages dans le ciel : penser sans penser, au-delà de toute pensée, hishiryo, miroir vide de l'esprit ; du silence s'élève l'esprit immortel.

Maître Deshimaru écrit au sujet de la posture :

« Durant zazen :

mettez de l'énergie dans votre posture, sinon elle est comme de la bière éventée dans une bouteille ouverte depuis la veille...

» Il faut être comme un général à cheval devant son armée...

» La posture doit être comme celle d'un lion ou d'un tigre et non pas celle d'un porc endormi...

» Si votre posture est juste, elle influence vos nerfs autonomes et votre cerveau profond. Votre cerveau externe devient calme et tranquille. Votre intuition devient forte.

» Par zazen et par zazen seulement, vos muscles et vos tendons en juste tension influencent votre para-sympathique et votre orthosympathique. Leurs fonc-

tions sont opposées et complémentaires et si votre
tension est bonne, elle équilibre leurs deux forces.
» Les bras doivent être légèrement écartés du corps.
Vous devez avoir une tension dans les mains et spécialement dans les doigts. Les pouces doivent être en
jonction et horizontaux : pas de montagne, pas de
vallée... »
Avant de se mettre en posture il faut faire gassho :
saluer les mains jointes; avant de la quitter, aussi.
Geste de concentration et de respect.

Kin hin : la marche

Posture debout.
Colonne vertébrale droite, menton rentré, nuque
tendue, regard posé devant soi.
Pouce gauche serré dans le poing gauche posé par la
tranche sur le plexus solaire.
La main droite enveloppe le poing gauche, les avant-
bras sont tenus à l'horizontale.
Durant l'expiration, on presse fortement les deux
mains l'une contre l'autre et contre le plexus.
A la fin de l'expiration, on relâche le corps, on avance
d'un demi-pied, d'abord avec la jambe droite, tout en
inspirant. On pose énergiquement par la racine de
l'orteil ce pied sur le sol tout en tendant le genou et on
recommence l'expiration par le nez, en la poussant
dans l'abdomen, tout en serrant les mains l'une contre
l'autre et contre le plexus.
Cette marche repose du zazen, mais doit se faire
dans le même esprit que lui.
Si postures et respiration sont justes l'esprit
retrouve sa condition naturelle, ici et maintenant,
présent dans le corps : « retrouver l'accord du souffle
avec l'instant présent : tout devient juste » (Deshimaru). Et dans le silence surgit la réalité de notre être.
Ces deux postures fondent la pratique du Zen. Elles
développent discrimination, intuition et Ki, énergie :
« Qu'est-ce que le Ki ? Ce n'est pas seulement la
vitalité, dans l'acceptation commune du terme, ni
l'énergie au sens strict, c'est l'activité qui en dernière
instance devient spirituelle.

» Ki se caractérise par le mouvement, la concentration et l'impulsion. Lorsque ces trois qualités sont réunies, l'être devient créatif. Ki veut toujours jaillir, propulser, mettre en mouvement. C'est l'action de l'esprit en lui-même. Il se manifeste à la fois comme force intérieure et comme pouvoir de réaction à l'égard des stimuli extérieurs. Il conditionne l'adaptation au milieu par l'acquisition de l'habitude. Les Occidentaux n'aiment pas ce qui se répète, alors que, justement, la répétition mobilise l'inconscient profond. Si notre *ki* est fort, notre vie est longue, intense, énergique. On peut développer son *ki* par la pratique de zazen : abandonner l'ego, s'abandonner, c'est trouver la véritable force de l'univers.

» De nos jours, la civilisation fait décroître le ressort que possède chaque corps, en proposant un mode de vie artificiel, des aliments chimiques et même des moyens de déplacement qui ne demandent plus aucun effort. Il y a là un très grand danger, car tous ces artifices entravent l'évolution de l'homme et le font régresser de l'activité à la passivité.

» La véritable aide spirituelle signifie donner du ressort aux êtres. Il semble bien sûr difficile qu'un seul homme puisse le donner à tous les autres. En fait, le cosmos entier est rempli de cette force, et notre propre vie n'est qu'une vague dans la vie cosmique illimitée. Un mouvement de vie. L'esprit est changeant, il crée lui-même le temps et l'espace. Notre esprit est le principe de la création, il fait évoluer notre existence vers l'éternel et l'illimité. Car l'humanité ne peut se satisfaire des plaisirs terrestres, elle veut foncièrement accomplir sa fonction cosmique », nous dit Maître Deshimaru.

Patience et endurance, respiration et posture juste amènent grande compassion et véritable sagesse.

« C'est un vieil ermite aux cheveux blancs
Son ermitage est dans une profonde vallée.
Il sort, se rend au marché de la petite ville.
Et se mêle intimement à la foule. »

La pratique de zazen et de l'esprit du Zen ne coupe nullement du monde, au contraire. Car la méditation fait comprendre que l'univers est un corps, que tout est régi par la loi d'interdépendance et que l'attitude juste dans le social consiste à aider les autres, à comprendre leur être, à abandonner les œillères qui forcent à tourner en rond dans la souffrance et la quête du bonheur illusoire. Le vrai bonheur, la vraie liberté est conscience de l'impermanence, respect, compréhension de la vie et de soi-même. S'éveiller de son rêve pour vivre ici et maintenant.

Chaque jour est un nouveau jour ; zazen permet d'en prendre conscience avec acuité : il est donc inutile de s'attacher trop aux événements, aux phénomènes.

Ils sont là, ils arrivent, ils passent.

Je suis en posture, le même, et jamais le même.

Je me vois vivre, je me sens exister.

Zazen développe le sens du geste juste, de la concentration sur chaque mouvement, concentration qui devient peu à peu naturelle comme le vol d'un oiseau dans le ciel.

Je n'ai jamais rencontré personne qui ait essayé la posture de zazen dans un dojo, une heure durant, et n'en ait pas gardé une impression inoubliable. Se retrouver ainsi, face à soi-même, quelle plongée, quelle aventure ! Elle fait peur à beaucoup. Car soi-même, voilà peut-être l'ennemi le plus difficile à affronter, à regarder en face, à dévoiler.

EFFETS PSYCHOPHYSIOLOGIQUES DE ZAZEN

La circulation cérébrale est notablement améliorée. Le cortex se repose, et le flux conscient des pensées est arrêté, tandis que le sang afflue vers les couches profondes. Mieux irriguées, elles s'éveillent d'un demi-sommeil, et leur activité donne une impression de bien-être, de sérénité, de calme, proche du sommeil profond, mais en plein éveil. Le système nerveux est détendu, le cerveau « primitif » en pleine activité. On est réceptif, attentif, au plus haut point, à travers chacune des cellules du corps. On pense avec le corps, inconsciemment, toute dualité, toute contradiction dépassée, sans user d'énergie. Les peuples dits primitifs ont conservé un cerveau profond très actif. En développant notre type de civilisation, nous avons éduqué, affiné, complexifié l'intellect, et perdu la force, l'intuition, la sagesse liées au noyau interne du cerveau. C'est bien pourquoi le Zen est un trésor inestimable pour l'homme d'aujourd'hui, celui, du moins, qui a des yeux pour voir et des oreilles pour entendre. Par la pratique régulière de zazen, chance lui est donnée de devenir un homme nouveau en retournant à l'origine de la vie. Il peut accéder à la condition normale du corps et de l'esprit (qui sont un) en saisissant l'existence à sa racine.

Les koans et le Satori

Le Zen Rinzaï donne finalement la priorité à la compréhension par l'intellect plutôt qu'à la compréhension par l'intuition développée par la seule pratique de zazen et préconisée par la branche Soto. Les maîtres Rinzaï livrent souvent à leurs disciples des koans, courtes formules qui deviennent des points focaux de concentration durant la méditation et dont la résolution amènerait l'éveil, le satori. On a beaucoup glosé sur cette histoire de satori qui serait l'illumination ultime, le seuil, le voile qui se déchire, la paix qui vient en soi-même, la compréhension totale, la révélation. Ces notions ne sont pas fausses, mais incomplètes. Il n'y a pas satori (et il y a satori), mais états de satori. Chaque jour qui passe est différent, imprévisible ; la vie réserve sans cesse de multiples enseignements, suivant les situations, les événements, et nos réactions à ceux-ci. Alors, bien sûr, il faut que l'aspirant de la Voie connaisse un jour quelque chose d'autre que sa prison mentale et qu'il s'éveille à une autre forme de réalité que celle reflétée par sa bulle : Satori. Mais après, tous les enseignements, tous les états de compréhension que la vie amène en soi seront encore des « Satori ». De petites ou grandes dimensions, bien que la notion de petit ou grand à ce niveau-

là ne joue guère. Pour le maître Soto Deshimaru :
« Chaque zazen est Satori. »

Pour le maître Rinzaï, le koan est un support de la
méditation du disciple sur lui-même, une fixation
mentale. Et de nombreuses histoires Zen narrent les
formidables gifles et coups de bâtons qui émaillaient
les réponses des disciples, désespérément en quête de
la résolution de leur koan. Mais au bout d'un temps,
plus ou moins long, de méditation et de rapports avec
le maître, un jour une vérité se fait jour dans l'esprit et
le disciple réalise un état où les contraires sont résolus
et conciliés et où le sens de sa quête lui apparaît. Les
maîtres Soto donnent aussi des koans, mais ne forcent
pas la réflexion dessus : ils jettent simplement une
graine dans l'esprit, qui se développe naturellement,
sans effort. Tandis que chez les Rinzaï, il y a réflexion,
travail mental, même si c'est pour épuiser ce mental.
Aujourd'hui en Occident nous sommes trop branchés
sur l'intellect et pas assez sur le corps et ses possibilités : le zazen *mushotoku* (sans but ni esprit de profit)
semble plus nécessaire que celui où l'on s'escrime avec
une notion. Mais à chacun sa voie.

Voici une foule de koans historiques [1] :

Soueï-Lao, tout en arrangeant les glycines, demanda
à son maître Matseu : « Que signifie la venue du
Patriarche de l'Ouest jusqu'ici ? » Ma-tseu répondit :
« Venez un peu plus près, et je vous le dirai. » Dès que
Soueï-Lao se fut approché, le maître lui donna un coup
de pied qui l'envoya à terre. Mais cette chute ouvrit
soudain son esprit à un état de satori, car il se releva en
riant de bon cœur, comme si un événement tout à fait
inattendu et très désiré se fût produit. Le maître
demanda : « Quel est le sens de tout ceci ? » Lao
s'écria : « Innombrables, certes, sont les vérités ensei-
gnées par les Bouddhas, et toutes, telles qu'elles sont à
leurs sources mêmes, je les perçois maintenant dans
l'extrémité d'un cheveu. »

---

1. La pratique du koan comme institution remonte seulement au
IXe siècle de notre ère, la posture de zazen à la posture de Bouddha.

Ce corps est l'arbre de la Bodhi,
L'âme est comme un miroir brillant ;
Veille à la tenir toujours propre,
Et ne laisse pas la poussière ternir son éclat.

La Bodhi n'est pas comme l'arbre,
Le miroir brillant ne luit nulle part ;
Comme dès le commencement il n'y a rien,
Où la poussière pourrait-elle s'amasser ?

« Qu'est-ce que c'est ? » vous demande Jun-Hin : A cette question on reste stupéfait.
Mais si l'on répond aussitôt : « c'est cela », on ne peut éviter d'être enterré vif.

Maître Tao-ou et Kien-juan sortent ensemble pour aller rendre visite à la famille d'un mort et saluer le cadavre. Kien-juan, frappant à la paroi du cercueil dit : « Vivant ? Ou mort ? »
Tao-ou répondit : « Vivant ? Je ne vous dis pas.
                              Mort ? Je ne vous dis pas. »

Maître Unmon dit : « Je ne vous demande rien sur la quinzaine écoulée. Mais que dire de la quinzaine à venir ? Dites-moi quelque chose là-dessus. » Aucun moine ne répondant, il dit :
« Chaque jour est un bon jour. »
Un moine demanda à Maître Kegon : « Comment quelqu'un d'illuminé revient-il au monde ordinaire ? »
Kegon lui répliqua :
« Les fleurs et feuilles tombées ne retournent jamais aux vieilles branches. »

Quel était votre visage avant la naissance de vos parents ?

Après sa conférence du matin, Maître Yakusan fut abordé par un moine qui dit : « J'ai un problème. Pouvez-vous me le résoudre ? » « Je le résoudrai ce soir », répondit-il. Quand tous les moines furent réunis ce soir-là, Yakusan cria : « Le moine qui ce matin me

dit qu'il avait un problème, levez-vous tout de suite ! »
Celui-ci se leva et s'avança, penaud. « Regardez, moines », dit Yakusan, rudement : « Ce garçon a un
problème — Aurait-il pu rester toute la journée la tête
sous l'eau ? » Il se leva, bouscula le moine et se retira.

Un jour, alors que Hyakujo visitait son Maître Baso,
un vol d'oies sauvages passa au-dessus d'eux. « Qu'est-
ce que c'est ? » demanda Baso.
— Un vol d'oies sauvages, Maître.
— Où vont-elles ?
— Quelque part, Maître. »
Baso attrapa alors brusquement le nez de Hyakujo et
le tordit. Hyakujo hurla de douleur. Baso dit :
« Vous dites qu'elles vont quelque part mais elles
ont toujours été là depuis l'origine. »
Hyakujo eut le satori.

L'esprit du passé ne peut être saisi, l'esprit du
présent non plus, ni l'esprit du futur. Quand vous
mangez, avec quel esprit le faites-vous ?

Deux moines parlaient d'un drapeau.
L'un dit : « Le drapeau bouge. »
L'autre dit : « Le vent bouge. »
Le sixième patriarche, Eno (Houei Neng), les écou-
tant, dit : « Votre esprit bouge. »

Likudo dit à Maître Nansen :
« Dans ma maison j'ai une pierre qu'on peut dresser
ou coucher. Je la considère comme un Bouddha. Puis-
je le faire ? »
Nansen répondit : « Oui, vous pouvez. »
Likudo persista : « Puis-je vraiment ? »
Nansen répondit : « Non, vous ne pouvez pas ! »

La voie est comme un miroir. Elle ne bouge pas elle-
même, mais réfléchit tout ce qui se passe.

Les deux mains frappées l'une contre l'autre forment
un son. Quel est le son d'une main ?

Les yeux horizontaux, le nez vertical.

L'âne regarde le puits, le puits regarde l'âne. Ne pas s'enfuir.

Les pins n'ont de couleur ni ancienne, ni moderne.

Non anxieux ici et maintenant. Non anxieux toute la vie.

A esprit libre, environnement libre.

Beaucoup de discussions dissolvent même l'or.

Un moine demande à Mou-Tcheou : « Comment me libérer de la nécessité de se nourrir tous les jours et de se vêtir ? »
Le maître répondit : « Nous nous habillons, nous mangeons. »
— « Je ne comprends pas », dit le moine.
— « Si vous ne comprenez pas, reprit le maître, mettez votre vêtement et mangez votre nourriture. »

Toueï-in donna dix préceptes sur la façon de considérer le koan :
1. Ne calculez pas selon votre imagination.
2. Ne laissez pas distraire votre attention lorsque le maître lève les sourcils ou cligne de l'œil.
3. N'essayez pas de tirer un sens de la façon dont le koan est formulé.
4. N'essayez pas de faire une démonstration sur les mots.
5. Ne pensez pas que le sens du koan doit être saisi là où il est proposé comme objet de pensée.
6. Ne prenez pas le Zen pour un état de simple passivité.
7. Ne jugez pas le koan selon la loi dualiste de « il est » et « il n'est pas ».
8. Ne prenez pas le koan comme désignant le vide absolu.
9. Ne rationalisez pas sur le koan.
10. Ne laissez pas votre esprit dans l'attitude d'attendre que le satori apparaisse.

En fait, seul compte le « lâcher prise » : corps, esprit et koan balayés en même temps, par le vent de l'éveil.

Un jour, le Maître Zen Pao-ch'e s'éventait. Un moine s'approcha de lui et lui fit cette remarque :

« La nature de l'air existe partout et le vent souffle en tout lieu. Pourquoi utilisez-vous un éventail, Maître ? Pourquoi créez-vous du vent ? »

Le Maître répondit :

« Toi seul sais que la nature de l'air existe partout. Pourtant tu ignores pourquoi le vent souffle en tout lieu ! »

Le moine demanda alors :

« Que veut dire : il n'est pas un lieu où le vent ne souffle ? »

Le Maître continua de s'éventer en silence. Le disciple s'inclina profondément.

L'esprit des arts martiaux

Qui n'a entendu parler du karaté, du judo et des exploits incroyables immortalisés à l'écran par Bruce Lee ? Les arts martiaux japonais sont à la mode. Et dans les dojos, lieux où on les enseigne, on voit de plus en plus de femmes s'intéresser à ces sports réputés violents et virils. Par souci de savoir se défendre dans un monde agressif ? Oui, bien sûr, mais surtout par besoin de se livrer à des exercices de maîtrise de soi et de la situation extérieure.

Les arts martiaux regroupent des arts aussi différents que le judo (Voie de la douceur), le karaté (Art des mains vides), le kendo (Voie de l'épée), le kyudo (Tir à l'arc), l'aïkido (Voie de l'harmonie avec l'énergie universelle), le naginata-do (Voie de la lance)... Tous ces moyens de combat font partie du budo, la Voie du guerrier, la voie du Samouraï, où il ne s'agit pas seulement de concourir et savoir se battre mais aussi de trouver en soi paix, équilibre et liberté. La voie du Samouraï est fondée sur un code en sept points ; attitude juste, bravoure, bienveillance envers l'humanité, comportement juste, sincérité totale, sens de l'honneur et de la parole, loyauté. Et le guerrier traditionnel chante :

« Je n'ai pas de talent, je fais de l'esprit prompt mon talent,

je n'ai pas d'ennemi, je fais de l'irresponsabilité mon ennemi... »

Do, la Voie, est d'abord une méthode pour comprendre la nature de son propre esprit et de son Moi. Et le secret des arts martiaux tient en une formule : Ryu Gi, apprendre à diriger l'esprit. Notion qui fonde toutes ces techniques corporelles : c'est l'esprit (à ne pas confondre avec la pensée) qui décide en dernier ressort de l'issue du combat. Une histoire traditionnelle japonaise aidera à mieux faire comprendre cela : un samouraï vient voir le grand maître Miyamoto Musachi et lui demande de lui enseigner la véritable Voie du sabre. Ce dernier accepta. Devenu son disciple, le samouraï passait son temps, sur l'ordre du maître, à porter et couper du bois, aller chercher de l'eau à la source lointaine. Et ce, tous les jours, durant un mois, deux mois, un an, trois ans. Aujourd'hui, n'importe quel disciple se serait enfui au bout de quelques jours, quelques heures même. Le samouraï, lui, continuait, et en fait, entraînait ainsi son corps. Au bout de trois ans, il n'y tint toutefois plus, et dit à son maître : « Mais quel entraînement me faites-vous subir là ? Je n'ai pas touché un sabre depuis mon arrivée ici. Je passe mon temps à couper du bois à longueur de journée et à porter de l'eau ! Quand m'initierez-vous ? » « Bon, bon, répondit le maître. Je vais vous apprendre la technique, puisque vous le désirez. » Il le fit entrer dans le dojo et, chaque jour, du matin au soir, lui ordonnait de marcher sur le bord extrême du tatami et de faire pas à pas, sans se tromper, le tour de la salle.

Le maître lui apprenait ainsi la concentration sur la marche. Se concentrer sur un acte, le faire parfaitement. Car les détails de la technique, les trucs, les passes sont en fait secondaires par rapport à la concentration. Si l'on est suffisamment concentré, un geste, un seul suffit.

Donc, le disciple marcha ainsi un an le long du bord du tatami. Au bout de ce temps, il dit au maître : « Je suis un samouraï, j'ai beaucoup pratiqué l'escrime, et rencontré d'autres maîtres de kendo. Aucun ne m'a enseigné comme vous le faites. Apprenez-moi enfin, s'il vous plaît, la vraie Voie du sabre.[1] » « Bien, dit le maître, suivez-moi. » Il l'emmena loin dans la montagne, là où se trouvait une poutre de bois traversant un ravin d'une profondeur inouïe, terrifiante. « Voilà, dit le maître, il vous faut traverser ce passage. » Le samouraï disciple n'y comprenait plus rien et, face au précipice, hésitait, ne sachant que faire. Tout d'un coup, ils entendirent : « toc-toc-toc », le bruit d'un bâton d'aveugle, derrière eux. L'aveugle, sans tenir compte de leur présence, passa à côté d'eux et traversa sans hésitation, en tapotant de son bois la poutre qui franchissait le ravin. « Ah, pensa le samouraï, je commence à comprendre. Si l'aveugle traverse ainsi, moi-même, je dois en faire autant. » Et le maître lui dit à cet instant : « Pendant un an, tu as marché sur le bord extrême du tatami, qui est plus étroit que ce tronc d'arbre, alors, tu dois passer. » Il comprit et... traversa d'un coup le pont.

Voilà, l'entraînement était complet : celui du corps pendant trois ans ; celui de la concentration sur une technique (la marche) pendant un an, et celui de l'esprit face au ravin, face à la mort.

Cet apprentissage du corps et de la conscience, de la tension juste et de la vigilance, de la réaction opportune et de la vraie concentration, se révèle évidemment être une arme extraordinaire pour assumer la vie quotidienne. Car un autre secret des arts martiaux consiste à savoir éviter le combat ou plutôt, vaincre sans combattre. C'est possible par un entraînement qui développe à la fois la puissance du corps et la connaissance de soi-même. Une autre histoire traditionnelle explique cela merveilleusement :

« Un roi désirait avoir un coq de combat très fort et

---

1. Citée par Maître Deshimaru, *Zen et Arts martiaux*, éd. Seghers et Albin Michel, Spiritualités vivantes. Voir aussi le remarquable ouvrage illustré par 250 photos inédites, de Michel Random : *les Arts martiaux*, éd. F. Nathan, qui est une initiation complète aux différentes pratiques et aux enseignements des plus grands maîtres japonais.

il avait demandé à l'un de ses sujets d'en éduquer un. Au début, celui-ci enseigna au coq la technique du combat. Au bout de dix jours, le roi demanda : " Peut-on organiser un combat avec ce coq ? " Mais l'instructeur dit : " Non ! Non ! Non ! Il est fort, mais cette force est vide, il veut toujours combattre ; il est excité et sa force est éphémère. "

» Dix jours plus tard, le roi demanda à l'instructeur : " Alors, maintenant, peut-on organiser ce combat ? " " Non ! Non ! Pas encore. Il est encore passionné, il veut toujours combattre. Quand il entend la voix d'un autre coq, même d'un village voisin, il se met en colère et veut se battre. "

» Après dix nouvelles journées d'entraînement, le roi demanda de nouveau : " A présent, est-ce possible ? " L'éducateur répondit : " Maintenant, il ne se passionne plus, s'il entend ou voit un autre coq, il reste calme. Sa posture est juste, mais sa tension est forte. Il ne se met plus en colère. L'énergie et la force ne se manifestent pas en surface. "

» " Alors, c'est d'accord pour un combat ? ", dit le roi. L'éducateur répondit : " Peut-être. " On amena de nombreux coqs de combat et on organisa un tournoi. Mais les coqs de combat ne pouvaient s'approcher de ce coq-là. Ils s'enfuyaient, effrayés ! Aussi n'eut-il pas besoin de combattre. Le coq de combat était devenu un coq de bois. Il avait dépassé l'entraînement du wasa. Il avait intérieurement une forte énergie qui ne se manifestait pas en s'extériorisant. La puissance se trouvait dès lors en lui, et les autres ne pouvaient que s'incliner devant son assurance tranquille et sa vraie force cachée. »

Et le combat ne se trouve-t-il pas en soi, devant soi, à chaque instant ?

Savoir se concentrer signifie le fait de mettre son *ki*, son énergie vitale, pleinement, dans une seule action à la fois, dans chaque geste, ici et maintenant. Un aphorisme zen dit : « La Voie est sous vos pieds. » Cela veut dire que c'est dans la réalité même, dans une totale adéquation avec la réalité, avec notre réalité, que se trouve notre vrai chemin. En cela les arts martiaux, par leur entraînement aux gestes justes, à la respiration juste[1], à l'attitude juste de l'esprit se révèlent être une thérapie efficace de l'être, bien utile aujourd'hui. Comment s'étonner si au Japon on dit que l'esprit du Zen et celui du Budo ont la même saveur : ces deux voies réconcilient méditation et action, efficacité et sagesse ; elles aident à se connaître soi-même ce qui, comme l'ont dit bien des sages, permet de connaître et les autres et l'univers. Regrettons seulement qu'en France trop de dojos (lieux où se pratique la Voie) ne voient que l'aspect sportif des actes martiaux : on y défoule son agressivité, on y devient plus fort donc on peut rouler des épaules et gonfler son ego... Mais où se trouve la conscience juste, et l'abandon de l'ego, et l'éveil ?

Le chant des Sutras

La vie dans un temple ou un dojo zen est rythmée par divers sons qui ont chacun leur signification : cloches, clochettes, tambour, bois, métal. Le chant des Sutras tient aussi une grande place : ainsi après le premier zazen du matin, le Maître ou un de ces disciples fait une cérémonie durant laquelle est chanté le Sutra de la Sagesse infinie, résumé du texte sacré fondamental chez les bouddhistes tibétains et zen : la Prajnaparamita, Parfaite Sagesse.

L'heure est marquée par autant de coups d'un gros tambour, puis un maillet frappé sur un poisson de bois annonce la fin du zazen à la cuisine qui lui répond avec le son du métal indiquant que le petit déjeuner est prêt. Est chanté alors le sutra du Kesa. Puis un coup de gong marque la fin de la méditation. Les disciples saluent (*gassho*), se lèvent pour les prosternations quand ce sont des moines, les laïcs se retournent sur leurs coussins et la cérémonie commence : est entonné le « Maka Hannya Haramita Shingyo », chanté en chinois archaïque, rythmé par clochettes, gros gong,

---

1. Fondée sur l'expiration comme durant la méditation en zazen et aussi comme pendant la pratique de l'accouchement sans douleur. Attention et détente sont alors intimement mêlés. De plus, l'expiration profonde développe le *ki*, par son action sur le *hara*.

mokubyo (instrument spécial, sorte de cloche en bois qui donne un son sourd) et parfois un gros tambour. Le sutra de la Sagesse infinie est non seulement un texte d'une grande profondeur métaphysique : il est aussi considéré comme un puissant mantra, surtout en ses derniers vers : -*Gyatei, Gya-tei - Hara Gya-tei - Hara so Gya tei...* Aller, aller, aller ensemble au-delà du par-delà...

En Occident les disciples nouveaux le chantent d'abord comme entraînement au souffle, à l'expiration longue. Puis ils se rendent compte de ses vertus psychosomatiques et des bienfaits du chant en commun après une heure de méditation silencieuse [1].

Nous allons donner ici l'intégralité de ce Sutra, original et traduction :

... Maka hannya haramita shingyo
Kan ji zaï bo satsu . gyo jin han nya hara mita ji . sho ken go on kai ku . do i ssaï ku yaku . sha ri shi . shiki fu i ku . ku fu i shiki . shiki soku zé ku . ku soku zé shiki . ju so gyo shiki . yaku bu nyo zé . sha ri shi . zé sho ho ku so . fu sho fu metsu . fu ku fu jo . fu so fu gen . zé ko ku chu . mu shiki mu ju so gyo shiki.
Mu gen ni bi zé shin i . mu shiki sho ko mi soku ho . mu gen kai nai shi mu i shiki kai . mu mu myo yaku mu mu myo jin . nai shi mu ro shi yaku mu ro schi jin . mu ku shu metsu do . mu chi yaku mu toku . mu sho toku ko . bo dai sat ta . é han nya harami ta ko . shin mukeï geï mukeï geï ko . mu u ku fu . on ri issai ten do mu so.
Ku gyo né han . san zé sho butsu . é hannya yaramita ko . toku a nokuta ra san myaku san bodaï ko chi . han nya ha ra mita . zé dai jin shu. zé dai myo shu . zému jo shu . zé mu to do shu . no jo issaï ku . shin jitsu fu . ko ko setsu han nya ha ra mi ta shu . soku setsu shu watsu.
     Gya tei gya tei . ha ra gya tei .
     hara so gya tei . bo ji
     so wa ka .

HAN NYA SHIN GYO

1. Ecouter le disque *Chants et Poèmes zen* enregistré au dojo de Paris par Maître Deshimaru, Zen éditions. 46, rue Pernety, 75014.

**Essence du Sutra
de la grande sagesse qui permet d'aller au-delà**

Le Bodhisattva de la « Vraie Liberté », par la pratique profonde de la Grande Sagesse, comprend que le corps et les cinq skandas (sensation, perception, pensée, activité, conscience) ne sont que vacuité, Ku, et par cette compréhension il aide tous ceux qui souffrent.

O Sariputra, les phénomènes ne sont pas différents du Ku, Ku n'est pas différent des phénomènes. Les phénomènes deviennent Ku, Ku devient phénomène (la forme est le vide, le vide est la forme...), les cinq skandas sont phénomènes également.

O Sariputra, toute existence a le caractère de Ku, il n'y a ni naissance ni commencement, ni pureté, ni souillure, ni croissance, ni décroissance.

C'est pourquoi, dans Ku, il n'y a ni forme, ni skandas, ni œil, ni oreilles, ni nez, ni langue, ni corps, ni conscience ; il n'y a ni couleurs, ni sons, ni odeur, ni goût, ni toucher, ni objet de pensée ; il n'y a ni savoir, ni ignorance, ni illusion, ni cessation de l'illusion ; ni déclin ni mort, ni fin du déclin et de la mort, il n'y a ni origine de la souffrance, ni cessation de la souffrance ; il n'y a pas de connaissance, ni profit, ni non-profit.

Pour le Bodhisattva, grâce à cette Sagesse qui conduit au-delà, il n'existe ni peur, ni crainte. Toute illusion et attachement sont éloignés et il peut saisir la fin ultime de la vie, le Nirvâna.

Tous les Bouddhas du passé, du présent et du futur peuvent atteindre à la compréhension de cette Suprême Sagesse qui délivre de la souffrance, le Satori, par cette incantation (Mantra) incomparable et sans pareille, authentique qui supprime toute souffrance et permet de trouver la Réalité, vrai Ku :

GYA TEI GYA TEI . HA RA GYA TEI
HARA SO GYA TEI
BO JI SO WA KA

(« Aller, aller, aller ensemble au-delà du par-delà, sur la rive du Satori. »)

Le San Do Kai : L'union de l'essence et des phénomènes

Le Maître accompagné ou non de ses disciples chante parfois durant zazen d'autres Sutras, dont le San Do Kai, extraordinaire texte qui résume la philosophie vivante du Bouddhisme Zen :

L'union de l'essence et des phénomènes

L'Esprit du grand Maître de l'Inde [1] s'est transmis fidèlement de l'est à l'ouest.

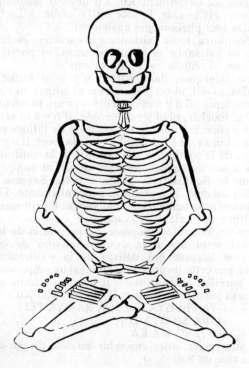

1. Boddhidharma.

Il y a des différences dans la personnalité humaine. Quelques-uns sont ingelligents, d'autres moins.

Sur la Voie, il n'y a ni Maître du Nord, ni Maître du Sud. La source de la Voie spirituelle est claire et pure, seuls les affluents sont boueux. S'attacher aux phénomènes est cause d'illusions, mais s'attacher à la Vérité n'est pas satori.

Parce qu'ils sont interdépendants les phénomènes s'interpénètrent. Perçus par les sens, ils apparaissent sans rapports. S'il n'en était pas ainsi, il n'y aurait pas possibilité d'échapper à la différenciation. Chaque forme diffère par ses caractéristiques. Plaisir et souffrance paraissent séparés. Dans l'obscurité, il n'y a ni haut ni bas, dans la lumière on distingue ce qui est pur de ce qui est souillé.

Les quatre éléments du corps retournent d'eux-mêmes à leur source, comme l'enfant retourne à sa mère. Le feu brûle, l'air se meut, l'eau mouille, la terre supporte.

Pour les yeux il y a la forme, pour les oreilles il y a le son, pour le nez les odeurs, pour la langue le goût. Pour les phénomènes il en est comme des feuilles d'un arbre : elles sont issues de la même racine.

Le début et la fin ont la même origine.

Noble ou vulgaire : à votre guise !

L'obscurité existe dans la lumière, ne voyez pas que le côté obscur. La lumière existe dans l'obscurité, ne voyez pas que le côté lumineux. Lumière et obscurité paraissent opposées, ils dépendent l'un de l'autre comme un pas en avant dépend d'un pas en arrière.

Chaque existence a son utilité, usez-en quelle que soit sa position. Phénomène et Essence s'emboîtent parfaitement. Cette Vérité est comme une lance arrêtant une flèche en plein vol.

La parole reçue doit être comprise à sa source. Ne construisez pas vos propres catégories.

Vos pieds marchent sur la Voie. Comprenez-le, si vous voulez la réaliser. En avançant, dans l'instant même, il n'y a ni proche ni lointain. Il y a séparation, comme une montagne d'une rivière, si vous avez des illusions.

HUMBLEMENT, JE DIS À CEUX QUI CHERCHENT LE CHE-MIN, DE NE PAS GÂCHER LE MOMENT PRÉSENT.

Autres textes fondamentaux

I. — *Le Shin Jin Mei, poème de la foi en zazen.*

1

La vraie voie, l'essence de la voie, n'est pas difficile, mais
  nous ne devons pas ne pas aimer ou choisir.

2

Si nous ne haïssons ni n'aimons,
elle [la voie] apparaît clairement, distinctement,
comme l'entrée
d'une caverne sur le flanc de la montagne.

3

S'il se crée une différence de la grosseur d'un atome,
aussitôt une distance infinie sépare le ciel et la terre.

4

Pour réaliser l'éveil ici et maintenant,
nous devons être libérés de l'idée du juste et du faux.

5

Lorsque le juste et le faux se livrent bataille,
l'esprit est malade.

6

Si nous ne connaissons pas la profondeur de l'origine,
  notre conscience s'épuise.

7

La vraie voie est comme le cosmos infini,
rien ne lui manque, rien ne lui est superflu.

8

Dépendants du gain ou de la perte,
nous ne sommes pas libres.

9

Ne courons pas après les phénomènes,
ne nous attardons pas sur le vide.

10

Si notre esprit demeure calme, tranquille, dans sa
  condition originelle,
il s'évanouit naturellement, spontanément, comme dans
  le sommeil.

II. — *Extraits du Fukanzazenji.*

La Voie est fondamentalement parfaite. Elle pénètre tout. Comment pourrait-elle dépendre de la pratique et de la réalisation ? Le véhicule du Dharma est libre et dégagé de toute entrave. En quoi l'effort concentré de l'homme est-il nécessaire ? En vérité le Grand Corps est bien au-delà de la poussière du monde. Qui pourrait croire qu'il existe un moyen de l'épousseter ? Il n'est jamais distinct de quiconque, toujours exactement là où l'on est. A quoi bon aller ici ou là pour pratiquer ?

Cependant, s'il y a un fossé, si étroit soit-il, la Voie reste aussi éloignée que le ciel de la terre. Si l'on manifeste la moindre préférence ou la moindre antipathie, l'esprit se perd dans la confusion. Imaginez une personne qui se flatte de comprendre et qui se fait des illusions sur son propre éveil, entrevoyant la sagesse qui pénètre toutes choses, joint la Voie et clarifie l'âme, et fait naître le désir d'escalader le ciel lui-même. Celle-là a entrepris l'exploration initiale et limitée des zones frontalières mais elle est encore insuffisante sur la Voie vitale de l'émancipation absolue.

Ai-je besoin de parler du Bouddha, qui était en possession de la connaissance innée ? On ressent encore l'influence des six années qu'il vécut, assis en lotus dans une immobilité totale. Et Bodhidharma, la transmission du sceau jusqu'à nos jours a conservé le souvenir de ses neuf années de méditation devant un mur. Puisqu'il en était ainsi avec les saints d'autrefois, comment les hommes d'aujourd'hui peuvent-ils se dispenser de négocier la Voie ?

Vous devez en conséquence abandonner une pratique fondée sur la compréhension intellectuelle, courant après les mots et vous en tenant à la lettre. Vous devez apprendre le demi-tour qui dirige votre lumière vers l'intérieur, pour illuminer votre vraie nature. Le corps et l'âme d'eux-mêmes s'effaceront et votre visage originel apparaîtra.

Pour zazen, une pièce silencieuse convient. Mangez et buvez sobrement. Rejetez tout engagement et abandonnez toute affaire. Ne pensez pas : « Ceci est bien, cela est mal. » Ne prenez parti ni pour ni contre. Arrêtez tous les mouvements de l'esprit conscient. Ne jugez pas des pensées et des perspectives. N'ayez aucun désir de devenir un Bouddha. [...]

Le zazen dont je parle n'est pas l'apprentissage de la méditation, il n'est rien d'autre que le Dharma de paix et de bonheur, la pratique-réalisation d'un éveil parfait. Zazen est la manifestation de l'ultime réalité. Les pièges et les filets ne peuvent jamais l'atteindre. Une fois que vous avez saisi son cœur, vous êtes semblable au dragon quand il arrive à l'eau et semblable au tigre quand il pénètre dans la montagne. Car il faut savoir qu'à ce moment précis (quand on pratique zazen), le vrai Dharma se manifeste et que dès le début on écarte le relâchement physique et mental de la distraction [...]

En outre, l'ouverture à l'illumination dans l'occasion fournie par un doigt, une bannière, une aiguille, un maillet, l'accomplissement de la réalisation grâce à un chasse-mouche, un poing, un bâton, un cri, tout cela ne peut être saisi entièrement par la pensée dualiste de l'homme. En vérité, cela ne peut pas davantage être connu mieux par l'exercice de pouvoirs surnaturels. Cela est au-delà de ce que l'homme entend et voit — n'est-ce pas un principe antérieur aux connaissances et aux perceptions ?

Ceci dit, il importe peu qu'on soit intelligent ou non. Il n'y a pas de différence entre le sot et l'avisé. Quand on concentre son effort d'un seul esprit, cela en soi, c'est négocier la Voie. La pratique-réalisation est pure par nature. Avancer est une affaire de quotidienneté.

Dans l'ensemble, ce monde et les autres respectent le sceau du Bouddha. La particularité de cette école prévaut : dévotion à la méditation assise tout simplement, s'asseoir immobile dans un engagement total. Bien que l'on dise qu'il y a autant d'âmes que d'hommes, tous négocient la Voie de la même manière en pratiquant zazen. Pourquoi abandonner le siège qui vous est réservé à la maison pour errer sur les terres poussiéreuses d'autres royaumes ? Un seul faux pas, et vous vous écartez de la voie tracée toute droite devant vous.

Vous avez eu la chance unique de prendre forme

humaine. Ne perdez pas votre temps. Vous apportez votre contribution à l'œuvre essentielle de la voie de Bouddha. Qui prendrait un plaisir vain à la flamme jaillie du silex ? Forme et substance sont comme la rosée sur l'herbe, la destinée semblable à un éclair — évanouie en un instant.

III. — *Trois poèmes du Shodoka, le Chant de l'immédiat Satori, commentés par Maître Deshimaru.*

> *Se retirer dans les montagnes profondes,*
> *vivre dans un petit ermitage,*
> *assis sous un grand pin,*
> *calme et tranquille,*
> *pratiquer zazen, paisible et heureux*
> *dans la demeure du moine-ermite,*
> *vie simple et sereine,*
> *véritable beauté.*

Les montagnes profondes ne sont pas seulement un paysage, elles existent dans notre esprit comme le petit ermitage. Il n'est pas besoin de fuir la grande ville pour se retirer dans ces montagnes. Dans ce poème, le mot « ermitage » signifie exactement : « Lieu d'où l'on ne peut entendre le bruit des vaches. »

La montagne, lieu privilégié de la solitude et du calme : zazen est la montagne profonde, silence et solitude, seul avec soi-même. On peut mentir aux autres, mais, là, on ne peut se mentir à soi-même.

Maître Daichi a dit : « Si tu es vraiment Mushin, non-pensée, cela est la montagne profonde. » Aussi ces montagnes sont-elles partout : dans notre esprit, en zazen.

Faire zazen dans ce paysage de hautes montagnes et de vallées profondes, assis sous un grand pin, près de la demeure du moine-ermite : cette vision devient plus qu'un paysage, elle doit vivre dans notre esprit, ainsi pourrons-nous y demeurer toute notre existence.

Notre esprit doit être comme ces montagnes, haut et profond, toujours plus haut et profond en lui-même. Sans racines. Zazen est l'éducation sans racines, au-delà des racines de la personnalité.

Cette vie simple et paisible symbolise aussi les conditions de l'esprit. Les hommes sont le plus souvent comme les poules qui picorent sans cesse, jamais tranquilles, jamais paisibles. Leur esprit est plein de contradictions qu'ils ne peuvent résoudre et qui s'accroissent chaque jour. La vie sociale rend notre esprit compliqué et nous devons rechercher la véritable simplicité, la sincérité, forte et paisible.

Si on demande : « Pourquoi mangez-vous, pourquoi buvez-vous ? », on répond : « Parce que je veux manger, parce que je veux boire. » Nous vivons comme des animaux. Mais suivre la vie cosmique de cette façon n'est pas véritable abandon de l'ego, véritable liberté. Les animaux vivent ainsi parce que ce sont des animaux, mais les hommes devraient comprendre leur pourquoi.

Pour cela, il ne sert à rien de courir en tous sens comme des fous pour finir dans le désespoir.

Nous devons trouver notre paysage de calme et de tranquillité, un lieu de simple beauté, en nous, dans notre vie. Vivre dans une espérance simple, ici et maintenant. Ici et maintenant, nous décidons notre vie ; ainsi la mort devient-elle simple et sans angoisse. Cela est la vraie religion. En chinois et en japonais, le mot « religion » signifie : « l'enseignement de la source, de l'origine. »

La vérité originelle de la vie de l'homme. Par zazen, nous créons sans cesse cette véritable simplicité, la source jaillit toujours.

> *Ne pas chercher la vérité,*
> *ne pas couper les illusions.*
> *Car je comprends clairement*
> *que ces deux éléments*
> *sont KU, sans forme.*

On trouve déjà la même phrase au début du Shodoka, dans le premier poème. On veut toujours trouver la vérité, se débarrasser de ses illusions. La plupart des religions enseignent cela. Parfois, les débutants en zazen me disent : « Je n'arrive pas à couper mes illusions et à trouver le satori. » Mais ces deux termes sont identiques, illusion et vérité font un, le même cercle. Il est des personnes intelligentes, qui ont une bonne mémoire, mais sont incapables de créer, d'avoir une individualité propre. Elles ne peuvent s'approfondir. Réceptives à la sagesse des autres, elles se laissent influencer par les discours de chacun comme si elles manquaient d'intelligence. Elles sont incapables de créer leur propre sagesse et continuent de chercher toujours à droite et à gauche.

Nous devons comprendre qu'il est inutile d'aller chercher ailleurs. La vérité est là, ici et maintenant, en nous-même. Sinon, nous demeurons comme des enfants désirant un chocolat et qui, lorsqu'ils voient une poupée dans les bras d'un autre enfant, veulent cette poupée..., puis un bonbon..., puis autre chose, changeant sans cesse. Notre société de consommation déclenche le même mouvement : on veut une belle maison, une belle auto, une belle femme... Puis, le changement perpétuel.

Dans le Sutra du Lotus il est écrit : « La vérité est toute proche, le vrai trésor se trouve tout près, il n'est ni compliqué ni éloigné... Mais nous sommes incapables de le voir. » Le Dieu véritable, le Bouddha authentique existe dans notre esprit, mais nous le recherchons très loin. On veut définir le satori, on fait des catégories et on finit par tomber dans le naraka, l'enfer. Pourquoi échouons-nous dans naraka ? Car nous imaginons un monde utopique et lointain comme le mirage de l'homme assoiffé dans le désert. On approche et il n'y a plus rien, seulement vent et sable : c'est cela l'enfer. L'extase aussi se révèle semblable à cet état. On veut s'échapper de là où l'on est, on ne veut pas rester ici et maintenant. Mais lorsqu'on a changé, on regrette ce qu'on avait auparavant et cela apparaît alors comme un paradis perdu. Toujours chercher crée une très grande souffrance. La vraie paix, la tranquillité d'esprit est absente de ce désir, désir de changement... de gagner de plus en plus, en amour, en affaires... d'obtenir le satori.

Évidemment l'argent est nécessaire, pratique. Mais s'en libérer, au fond même de son esprit, apporte la vraie paix. La vérité n'est pas une catégorie. Plus on

veut la faire entrer dans une catégorie, plus elle
s'éloigne.

> *Ils sont stupides et puérils*
> *ceux qui créent une fausse réalité*
> *dans leur poing vide*
> *ou au bout de leur doigt.*

Qu'est-ce que la stupidité ? Le fait de ne pouvoir
changer au gré des phénomènes, ni s'adapter à leurs
mouvements.

Nous devons comprendre. Trouver la vérité éternelle, l'assimiler, la digérer. La manière de la trouver
n'est ni unique, ni simple.

La stupidité : ne voir qu'un côté des choses, tel un
cheval qui marche avec des œillères.

La stupidité : ne pas pouvoir créer, ni être frais
comme une source dans le monde de l'infini.

Pouvoir créer face à la mobilité des phénomènes
relève de l'intuition, de la véritable liberté, de la
sagesse. La sagesse créatrice.

Secret ultime des arts martiaux qui ne se limitent
pas à une technique de combat.

La vraie pratique du Zen amène à vivre une vie
créatrice dans le monde de l'infini, de l'absolu.

Qu'est-ce que l'infantilisme ? Les enfants ne peuvent
avoir une vue large et étendue des choses, ni une
compréhension profonde de l'avenir. Ils ne voient
qu'un petit côté. Aussi comprennent-ils simplement au
niveau du creux de leurs mains, ou au bout de leurs
doigts.

Nous pouvons admirer le reflet de la lune sur la
rivière, mais nous ne pouvons la saisir.

On ne peut emporter son or dans son cercueil.

Une belle femme sans sa peau est comme un lapin
écorché.

Notre vie, selon l'expression chinoise et japonaise,
est comme une guerre de Lilliputiens ou comme un
combat sur les cornes d'un serpent.

Le profit, la perte, la chance, la malchance, la pureté,
l'impureté... tout cela est comme un poing vide.

汲心流

A MÉDITER

Un guerrier nommé Nobushige vint visiter Hakuin, célèbre Maître Zen, et lui posa comme question : « Existe-t-il vraiment un paradis et un enfer ? »

« Qui êtes-vous ? », s'enquit Hakuin.

« Un samouraï. »

« Vous, un samouraï ! », s'exclama Hakuin. Et il se mit à l'insulter violemment : « Personne ne voudrait de vous comme garde, vous avez l'air d'un mendiant pouilleux... »

Nobushige en devint si enragé qu'il commença de tirer l'épée tandis que Hakuin continuait de plus belle.

« Ah ! vous avez quand même une épée, mais vous êtes probablement trop stupide pour réussir à me couper la tête. »

Nobushige brandit alors son arme. Et Hakuin remarqua :

« Voici que s'ouvrent les portes de l'enfer. »

A ces mots le samouraï comprit, et s'inclina.

« Et voici que s'ouvrent les portes du paradis », dit Hakuin.

Quand le droit et l'oblique
Se rencontrent et se pincent
(comme les jambes en lotus)
Merveilleusement il y a
Demande et réponse mélangées.

Hokyo Zan Mai

Faites attention au comportement de votre corps !
Votre posture, votre esprit et votre corps sont unité.
Si la posture est juste, votre esprit aussi devient
juste. Si la posture est immobile, l'esprit aussi
devient immobile. Si la posture est tranquille,
l'esprit aussi est tranquille. La posture, l'attitude, le
comportement influencent l'esprit.

Taisen Deshimaru

Les démons et les anges ont la même origine. Les
arbres, les fleurs, les rivières et les montagnes aussi.
Le Saint est sans ego, mais il n'est pas cependant
dépourvu de personnalité. Le ciel et la terre sont un
et infini, personne n'existe en dehors de soi-même et
le moi n'existe pas en dehors des autres.

Kodo Sawaki

Le secret de la voie du sabre et des arts martiaux
est de ne pas dégainer le sabre ; il ne faut pas sortir
le sabre car si vous désirez tuer quelqu'un, vous
devez en mourir. Mais il faut se tuer soi-même, tuer
son propre esprit. A ce moment-là, les autres ont
peur et ils s'enfuient ou n'approchent pas. Il n'est
donc plus nécessaire de vaincre.

Taisen Deshimaru

La relation au réel

*L'homme porte le mystère de la vie
qui porte le mystère du monde.*

EDGAR MORIN

Finalement, les corps humains actuellement en vie peuvent être considérés comme la tête d'une spirale génétique dont, depuis des centaines de milliers d'années, les cellules meurent et naissent, suivant le fonctionnement biologique de tout organisme.

L'humanité comme un seul corps! Ce concept peut faire rêver ou sourire, mais il est vrai que la survie de l'espèce dépend aussi de cette prise de conscience-là.

Parlant du pouvoir en germe dans le cerveau, J.-J. Walter[1] dit : « L'interface sur laquelle se développe le Moi est préparée par trois milliards d'années d'évolution qui ont constamment amélioré la connexion. Sous l'angle phylogénétique, le principe de réalité, qui vise la connexion au monde, est l'héritier de cet immense travail. L'énormité de la racine montre qu'en faire un simple serviteur du principe de plaisir est un peu court. Par ailleurs, la croissance du Moi, qui est identique à l'amélioration de la connexion au réel, est directement opposée à l'action de la pulsion de mort. »

On sait aujourd'hui que toutes les psychoses et névroses, de plus en plus nombreuses, indiquent une coupure d'avec le réel et un emprisonnement dans l'univers du fantasme. Même chez le petit enfant, la connexion avec la réalité reste la meilleure arme contre l'angoisse et l'obsession. Et ce rapport avec le

---

1. *Psychanalyse des rites*, éd. Denoël.

réel implique un rapport au corps vécu en une présence constante, en réintégration permanente à soi. En un retour aux racines de l'être et de la vie.

Dénouer les nœuds du corps

Aujourd'hui les sectes et groupuscules spirituels pullulent, les apôtres et autres prophètes inspirés se lèvent en brandissant leur message qui est LE MESSAGE, et font, avec plus ou moins de succès, des fidèles, des adeptes missionnaires. Le phénomène n'est pas nouveau et resurgit de façon cyclique dans l'histoire. Et la religion en babouches s'est fort répandue depuis le temps où Romain Rolland découvrait les sages de l'Inde, où Lanza del Vasto faisait à pied son « pèlerinage aux sources », où Daumal et Katherine Mansfield suivaient les préceptes de Gurdjieff, qui fondait son enseignement sur le fait que « l'éveil d'un homme commence en cet instant où il se rend compte qu'il ne va nulle part et ne sait pas où aller ». Depuis ce temps, « la nouvelle gnose » (Morin) véhiculée par la revue *Planète*, puis le phénomène hippie, le chemin halluciné de Katmandou et d'ailleurs, la vogue des charters et la conversion des Beatles et d'autres grands groupes de pop (Santana, Mahavishnu, Terry Riley...) à l'enseignement des maîtres orientaux ont répandu une véritable mode qui est devenue maintenant un fait de civilisation.

On a le choix entre les sectes spirituelles, pentecôtistes, Enfants de Dieu, dévots de Krishna, fidèles de Maharaj Ji ou des Christ de campagne, adeptes de la Sokka Gakaï, témoins de Jéhovah ou de Moon, groupes celtiques ou scientistes, la liste peut tenir des pages. Certains suscitent des escroqueries, mais tous parlent d'espoir : « Pour s'engager plus avant, il faut connaître le renoncement. Les gens ne savent plus ce que c'est... Il arrive un point où après l'avoir voulu, on s'en fout de la grande libération et on comprend que c'est ici et maintenant qu'il faut être disponible » (Jean-François, Krishna). « On peut sentir cette énergie inconnue qui nous fonde, nous fait vivre, tient en mouvement les atomes et l'univers... » (Agnès, disciple du guru Maharaj Ji). Elles proposent un système de l'homme : cosmologie, rites de passage, symbolisme, initiation, méditation philosophique, ondes alpha, communauté... : c'est ce que viennent chercher leurs adeptes.

Malgré tout, ces sectes cristallisent l'attention sur une forme de foi religieuse qui peut avoir son efficience mais dont le défaut majeur est de ne pouvoir s'adresser à tous. Les portes des temples sont ouvertes et, en un langage chaque fois différent, nous y attendent les mêmes réponses : embrasser une religion, les solutions proposées passent par ce prisme-là. Le vieil adage dit que la foi soulève les montagnes et c'est vrai. Je suis certain qu'on peut trouver ainsi un début de salut ou d'ouverture intérieure mais jusqu'où ? Et suis persuadé que la complexité et la frénésie de notre civilisation appellent des moyens élaborés pour aider la réintégration de l'être humain « en miettes » et lui permettre de trouver sa vraie nature qui ne se limite certainement pas à l'image que la société lui renvoie.

Existe donc une quête de véritables *techniques d'éveil*. Et me reviennent en mémoire deux conversations, l'une avec le philosophe Henri Lefèvre, l'autre avec l'anthropologue Francis Huxley.

H. Lefebvre, lors d'un entretien chez lui, me disait : « Ce que je reproche au monde contemporain, c'est de s'acharner sur le corps pour le réduire, pour le supprimer, pour en faire simplement une image... ce n'est plus seulement la société du spectacle, c'est la société où le corps est désintégré, où la révolte du corps risque de mettre en question l'ensemble de la société et peut-être de franchir le seuil... » Et de poursuivre sur cette « porte de l'avenir » que l'humanité doit trouver et franchir si elle ne veut mourir. « Certains croient à la mort du corps. Après la mort de Dieu, après la mort de l'homme, après la mort de l'histoire, après la mort de l'art, nous aurions la mort du corps. Il faut convenir qu'il n'y aurait pas de quoi rire... » Comme en écho lui répond la voix grave de Francis Huxley qui, après des années de travail sur la folie, les tribus chamaniques (dites primitives), les hallucinogènes et les techniques archaïques d'extase, en était arrivé à cette idée essentielle qui rejoint notre propos : « J'ai trouvé que la localisation des tensions musculaires aboutissait aux nœuds qui paralysent la vision des êtres, et que la manipulation du corps, si elle est accompagnée par la concentration nécessaire et la sensation de ce qui est bloqué, peut conduire à la libération des tensions... La recherche intellectuelle est trop simple car elle implique une non-participation aux expériences que l'on tente de cerner par le langage, c'est très malsain. A chacun de trouver en son corps les voies qui lui permettent de parvenir à la réalité. »

Apprendre à dénouer les nœuds de *son* corps.

« Nous participons tous de la création : nous sommes tous rois, poètes, musiciens ; il n'est que de nous ouvrir, comme des lotus, pour découvrir ce qui était en nous », écrit quelque part Henry Miller. Mais il rappelle aussi par ailleurs cet adage hindou : « Si Dieu voulait se cacher il choisirait l'homme comme cachette. »

Dans cette ambiguïté se trouve la réalité ; l'être humain porte en lui le bien et le mal, ces « deux faces de la même médaille », dit le Zen. Comment concilier ces contraires, les transmuter en énergie créatrice, évolutive, tel est le dénominateur commun de toutes les techniques de méditation, le but de ce que Gurdjieff appelait « le travail ». Travail en soi-même : se révéler, se connaître. Découvrir son Moi.

« Réalisez bien ceci, dit Gurdjieff à ce propos : chaque homme a un répertoire défini de rôles qu'il joue dans les circonstances ordinaires. Il a un rôle pour chaque sorte de circonstances où il se trouve habituellement ; mais placez-le dans des circonstances légèrement différentes, il sera incapable de découvrir le rôle qui s'y accorde, et *pour un bref instant, il deviendra lui-même.* L'étude des rôles que chacun joue est une part indispensable de la connaissance de soi [1]. »

Travail sur le corps : « Certaines théories, dit l'un de nous, affirment que l'on doit développer le côté moral et spirituel de sa nature, et que si l'on obtient des résultats dans cette direction, il n'y aura pas d'obsta-

1. *Fragments d'un enseignement inconnu*, Ouspensky, éd. Stock.

cles de la part du corps. Est-ce possible ou non ? »
« A la fois oui et non, dit Gurdjieff. Tout est dans le
" si ". *Si* un homme atteint la perfection de la nature
morale et spirituelle sans empêchements de la part du
corps, le corps ne s'opposera pas aux accomplisse-
ments ultérieurs. Mais par malheur cela n'arrive
jamais, parce que le corps intervient par son automa-
tisme, par son attachement aux habitudes, et avant
tout par son mauvais fonctionnement. Le développement de la nature morale et spirituelle sans opposition
de la part du corps est théoriquement possible, mais
dans le seul cas d'un fonctionnement idéal du corps. Et
qui est en mesure de dire que son corps fonctionne
idéalement ? » Seule la concentration sur la pratique
corporelle juste peut épurer les portes de la perception.

Un disciple demande à un vieux maître :

— « Qu'est-ce que la Voie ? (le Tao) »

— « Ton esprit, de chaque jour », répond le maître.
« Quand j'ai faim, je mange ; quand je suis fatigué, je
dors. »

Surpris le disciple interroge encore : « N'est-ce pas
là ce que chacun fait ? »

— « Non : la plupart des êtres ne sont jamais
présents dans ce qu'ils font. L'homme vraiment
accompli se reconnaît à ce qu'il n'a plus l'esprit
divisé. »

***

Une fois, et une fois seulement, au cours de son
existence planétaire, la Terre a pu s'envelopper de Vie.
Pareillement, une fois et une fois seulement, la Vie s'est
trouvée capable de franchir le pas de la Réflexion. Une
seule saison pour la Pensée, comme une seule saison
pour la Vie. Depuis ce moment, l'Homme se trouve
former la flèche de l'Arbre, ne l'oublions pas. En lui,
comme tel, à l'exclusion de tout le reste, se trouvent
désormais concentrés les espoirs d'avenir de la Noo-
sphère, c'est-à-dire de la Biogenèse, c'est-à-dire finalement de la Cosmogenèse.

Teilhard de Chardin

Et don Juan, ce mystique du désert, à Castaneda :
« Les choses ne sont réelles que lorsqu'on apprend à
accepter leur réalité. » L'ego de l'être humain passe
son temps à compliquer les choses. A nous de savoir
redevenir simples. Simplement là, dans l'ici-mainte-
nant.

Finalement, toute vraie technique de méditation
cherche à amener un silence en soi, à faire taire le
bavardage intérieur pour que tout simplement s'ouvrent dans l'instant les portes de cet infini : le réel.

Terminant ce livre, fruit d'une certaine expérience,
d'une quête de douze ans environ et miroir de l'enseignement authentique d'êtres que l'on peut appeler,
avec raison, sages ou éveillés, j'ai l'impression d'avoir
dit peu de chose. Il est difficile, par les mots, de cerner
le rapport à cette réalité où physique et métaphysique
s'entremêlent. Disons toutefois qu'en ce domaine de la
méditation, l'expérience doit se révéler nouvelle, toujours nouvelle, le chemin ne s'arrête jamais, ne doit
pas stagner ni s'enliser ; la découverte de soi, la
plongée en ce moi qui vit l'univers et qui est vécu par
lui, la conscience de ce qui crée et de ce qui est créé ne
connaît pas de bornes si ce n'est celles que nous lui
infligeons.

Divers les chemins, ils sont tous respectables. Mais il
ne faut pas perdre de temps en suscitant de nouvelles
illusions : voici la raison pour laquelle j'ai personnellement choisi, depuis six ans déjà, de suivre la voie
abrupte du Zen, cette voie dont Jacques Masui disait
avec raison[1] qu'elle « a hérité pour parts égales de
l'Inde et de la Chine, du yoga bouddhique et du Tao,
qu'elle synthétise ».

Cette « philosophie de la crise » qui fait remonter
aux racines de l'être et de la vie, et éclaire l'existence
en la révélant, s'avère plus que jamais, actuelle. Voie
du milieu, elle permet d'embrasser les perpétuelles
contradictions de la ronde des phénomènes et situations vécues par les êtres humains, en montrant leur
perpétuelle interdépendance, leur vacuité aussi, et en

---

1. *Cheminements*, éd. Fayard.

indiquant sans cesse l'attitude à prendre, toute d'équilibre, conscience, compassion, liberté, énergie, bon
sens et concentration sur l'ici et maintenant. Fondé sur
la posture essentielle du Bouddha, où la simplicité, la
rigueur et le calme s'allient au silence, le Zen m'apparaît de plus en plus comme une non-religion qui
englobe toute religion, juste voie de l'Eveil.

En ces temps de confusion il est en effet encore plus
indispensable *d'y voir clair*.

Bibliographie

La tradition juive

Célébration Hassidique, Elie Wiesel, Seuil.
Rabbi Simeon Bar Yochaï, G. Casaril, « Maîtres Spirituels », Seuil.
L'Arbre de vie, Z'ev ben Shiman Halevi, « Spiritualités vivantes », Albin Michel (à paraître).
La Cabbale, R. de Tryon Montalembert et K. Hruby, Retz.

TEXTES FONDAMENTAUX
Ancien Testament, la Pléiade, N.R.F.
Le Zohar, Maisonneuve et Larose.
Lettres aux Hassidims sur l'extase, doc. Baer de Loubavitch, Fayard.

Devenir de la méditation chrétienne

La Bible, trad. J. Grosjean et M. Léturmy, Pléiade.
Maître Eckhart, Œuvres, Gallimard.
Le nuage d'inconnaissance, « Points Sagesse », Seuil.
Histoire de la mystique, Hilda Graef, « Points Sagesse » Seuil.
Pentecôtisme chez les catholiques, René Laurentin Beauchesne.
L'œuvre de Pierre Teilhard de Chardin et surtout *le Phénomène humain et Mon Univers*.

Méthodes de la Voie en Islam

Islam, le combat mystique, Jean During, Laffont.
Introduction aux doctrines ésotériques de l'Islam, T. Burchardt, Dervy-Livres.
Terre céleste et Corps de résurrection, Buchet-Chastel, et *Histoire de la philosophie islamique*, Henry Corbin, Gallimard.
Rûmî et le soufisme, E. de Vitray Meyerovitch, Seuil.

TEXTES FONDAMENTAUX
Le Coran, trad. Régis Blachère, Maisonneuve et Larose.
La Sagesse des prophètes, Muyi-d-din Arabi, Albin Michel.
La Voie de la perfection, Bahrâm Elahi, Seghers.

Le Mémorial des saints, Farid-ad-Dim'Attar, Seuil.
Le livre divin, même auteur, Albin Michel.
L'Archange empourpré, Sohravardi, Fayard.
Ecrits, Abd'el Kader, Seuil.

Les yogas de la tradition indienne

L'Hindouisme vivant, Jean Herbert, Robert Laffont.
La Voie du Tantra. Art, science, rituel, Ajit Mookerjee et Madhu Kanna, Seuil.
Le chemin de l'extase, Tantra, vers une nouvelle sexualité, Naslednikov, Albin Michel.
Le Yoga et la tradition hindoue, Jean Varenne, Retz.
J'apprends le yoga, je perfectionne mon yoga, Pranayama la dynamique du souffle (3 vol.), A. van Lysebeth, Flammarion.
Yoga, harmonie du corps et de l'esprit, Sri Ananda, Seghers.
Clefs pour le yoga, Tara Michaël, Seghers.

Tous les titres de la collection « Spiritualités vivantes », chez Albin Michel, apportent de passionnants témoignages.
Et surtout, lire le remarquable *Yoga,* aux Ed. Payot, de Mircea Eliade, qui vécut en Inde et y fut initié.

TEXTES FONDAMENTAUX
La Bhagavad-Gita, Adyar ou Albin Michel.
L'Enseignement de Ramakrishna, Albin Michel.
La pratique de la méditation, Swami Sivananda, Albin Michel.
Jnana Yoga, Swami Vivekananda, Albin Michel.
Le Guide du yoga, Sri Aurobindo, Albin Michel.
Les Vedas (2 vol.), Marabout.
Upanishads du yoga, Gallimard.

Le Bouddha et ses préceptes

Itinéraire sur les pas du Bouddha, M. de Smedt, Retz.
Le Bouddhisme tantrique du Tibet, John Blofeld, « Point Sagesse », Seuil.
Pratique de la voie tibétaine, Chögyam Trungpa, « Points Sagesse », Seuil.
Nirvana-Tao, Daniel Odier, « Aux origines du sacré », Laffont.
Bouddha, J. L. Nou et J. Auboyer, Seuil.
Les fondements de la mystique tibétaine, Lama A. Govinda, « Spiritualités vivantes », Albin Michel.

TEXTES FONDAMENTAUX
Milarepa, ses méfaits, ses épreuves, son illumination, trad. J. Bacot, « Documents spirituels », Fayard.
L'Enseignement du Bouddha, W. Rahula, Seuil.

*Le Yoga tibétain et les Doctrines secrètes ou les Sept Livres de la
Sagesse du Grand Sentier*, édité par W. Y Evans Wentz, Adrien
Maisonneuve.

Techniques de méditation

La Lumière du Dharma, par le XIVe Dalaï-Lama, « Maîtres et
mystiques vivants », Seghers.

Méditations taoïstes

Le Taoïsme et les religions chinoises, Henri Maspéro, Galli-
mard.
Le Tao, P. Rawson et L. Legeza, Seuil.
Le Taoïsme vivant, John Blofeld, Albin Michel.
Le corps taoïste, K. Schipper, « Documents spirituels »,
Fayard.
Lao Tseu et le Taoïsme, M. Kaltenmark, Seuil.

TEXTES FONDAMENTAUX
Le Tao te King, Lao Tseu, Gallimard.
Œuvres complètes, Tchouang Tseu, Gallimard.
Le traité du vide parfait, Lie Tseu, Gallimard.
Le Su Nü King, Seghers, et *L'Exotisme chinois*, Solar.

La pratique du Zen

La Pratique du Zen par Maître Taisen Deshimaru, « Spiritua-
lités vivantes », Albin Michel.
Cent vingt contes Zen, Maître Taisen Deshimaru, Cesare
Rancilio.
Zen et Arts martiaux, Maître Taisen Deshimaru, Seghers et
Albin Michel.
La Pratique de la concentration, Taisen Deshimaru, Retz.
Esprit Zen, esprit neuf, Shunryu Suzuki, « Points Sagesse »,
Seuil.
Le Zen et l'Art chevaleresque du tir à l'arc, E. Herrigel, Dervy-
Livres.
Hara, par K. von Dürckheim, Le Courrier du livre.

TEXTES FONDAMENTAUX
Les textes qui suivent sont traduits et commentés par Maître
Deshimaru :
Le Chant de l'immédiat Satori, Shodoka, Retz.
Shin Jin Meï, Cesare Rancilio.
Hokyo Zan Mai et San Do Kai, in *la Pratique du Zen*, Albin
Michel.
Poèmes du Maître Zen Daïchi, Cesare Rancilio.

*La composition, l'impression
et le brochage de ce livre
ont été effectués par l'Imprimerie Bussière
pour les Éditions Albin Michel*

*Achevé d'imprimer en avril 1993.
N° d'édition : 13051. N° d'impression : 928.
Dépôt légal : avril 1993.*